INSZENIERTE MODERNE
Zur Architektur von Fritz Bornemann

jovis

Inszenierte Moderne
Zur Architektur
von Fritz Bornemann

Herausgegeben von
Susanne Schindler
unter Mitarbeit von
Nikolaus Bernau

jovis

Das Buch erscheint anlässlich der Ausstellung
**INSZENIERTE MODERNE –
DER ARCHITEKT FRITZ BORNEMANN**
in der Universitäts- und Landesbibliothek Bonn,
22.1.2003–30.4.2003
Ausstellungskonzept und -gestaltung von Peter Stauder

Diese Publikation wurde ermöglicht
durch die freundliche Unterstützung
der Architektenkammer Berlin,
der Universitäts- und Landesbibliothek Bonn,
des Vereins Freie Volksbühne und

 der BetonMarketing Ost.

© 2003 by jovis Verlag GmbH
Das Copyright für die Texte liegt bei den Autoren. Das
Copyright für die Abbildungen liegt bei den Fotografen
bzw. den Bildrechteinhabern.

Idee/Konzept/Gesamtkoordination: Susanne Schindler
Redaktion: Nikolaus Bernau
Bildredaktion: Sabine Kühnast
Gestaltung: MMCM, Casper Mangold, Basel
Lithografie Bildreihe Annette Kisling: Licht & Tiefe, Berlin
Druck/Bindung: Offizin Andersen Nexö Leipzig, Zwenkau

Alle Rechte vorbehalten.

jovis Verlag GmbH
Kurfürstenstraße 15/16
10785 Berlin
www.jovis.de

ISBN 3-936314-03-9

INHALT

Peter Conradi und Dietger Pforte	**GRUSSWORTE** Fritz Bornemann zum Dank	6
Susanne Schindler/ Nikolaus Bernau	**EINLEITUNG** Fritz Bornemann – ein Weg in die Moderne	8
Susanne Schindler	**BORNEMANN ÜBER BORNEMANN** Über die Eitelkeit der Bescheidenheit	10
Eva von Engelberg-Dočkal	**BORNEMANNS BIBLIOTHEKEN IN BERLIN UND BONN** Politische Architektur auf dem Weg zu einem wiedervereinten Deutschland	26
Markus Kilian	**ZURÜCKHALTENDE RAUMBILDUNGEN** Die Opern und Theater von Fritz Bornemann	48
Rainer Höynck	**BAUEN MIT LICHT** Bornemanns Meisterwerk: Die Freie Volksbühne	66
Stefanie Endlich	**STÄHLERNES AUSRUFUNGSZEICHEN FÜR REINEN KLANG** Uhlmanns Skulptur für Bornemanns Oper	68
Annette Kisling	**BORNEMANNBAUTEN** gesehen im Herbst 2002	72
Paul Sigel	**AKTIVIERUNG DES PUBLIKUMS** Fritz Bornemann als Ausstellungsarchitekt	90
Nikolaus Bernau	**DUNKLE MAGIE DER AURA** Bornemanns Inszenierungen von Kunst- und Völkerkundemuseen in Dahlem	106
Peter Stauder	**FORMALISMUS UND ABSTRAKTION** Bornemanns Bauten und der Sinn der Moderne	122
Susanne Schindler	**WERKVERZEICHNIS** 1946–2003	136
	BIOGRAFISCHES	175
	AUTOREN/BILDNACHWEIS	176

Grußworte
FRITZ BORNEMANN ZUM DANK

UNSERE ZEIT VERGISST schnell – die ständige Überflutung mit wenigen wichtigen und zahlreichen unwichtigen Nachrichten und Bildern trägt dazu bei. Auch in der Architektur ist das Gedächtnis kurz geworden – viele Architekten, die nach dem verlorenen Zweiten Weltkrieg das zerstörte Deutschland wieder aufgebaut haben, sind heute so gut wie vergessen. Doch wer nach vorne gehen will, sollte wissen, woher er kommt und auf welchen Schultern er steht. Zur Baukultur gehört auch die Erinnerung an die Architektinnen und Architekten, die dem Neubeginn nach 1945 bauliche Gestalt gaben und unser Land nach den städtebaulichen und architektonischen Machtprojekten der Nazi-Zeit wieder in die internationale Architekturentwicklung zurückführten.

Einer dieser Architekten ist Fritz Bornemann, dessen Bauten Nachkriegsdeutschland prägten. Die Erinnerung an ihn ist vor allem in Berlin notwendig, dessen „offizielle Wertschätzung der NS-Architektur in der Mitte der Hauptstadt" und „solidarische Aufwertung des reaktionären Bauwesens der NS-Zeit" der Architekturkritiker Tilmann Buddensieg zu Recht beklagt. Die verächtliche Haltung einiger Berliner Stadtplaner und Architekten gegenüber den architektonischen Leistungen der Nachkriegsmoderne zeigt ein erschreckendes Maß an Geschichtsvergessenheit. Glücklicherweise wurden zahlreiche Bauten Fritz Bornemanns als herausragende Zeugnisse der 50er und 60er Jahre unter Denkmalschutz gestellt.

Deutschland war nach dem Krieg ein armes Land, und in den zerstörten Städten gab es viel zu bauen. Der architektonische Neubeginn nach der Nazizeit war durch Nüchternheit und Bescheidenheit geprägt. Die Architekten knüpften an die von den Nazis geschmähte Bauhaus-Moderne der 20er Jahre an und mieden große Gesten und einschüchternde Symmetrieachsen. Bornemann setzte auf Funktionalität und Offenheit, auf bewusste Askese, auf Understatement. Seine Kulturbauten dienten einer demokratischen Kultur, nicht einer Kultur der reichen Leute. Ein prominentes Beispiel ist die Deutsche Oper in Berlin. Ihr Zuschauerraum zielt darauf ab, die Unterschiede zwischen besseren und schlechteren Plätzen zu verringern. Alle Besucher sollen möglichst gleich gut hören und sehen können. Fritz Bornemann glaubte an den technischen Fortschritt, eine bessere Zukunft – eine Haltung, die uns heute teilweise fremd ist. Gleichzeitig band er jedoch schon früh die Natur in sein Werk ein, besonders deutlich bei der Freien Volksbühne, heute Haus der Berliner Festspiele. Seine Offenheit für die Kunst seiner Zeit zeigte sich beispielsweise in seinem in engem Kontakt mit Karlheinz Stockhausen entwickelten deutschen Pavillon anlässlich der Expo 1970 in Osaka, einem „herausragenden Beispiel früher multimedialer Konzepte" (Paul Sigel).

Fritz Bornemann war ein politischer Architekt, nicht im parteipolitischen Sinne, sondern in seinem Selbstverständnis und in seiner Architekturauffassung. Er wusste, dass der Architekt Verantwortung für die gebaute Umwelt trägt und deshalb die Öffentlichkeit einbeziehen und für die Architektur gewinnen muss. 16 Jahre lang war er der Vorsitzende des BDA Berlin und natürlich Mitglied im Werkbund, er ist Gründungsmitglied der Architektenkammer Berlin, und immer wieder hat Bornemann sich in die öffentliche Diskussion über Architektur eingemischt.

Ich habe Fritz Bornemann erst spät persönlich kennen gelernt – ein kleiner, fragiler älterer Herr mit einer bescheidenen, ja stillen Ausstrahlung. Auch im hohen Alter nimmt Bornemann klar und unmissverständlich Partei – zum Beispiel gegen die geplante Retro-Architektur auf dem Berliner Schlossplatz. Nur wenige Architekten haben ihr Leben so durchgängig der Demokratie gewidmet, als Schöpfer egalitärer Bauten gleichermaßen wie als stete Partner der öffentlichen Debatte über Architektur. Fritz Bornemann gehört nicht nur zur Architekturgeschichte Berlins, er ist ein bedeutender deutscher Architekt der zweiten Hälfte des vergangenen Jahrhunderts. Die deutsche Architektenschaft grüßt ihn in Respekt und Dankbarkeit.

PETER CONRADI
PRÄSIDENT DER BUNDESARCHITEKTENKAMMER

FRITZ BORNEMANN IST seit mehr als 40 Jahren unserer Freien Volksbühne Berlin verbunden. Denn er ist der Baukünstler des zwischen 1960 und 1963 errichteten, wunderbar schlichten, wunderbar funktionalen und wunderbar mit der Natur verbundenen Theaters, das unsere Theaterbesucherorganisation an der Schaperstraße in Berlin-Wilmersdorf bauen ließ als dauerhafte Gabe für die Stadt Berlin.

Unser Architekt Fritz Bornemann hat über die vier Jahrzehnte hinweg nie aufgehört, sich für sein Theater an der Schaperstraße zu engagieren – so wie er nie aufgehört hat, sich um seine Amerika-Gedenkbibliothek und um seine Deutsche Oper zu kümmern. Er stand der Freien Volksbühne Berlin bis Ende der 90er Jahre als aktiver Ratgeber zur Seite und nun auch dem neuen Eigentümer des Theaterbaus. Das war nicht nur ein Zuckerschlecken für uns, weil Bornemann wie ein guter Denkmalschützer sein Haus zu bewahren versteht. Vieles Zuckerschlecken soll ja auch die Substanz der Zähne verderben. Bornemann ist es zu verdanken, dass sein, dass unser Theater an der Schaperstraße in seiner Substanz erhalten geblieben ist.

Das heutige Festspielhaus Berlin ist weiterhin ein äußerst funktionaler und modern gebliebener Theaterbau. Und die Einbettung dieses Gebäudes in einen alten Park, die versöhnliche Nachbarschaft großer Bäume und des Theaters wirken bereits beim Weg zum Gebäude auf alle Besucherinnen und Besucher befreiend. Bornemanns geschickte Verbindung von Natur und Architektur bildet in der Großstadt Berlin eine Oase der Entspannung.

Die Freie Volksbühne Berlin ist und bleibt Fritz Bornemann dankbar für die konstruktive Zusammenarbeit über all die Jahrzehnte hinweg. Vor zwanzig Jahren, 1982, hat unsere Theaterbesucherorganisation ihre Dankbarkeit auszudrücken versucht durch die Verleihung der Ehrenmitgliedschaft an diesen bewunderten Architekten. Dass Bornemann diese Ehrung angenommen hat, verstehen wir immer wieder aufs Neue als eine Auszeichnung der Freien Volksbühne Berlin!

PROF. DR. DIETGER PFORTE
VORSITZENDER DER FREIEN VOLKSBÜHNE BERLIN

Einleitung
FRITZ BORNEMANN – EIN WEG IN DIE MODERNE

Architektur ist der Wahrnehmung unterworfen und damit der Geschichte. Zeitgleich passiert deswegen oft genau Gegensätzliches. So war die Architektur von Fritz Bornemann noch nie hübsch, schön, einfach. Sie ist deshalb seit ihrer Entstehungszeit angefeindet worden. Gleichzeitig aber sind die meist in West-Berlin entstandenen Bauten selbstverständlicher Bestandteil des Alltags geworden, so sehr, dass der Name des Architekten hinter seinen Werken bis zur öffentlichen Unkenntnis verschwand.

Nehmen wir die Deutsche Oper Berlin: auf den ersten Blick karg, außen mit der gewaltigen Waschbetonwand fast abweisend. Doch des Nachts, wenn das Licht an der Skulptur Uhlmanns emporsteigt, die Spreekiesel im Beton zum Relief werden, die großen Fenster, die den Blick auf die Menschen öffnen, erwacht der Bau zum Leben. Man verabschiedet sich von der Stadt, tritt durch niedrige Türen in einen breiten Kassenraum in die fast gedrückt erscheinenden Garderobenräume, steigt die Treppen hinauf, um in der Weite der Foyers anzukommen. Und dann der Saal, die gebaute Konzentration auf das Bühnengeschehen, auf die Musik, die Kunst. Voilà. Die Qualität dieses Kulturbaus erschließt sich nicht auf Anhieb, sondern erst nach und nach. Die Deutsche Oper ist Alltag der Festlichkeit. Hier kann sich das kostbare Abendkleid, aber ebenso der Pullover inszenieren.

Diese Qualität ist „normal", ist selbstverständlich geworden und genau deswegen muss sie wiederentdeckt werden. Denn was normal und selbstverständlich geworden ist, wird auch scheinbar entbehrlich, ist in Gefahr entsorgt zu werden. Doch die Debatte um die Nachkriegsmoderne wird meist defensiv geführt. In Veranstaltungen etwa der Berlin-Brandenburgischen Akademie der Künste oder der Architektenkammer Berlin geht es immer um das „Retten" der Bauten vor angeblich ignoranter Bauverwaltung und Investoren, selten aber um deren Aktualität und Gebrauchswert. Doch was dem einen immer noch als kalt und unhistorisch erscheint, nicht zuletzt vor dem Hintergrund des ästhetischen Verfalls des „Bauwirtschaftsfunktionalismus", wird von einer jüngeren Generation schon längst als kühle Antwort auf die formalen Exzesse der Postmoderne gefeiert.

Die Wahrnehmung aus einem heutigen Standpunkt und die Kenntnis der Entstehungsgeschichte bildeten für uns die Grundlage, um über die rein denkmalpflegerische Argumentation hinauszukommen. Die Bauten wollen genutzt, ihre Stärken und Schwächen an ihr Äußerstes gestoßen werden. Will man sich aber mit der Nachkriegsarchitektur West-Berlins beschäftigen, sind die Möglichkeiten außerordentlich beschränkt. Zeitgenössische Monografien galten fast nur Großbüros wie Sobotka und Müller; die Publikationen der Akademie der Künste widmen sich ihren Mitgliedern, etwa Werner Düttmann oder Paul Baumgarten; und auch Dissertationen und wissenschaftliche Arbeiten beschäftigen sich entweder mit den Höhepunkten wie dem Hansaviertel oder mit einzelnen Architekten. Man ist auf Architekturführer zurückgeworfen.

Bei Fritz Bornemann, 1912 in Berlin geboren und seitdem hier tätig, kommt als Hemmnis jeder Nachforschung seine tiefe Abneigung hinzu, sich selbst zu zelebrieren. Er sieht sich, darin ganz Moderner, in keiner Form als Teil der Geschichte oder gar einer abgeschlossenen Epoche, sondern als Aktiver im Zeitgeschehen. Mit dieser Einstellung vernichtete er 1995 bei der Auflösung seines Büros wohl auch den gesamten Firmennachlass – nicht als Akt eines künstlerischen Schlussstriches, sondern als Zeichen seiner ungebrochenen Zeitgenossenschaft. Es gibt folglich keine Originalzeichnungen, mit denen sich Architektursammlungen oder Archive beschäftigen oder bereichern könnten. Es gibt kein Werkverzeichnis, das irgendwie vollständig ist, keine Publikation seines Büros oder gar eine Ausstellung über seine Arbeit. Jede Beschäftigung mit Bornemann muss also von den Äußerungen des Zeitzeugen und -genossen selbst, von zeitgenössischen Fachzeitschriften, aber vor allem von den eigentlichen gebauten Werken ausgehen.

Dabei entfaltet sich bruchstückartig nicht nur die Geschichte Fritz Bornemanns, sondern diejenige der Baukultur West-Berlins sowie des westlichen Nachkriegsdeutschlands. Es entstehen wieder die seinerzeit heftig debattierten und bis heute aktuellen Grundsatzfragen: Was ist „demokratische" Architektur? Wie verhält sich der Architekt zur Politik? Gibt es tatsächlich die „dienende Hülle", die „von alleine entsteht", wie es Bornemann behauptet?

Dieses Buch heißt „Inszenierte Moderne", denn die „dienende Hülle" der schlichten Bauten Bornemanns ist Bedingung der theatralischen Inszenierung des Inhalts – und umgekehrt. Die unzähligen, von Bornemann seit den frühen fünfziger Jahren umgesetzten Ausstellungen, von „Atom" bis zum Kugelauditorium auf der Expo Osaka, werfen ein neues Licht auf die bisher mit ihm in Verbindung gebrachten Bauten – Deutsche Oper, Universitätsbibliothek Bonn, Museen Dahlem. „Inszenierte Moderne" verweist auch auf die gesellschaftlichen Bedingungen, in denen Bornemanns Werk entstanden und denen es tief verhaftet ist. Seine Leistung war es, einen Ausdruck für die Demokratie- und Kultursehnsucht der jungen Bundesrepublik zu finden, durch Bescheidenheit einen Neuanfang nach 1945 zu versuchen. Schließlich dient dieses Buch der Inszenierung des Architekten selbst. Die Dokumentation und Interpretation seines Werkes soll Bornemann wieder ins öffentliche Bewusstsein bringen. Widersprüchliche Meinungen können, sollten dabei aufeinander treffen: Denn Bornemanns Werk – wie die Nachkriegsmoderne insgesamt – ist und bleibt streitbar.

Allen, die dieses Buch ermöglicht haben, sei gedankt. Vor allem denjenigen, die nicht aufgehört haben zu insistieren, dass es gemacht werden muss. Und Fritz Bornemann für die wunderbaren Abende in Wannsee und das offene Ohr auch für die kritischen Stimmen zu seinem Werk.

SUSANNE SCHINDLER, NIKOLAUS BERNAU

Fritz Bornemann im Kugelauditorium des Deutschen Pavillons, Expo 1970 Osaka; „Marterstühle hinter Kopfsteinpflaster", in: Der Kurier, 16.7.1959

SUSANNE SCHINDLER

Bornemann über Bornemann

ÜBER DIE EITELKEIT DER BESCHEIDENHEIT

Man hatte, fast zufälligerweise, mit dem Rathaus Wedding zu tun, einem unscheinbaren Verwaltungsbau, und stößt so auf den Architekten, der auch die Deutsche Oper mit ihrer grandiosen Front gebaut hat. Welche Architektin träumt nicht davon, einmal nur in ihrem Leben eine solche Wand zu ziehen, in dieser Weise Raum zu öffnen, mit nur einem Material den Innenraum wie mit einem Futteral auszukleiden? Über Fritz Bornemann allerdings hatte man sich bisher so wenig Gedanken gemacht wie über das Rathaus Wedding selbst. Er lebt noch. Das ist Herausforderung.

„Wieso beschäftigen Sie sich nicht mit einem bedeutenderen Architekten?" Der erste Anruf genügt, um die wehrhafte Bescheidenheit zu erleben. Das Werkverzeichnis erhält man dennoch zugeschickt, es wird sogar ein Besuch gewährt. Stechend blaue Augen, leuchtend blondes Haar und ein strahlendes Lachen begrüßen den Gast im von Egon Eiermann gebauten Wohnhaus. Nach einigen Grappa, die man bei diesem, dem ersten Besuch noch nicht abzuwehren weiß, nach Stunden der Erzählungen aus einem Dreivierteljahrhundert Weltgeschichte, denen man überwältigt auf einem hellgrau bezogenen Philip-Johnson-Sofa lauscht, löst man sich aus der Namensflut, die den Erzähler trägt. Lediglich die bekanntesten – Scharoun, Brandt, Sadat oder Mies van der Rohe – bleiben hängen. Letzterer bescheinigte ihm einst, ein guter Architekt zu sein, weil er, länger als sonst ein Gast aus der alten Heimat, Gin mit ebenso vielen (27) Perlzwiebelchen trinken konnte wie der Meister selbst. Bescheiden? Bornemann? Keineswegs. Der knapp Neunzigjährige ist die Eitelkeit der Bescheidenheit in Person.[1]

Wieso ist der Name dieses Architekten dennoch nur wenigen geläufig? Was steckt hinter seinen die Stadt Berlin auf so unterschiedliche Weise prägenden Bauten? Eigentlich steht alles vor Augen. Trotz Finanzkrise der Freien Volksbühne, Verdreifachung der Opernzahl, trotz Ansinnen, die außereuropäischen Museen aus dem peripheren Dahlem in ein neu gebautes Schloss in der neu entdeckten Mitte zu verlagern, trotz Notwendigkeit, die zu klein gewordene Amerika-Gedenkbibliothek zu erweitern, sind Bornemanns Bauten erhalten und werden genutzt. Nicht einmal der Ärger des Postwende-Berlin mit seiner Natursteinbegeisterung über den so unrepräsentativen Waschbeton konnte ihnen schaden. Auch der Architekt lebt noch und könnte Auskunft geben. Doch Bornemann versteckt sich hinter der, wie er es nennt, „gebotenen Bescheidenheit", unzähligen, verfestigten Anekdoten und Erläuterungen seines Werks, die um die „dienende Hülle", die „Communio" und die „Inszenierung" kreisen. Man wollte eigent-

---

[1] Die Interviews mit Fritz Bornemann (FB), auf denen dieser Beitrag basiert, wurden von Nikolaus Bernau und/oder Susanne Schindler geführt. Diese werden künftig mit (NB/SS) oder (SS) bezeichnet.

lich über sein Studium sprechen, es folgt eine abendfüllende Debatte über aktuelles Bauen, das Berliner Schloss, den Palast der Republik. Der Mann interessiert sich kaum für die Historisierung seiner Person, es geht um die Gegenwart seiner Bauten. Geschichte sind andere; er selbst ist heute. Sein Büroarchiv hat er weggeworfen. Auch das die Eitelkeit der Bescheidenheit.

Setzen wir voraus, dass es eine Verbindung gibt zwischen Anekdoten und Architektur. Dann ergeben sich aus den Gesprächen mit Fritz Bornemann zwei wesentliche Erkenntnisse, die zum Verständnis seines Werks beitragen: Bornemann wollte eigentlich nicht Architekt, er wollte Ausstattungschef am Theater werden; Bornemann wählt, in den sicherlich ungewählten politischen Umständen der dreißiger Jahre, sich anzupassen. Diese beiden Wesenszüge – der inszenatorische Urtrieb und der diplomatische Drang – sind Schlüssel zu Bornemanns Werk. Sie erklären auch die Ambivalenz, die man zwischen der Bescheidenheit und der Eitelkeit der Person, zwischen der „dienenden Hülle" und der „Inszenierung" der Architektur empfinden kann.

I. DER THEATERMALER

„Mein Großvater war Hoftheatermaler in Dresden und Bayreuth, mein Vater war hier an den Berliner Theatern Ausstattungsleiter, und schon als Junge habe ich meinen Vater begleitet und diese großen Regisseure kennen gelernt, etwa diesen sagenhaften Jürgen Fehling. (...) Dieser Mann hat es verstanden, die Aktionen und das Schauspiel in seiner Gestik und mit seiner Sprache zu begleiten, auch durchs Licht, und so ist das Medium Licht für mich sehr, sehr stark in den Vordergrund gerückt, deshalb sind auch meine Museen in Dahlem alle aus dieser Lichtregie entstanden, sind bewusst inszeniert. (...) Ich habe weniger auf die Architektur, stärker auf die Inszenierung Wert gelegt. Es sind die Inszenierungen, die die Menschen an die Bühne, das Lesen, die Exponate heranführen."[2]

Inszenierung ist der Schlüsselbegriff zu Bornemanns Werk. Er selbst verwendet ihn zwar auf widersprüchliche Weise. Die 1970–73 gebaute Dankes-Kirche in Berlin-Wedding, ein für ihn untypischer, schneckenartig gewundener Kirchenbau, bezeichnet er als ungelungen: *„Es ist ein so inszenierter Entwurf, er hat nichts von dieser Einfachheit."*[3] Für Bornemann ist Inszenierung also gerade nicht die direkte Abbildung oder gebaute Umsetzung eines Wegs oder einer Funktion, sondern bezeichnet den Inhalt, der sich dem Betrachter durch die Nutzung des Gebäudes erschließen soll. Ziel ist die „Communio": *„Kommunikation bedeutet, dass ich eine Botschaft oder ein Bekenntnis herüberbringen möchte mit den Medien der Gestaltung. (...) Damit erübrigen sich diese Fragen des Eklektizismus oder der Selbstdarstellung. Das Wesentliche ist die Begegnung zwischen Ursprünglichem und Menschen. All das, was die Kommunikation stört oder zerstört, das ist zu bekämpfen."*[4] Die von Bornemann oft beschworene *„dienende Hülle"* ist also Voraussetzung für die *„Begegnung zwischen Ursprünglichem und Menschen"*. Dass

---

2 Interview FB, 31.11.2000 (SS).
3 Interview FB, 18.9.2002 (SS).
4 Interview FB, 31.11.2000 (SS).

5 Interview FB, 24.10.2001 (NB/SS).
6 Bei der heutigen Technischen Universität Berlin sind keine Angaben erhalten.

auch die Hülle eine Form bekommen, gestaltet werden muss, ist scheinbar zweitrangig. Mit dieser Haltung ist ein Werk entstanden, das sich fast ausschließlich aus Kultur- und einigen wenigen Instituts- und Verwaltungsbauten zusammensetzt. Es kennt keinen einzigen Wohnungsbau, nicht einmal ein Haus für sich selbst, und Städtebau bildet die seltene Ausnahme. Zu diesen meist öffentlichen Aufträgen gehören jedoch auch fast fünfzig Ausstellungsprojekte. Den „dienenden Hüllen" der Bauten stehen so die medialen „Inszenierungen" der Ausstellungen gegenüber. Was als Widerspruch erscheint, ist im Grunde eine logische Konsequenz: Erst die Abstraktion der Hülle ermöglicht die Inszenierung des Inhalts und umgekehrt.

Fritz Bornemann wächst in einem großbürgerlichen Elternhaus an der Conradstraße in Berlin-Wannsee auf, die Tätigkeit des Vaters als Ausstattungschef an Berliner Theatern und seine Persönlichkeit prägen ihn nachhaltig. *„Auch ich wollte in diesen Beruf rein, wollte Ausstattungschef werden. Da ich nicht wusste, ob ich das malerische Talent habe, sagte mein Vater: Dann brings doch zum technischen Ausstattungschef. Dafür brauchte man ein Studium, möglichst einen Dipl.-Ing., und deswegen habe ich studiert."*[5] Schon während des Studiums wird Bornemann „von Vater drangenommen", nach dem Diplom 1936 an der Technischen Hochschule Charlottenburg, wo er unter anderem bei Hans Poelzig studiert hat,[6] arbeitet Bornemann dann in den Opernwerkstätten mit. 1939 bei Kriegsausbruch eingezogen, ist er bis zur Kapitulation Deutschlands Soldat, hauptsächlich als Flak-Helfer. Aber auch in dieser Zeit wird er von Theatererfahrungen geprägt: 1943 verbringt er einen halbjährigen „Arbeitsurlaub" zur Bauaufnahme von bombengefährdeten Theatern in Berlin. Im Februar 1945 kommt Bornemann an die Front bei Forst; aus der sowjetischen Kriegsgefangenschaft gelingt ihm im folgenden Dezember die Flucht. Obwohl ohne Berufserfahrung, wird er nun, zurück in Berlin, dennoch Architekt: Theaterarchitekt. Im sowjetischen Wiederaufbaustab leitet er den Wiederaufbau des Bühnenturms der Singakademie, beteiligt sich dann an den unzähligen westdeutschen Theaterwettbewerben, realisiert die Deutsche Oper und die Freie Volksbühne und fast auch ein Schauspielhaus für Hannover und eine Oper in Kairo. Noch 1983 entwirft er eine Oper für Paris.

Das ursprüngliche Anliegen, Ausstattungschef zu werden, kommt jedoch ebenso zum Zuge. Ab 1950 ist Bornemann im Auftrag der United States Information Agency (USIA) an der Realisierung von Ausstellungen tätig, die in Deutschland, teilweise auch in Europa, gezeigt werden. Durch diese Ausstellungen finanziert er sich und seine Familie. In „Wir bauen ein besseres Leben" 1952 blicken Zuschauer von einer Plattform in die nach oben offenen Räume eines modern ausgestatteten Wohnhauses, das Geschehen wird laufend über Lautsprecher kommentiert; in „Atom" 1954 wird die friedliche Nutzung von Atomenergie an Hand von 1:1-Reaktor-Reproduktionen demonstriert; in „Farmlife USA" 1960 konkurrieren neueste Gerätschaften mit Kuh- und Gänseattrappen. Borneman arbeitete als *general contractor,* als ausführender und das Budget verwaltender Architekt, mit international renommierten Gestaltern wie Herbert Bayer oder Peter Blake zusammen. So ist auch bei den in eigener Regie durchgeführten Ausstellungen der internationale Einfluss zu spüren. Bei „Partner des Fortschritts. Afrika" schafft Bornemann 1962 mit dem „Afrikarama", einer auf dem Boden installierten, aufleuchtenden Karte des Kontinents, die von wechselnden fotografischen Projektionen umrahmt wird, einen ähnlichen Effekt wie Ray und Charles Eames mit ihrer Installation von sieben simultan bespielten Leinwänden auf der „American National Exhibition" 1959 in Moskau.[7] Bornemann hatte für dieses Projekt im Rahmen des USIA-Auftrages Beschriftung und fotografische Arbeiten in West-Berlin gefertigt. Er kooperiert im Laufe der Jahre mit so unterschiedlichen wie eigenwilligen Personen wie etwa dem wortgewaltigen West-Berliner Theaterkritiker Friedrich Luft, dem Komponisten Karlheinz Stockhausen oder dem Designer Ettore Sottsass. Bornemanns Ausstellungsarbeit findet ihren Höhepunkt in der Innenausstattung der Museen Dahlem von 1965–72.

Im Gegensatz zu den multimedial-multitonalen, grafisch aufbereiteten und informationsreichen Ausstellungen ist Bornemanns Architektur streng, reduziert, abstrakt. Dies zeigt sich bereits in seinem ersten eigenständigen Beitrag, den er 1950 für den Wettbewerb um den Neubau des Rathauses Berlin-Kreuzberg einreicht. 145 Architekten nahmen an diesem Wettbewerb, der einer der ersten in West-Berlin war, teil, auch Paul Baumgarten und Sergius Ruegenberg. Bornemanns Projekt wird mit dem 2. Preis ausgezeichnet: *„Die zufällige Baulücke in der Yorckstraße wird durch einen klaren Baukörper von überzeugender Einfachheit in der Baufluchtlinie geschlossen. (...) Die gestalterische Haltung gehört zu den besten aller Wettbewerbsarbeiten."*[8] Bornemanns ungebrochene, nur an den Enden vertikal gefasste Glasfassade ist radikal; lediglich Baumgarten brilliert mit einem noch längeren, noch konsequenteren Riegel, der jedoch die Grundstücksgrenzen überschreitet und deswegen nur mit einem Ankauf bedacht wird. Der preisgekrönte und realisierte Entwurf von Willy Kreuer und Hartmut Wille dagegen ähnelt der Mehrheit der eingereichten Arbeiten: ein aus unterschiedlichen Körpern komponiertes Ensemble in unsicher-modernistischer Architektursprache. So karikiert Bornemann die damalige Ausstellung als „Schreckenskammer" aus „faschistischer Architektur, Säulchen und Gesimsen", Kreuer wird im gleichen Atemzug zu „Kitsch-Kreuer" alliteriert.[9]

Natürlich lag Bornemanns „überzeugende Einfachheit" ebenso im damaligen Zeitgeist wie Kreuers „Kitsch". Sie entsprach der Haltung von Egon Eiermann oder Paul Baumgarten, die mit einfachen kubischen Gebäudevolumen und großzügigen Fensterfronten an die Architektur des Internationalen Stils anknüpften. Auf diese Linie und die Abkehr vom monumentalisierenden Klassizismus des Dritten Reiches hatte man sich bei der Zusammensetzung des Preisgerichts des Kreuzberger Wettbewerbs bewusst geeinigt: *„Die Anlage eines ‚Cour d'honneur' alten Stils wurde vom Preisgericht von vornherein als nicht befriedigend abgelehnt."*[10] Woher jedoch kam diese Haltung bei Bornemann? Fragt man ihn nach den Einflüssen auf seine Arbeit, nach Vorbildern, winkt er ab. Diese sind jedoch ohne Weiteres zu rekonstruieren, zum Beispiel anhand von Fachzeitschriften.

In der Ausgabe der „Neuen Bauwelt", die auch den Kreuzberger Wettbewerb veröffentlichte, richtet sich ein Brief Sergius Ruegenbergs an Ludwig Mies van der Rohe zu dessen 65. Geburtstag. Ruegenberg biedert sich seinem ehemaligen Arbeitgeber an, indem er sich in Mies' Lage, der einst als Steinmetzlehrling im Dom zu Aachen *hinter*

---

[7] Vgl: Beatriz Colomina, „Enclosed by Images: The Eameses' Multimedia Architecture", in: Grey Room, Vol. 2/Spring 2001, S. 6–29.
[8] Aus dem Preisgerichtsprotokoll, in: Neue Bauwelt, 21/1951, Architekturteil, S. 83.
[9] FB, 18.9.2002 (SS).
[10] Wassili Luckhardt, Der Wettbewerb „Rathaus Kreuzberg", in: Neue Bauwelt, 21/1951, Architekturteil, S. 81.

Bornemann und Intendant Erwin Piscator begehen den Rohbau der Freien Volksbühne, Berlin 1963; Bornemann und Auftraggeber besprechen den Neubau der Amerika-Gedenkbibliothek, Berlin 1953; Bornemann und Generalintendant Carl Ebert erleben die Deutsche Oper im Modell 1:9, Berlin 1957

einem Pfeiler stand, versetzt: „Auch wir sehen heute mehr nach innen, wir sehen, dass unsere Schöpfungen schöner und wahrer sein könnten als die unserer Meister – denn inzwischen ist eine lange tote Zeit verstrichen –, wir hören, dass Baukunst in die Sphäre der reinen Kunst bis in die höchsten Bezirke geistigen Seins hineinführen kann, und das ist es, was uns heute so sehr erregt."[11] Der Beitrag ist illustriert mit Grundrissen, Fotos oder Skizzen des Barcelona-Pavillons von 1929 und des Hauses Tugendhat von 1930, Schinkels Schloss Charlottenhof und den beiden im Bau befindlichen Wohnhochhäusern am Lake Shore Drive in Chicago. Ruegenberg spricht mit dem „wir" auch für Bornemann, die gezeigten Arbeiten sind die Vorbilder, die auch Bornemanns Arbeit – samt der verklärenden Erinnerung – prägten.[12]

Mit seiner „überzeugenden Einfachheit" erzielt Bornemann in den fünfziger Jahren – Eiermann sitzt oft im Preisgericht – eine Reihe von beeindruckenden Wettbewerbserfolgen. Auf Kreuzberg folgt 1951 der Sonderpreis für die Amerika-Gedenkbibliothek in Berlin, bei dem weniger der geschwungene Baukörper als die Idee einer Freihandbibliothek den Auftrag zur Teilnahme am ausführenden Team, zu dem auch Willy Kreuer gehört, begründet. Es folgen 1952 ein Ankauf beim Staatstheater Kassel; 1954 der 2. Preis beim Theater Gelsenkirchen; 1955 gleich drei 1. Preise – Deutsche Oper Berlin, Rathaus Berlin-Wedding, Universitätsbibliothek Bonn. Sie alle werden in den folgenden Jahren realisiert; 1956 1. Preis Stadtwerke Dortmund; 1959 2. Preis Theater Bonn und Ankauf Schauspielhaus Düsseldorf. Bornemann hat sich in der westdeutschen Nachkriegsarchitektur positioniert. Gewinnt nicht er, tut es ein „skulpturaler" Entwurf, etwa Hermann Fehlings Arbeit 1956 im Wettbewerb um den Berlin-Pavillon zur Interbau; Scharoun saß hier dem Preisgericht vor.

Wie also ist Bornemanns Architektur – auf den ersten Blick so eindeutig, so „einfach", so „kistenartig" – zu verstehen? Es ist eine Architektur, deren Raum zur Bühne, deren Nutzer zum Spieler wird. Die Universitätsbibliothek Bonn ist dafür ein herausragendes Beispiel. Städtebaulich markant, ist der Weg zum Eingang dennoch nicht vorgeschrieben, einzig der Eingang ist bewusst komprimiert. Dahinter stößt man gegen eine Wand, um dann – wenige Stufen kündigen den Auftritt an – in den Lesesaal zu gelangen. Keine Schranken bis dorthin, keine Schranken dort. Die offene Fläche wird lediglich durch die sich überlagernden Schichten aus Licht, gefangen von Glas, organisiert: ganz hinten das diffuse Licht des Rheins, davor das von oben einfallende Licht des Atriums, wiederum davor die glühenden Lichter des Raucherfoyers. Die technische Perfektion rundet die Inszenierung ab. Die inzwischen aus Brandschutzgründen entfernten Förderbänder holten einst die Bücher, wie die Rollen im Theater die Ausstattung, aus dem Magazin herauf. Wie man sich bewegt, was man hier tut, bleibt jedoch dem Spieler überlassen. Bornemanns Architektur ist die Architektur der theatralischen Inszenierung.

Dies erklärt auch, warum manche Projekte einem Bühnenbild gleich nur von einem Standpunkt aus wirken. Bei der Oper ist dies schon wegen der einzig möglichen Annäherung entlang der Bismarckstraße so; entsprechend wird der Bau immer aus dem

---

11 Sergius Ruegenberg, „Mies van der Rohe 65 Jahre", in: Neue Bauwelt 21/1951, Architekturteil, S. 80.
12 Vgl.: Thilo Hilpert, Mies van der Rohe im Nach- kriegsdeutschland. Das Theaterprojekt für Mannheim 1953, Leipzig 2002.

gleichen Winkel fotografiert. Die Volksbühne wiederum, die den Zugang aus unterschiedlichen Richtungen erlauben würde, benötigt die Annäherung zwischen Kassenhalle und Hauptbau. Zu den anderen Seiten hat sie, will sie keinen Bezug: weder zum Fasanenplatz und schon gar nicht zum monumentalen historischen Joachimsthalschen Gymnasium. Ähnlich ist es beim Rathaus Wedding: Steht man auf dem Vorplatz, von wo aus die Brautpaare zum Standesamt die Treppe hinaufschreiten, befindet man sich an einer Stelle, die von schwebendem Bezirksverordnetensaal, aufragendem Hochhaus und soliden Altbau angenehm gefasst wird. Tritt man aus einer anderen Richtung an das Ensemble heran, fühlt man sich immer ins Dahinter verbannt.

Bornemanns Bauten sind aber ebenso wenig aus einer konstruktiven Logik entwickelt. Er arbeitet zwar intensiv an Detaillösungen – auf die Dahlemer Glasvitrinen wurde ein Patent angemeldet, die auskragenden Treppen in der Oper, der Commerzbank und den Museen Dahlem sind statische Meisterwerke – doch es sind brillante Versatzstücke, Requisiten, für die Inszenierung unerlässlich, aber nie als Teil eines konstruktiven Ganzen gedacht. Man könnte sie ins Magazin bringen, der Bau – die Bühne und ihre Hülle – bliebe unversehrt. Auch Material setzt Bornemann nie als Masse oder tektonisches Element ein. Der Waschbeton der Deutschen Oper oder der Freien Volksbühne ist weder Ausdruck einer skulpturalen Masse noch zeigt er die tatsächliche statische Belastung. Er bleibt zweidimensionale Scheibe, Wand. Welch ein Unterschied zu Werner Düttmanns Akademie der Künste (1958–60), deren Waschbetonhaut sich straff um den Hauptkörper des Ensembles spannt. Auch den Glasfronten von Paul Baumgartens HdK-Konzertsaal (1949–54) gleichen Bornemanns Glasfassaden nur auf den ersten Blick. Wo Baumgarten mit kräftigem Gerüst die Glasflächen aufspannt und mit außerordentlich feingliedrigen Stahlrahmen hält, sind Bornemanns Foyerfronten in der Oper wie in der Volksbühne eindeutiger, gröber, ohne Abstufung ihrer Teile zusammengefügt. Tritt man näher heran, wirken die Bauteile genauso wie aus der Ferne; es erschließen sich keine weiteren, aus der Ferne nicht erkennbaren Ebenen. Bornemann schafft so in ihrer städtebaulichen Wirkung eindeutige Bauten und verweigert sich der Auflösung des Baukörpers im Detail. Wie die theatralische Inszenierung, wirken Bornemanns Bauten am besten in der Dunkelheit: Nachts. Seien es die Gäste der Oper, deren Umrisse sich mit spiegelnden Autoscheinwerfern vermischen, seien es die Gäste der Volksbühne zwischen den Ästen der Bäume oder die indischen Exponate im Museum in Dahlem. Alle beginnen sie erst in der Dunkelheit zu leben. Der Stadtraum wird zum Ausstellungsraum.

Seiner einmal gefundenen stilistischen Haltung bleibt Bornemann bis in die neunziger Jahre treu. Nur ist sie schon in den späten sechziger Jahren keineswegs mehr radikal, sondern zum bundesdeutschen Repräsentationsstil geworden, Wettbewerbserfolge werden auch deswegen weniger. Nach dem 1. Preis beim Schauspielhaus Hannover 1963 erhält er im Wettbewerb um die Staatsbibliothek Berlin 1964 noch einen von zwei Ankäufen. Der Versuch, sich beim Wettbewerb um das Theater Wolfsburg im darauffolgenden Jahr formal an Scharoun auszurichten, schlägt fehl. Bornemann ist jedoch keineswegs arbeitslos, im Gegenteil. 1960–63 baut er das Theater der Freien Volksbühne, 1966–69 mit Wils Ebert die Museen in Dahlem, die er in der Folge in eigener Regie einrichtet, 1968 gewinnt er den Wettbewerb für den Deutschen Pavillon auf der Expo 1970 in Osaka. Er realisiert Verwaltungs- und Institutsbauten für die Commerzbank Berlin (1969–74), die

Rosenthal-Werke in Selb (1971–74) und in Arbeitsgemeinschaft mit Borck Boye Schaefer das Institut für Arzneimittel in Berlin (1978–83).

Seine Bauten aus den fünfziger Jahren werden aus heutiger Sicht fast automatisch als typisch für die Architektur des folgenden Jahrzehnts befunden.[13] Denn sie waren ihrer Zeit voraus. Das Rathaus Wedding, 1955 entworfen, 1959–64 in überarbeiteter Form realisiert, war mit seinem Hochhaus und dem davor auf Pilotis gestellten Versammlungssaal – der die Bezirksverordneten dem Volk geradezu zur Schau stellte –, ein Zeichen für den sozialdemokratischen Aufbruch des ehemaligen Arbeiterbezirks und die Rechte seiner Bürger. In den sechziger Jahren war die Symbolik des städtischen Hochhauses zum gebräuchlichen Zeichen der Kommunalgewalt geworden, Glas zum selbstverständlichen Teil westdeutscher Polit-Ikonografie. Wie sehr diese damals auch von Bornemann entwickelte Haltung das Bauen bis heute prägt, zeigt der Anbau eines Versammlungssaals am neuen Bezirks-Rathaus Berlin-Mitte von 1996.

Es drängt sich die Frage auf, wieso Bornemann die formale Weiterentwicklung seiner architektonischen Haltung nicht gelingt oder warum er seine Architektur nicht auf die Spitze treibt. Der sieben Jahre ältere Philip Johnson wandelt sich vom Künder des *International Style* zum Zugpferd der Postmoderne, Oscar Niemeyer, fünf Jahre älter, realisiert gerade wegen seiner ungebrochenen Haltung noch in den neunziger Jahren so exaltierte Bauten wie das Museum in Niteroi. Möglicherweise ist Bornemanns Haltung stärker einer Zeit und ihrer politischen Entstehung verhaftet. Sie fußt auf der bewussten Abkehr vom Bauen des Dritten Reichs und findet darin ihre ideologische Fundierung und Legitimation. Der „demokratische" Gebrauch – die für alle gleich gute Sicht im Theater, der freie Zugang zu der Information in der Bibliothek, der Einblick in die politischen Entscheidungen im Rathaus – zeichnet die materielle und formale Zurücknahme dieser Bauten aus. Die Planungen für die neue Hauptstadt Berlin räumten mit dieser, die Nachkriegsarchitektur prägenden Haltung ultimativ auf.

II. DER DIPLOMAT

„Ich stamme aus einem wirtschaftlich sehr gehobenem Großelternhaus, aber mit starken Berufsaufgaben, denen man sich nicht entziehen konnte, wo also die Arbeit, das Durchsetzen, die Bewältigung der Arbeit groß geschrieben wurde und das so genannte kulinarische Leben, das Luxusleben hintenangestellt wurde. (...) Man fühlte sich in der Verantwortung, zum Werk, zur Leistung, und somit auch zur sozialen Gesellschaft. Das ist der Leitfaden gewesen für mich. Mit dieser inneren Einstellung musste ich die grausame Zeit dieses Massenmörders Hitler und seiner Kumpanen miterleben. Meinen Bruder hat es ins Religiöse gezogen, er hat dort seinen Halt gefunden. Ich habe das nur durch meinen Vater, durch seine Aufgaben, überstanden. Es war keine Frage, aus Deutschland wegzugehen."[14]

---

13 Dietrich Worbs, „Baudenkmale der Sechziger Jahre", in: Einblicke in die Berliner Denkmallandschaft, Berlin 2002.

14 Interview FB, 24.10.2001 (NB/SS).
15 Ebenda.
16 Ebenda.

Betrachtet man Bornemanns Werk, fällt die große Zahl politisch bedeutsamer Aufträge ins Auge: der Fassadenentwurf für die sowjetische Botschaft in Berlin 1946, die Informationsausstellungen für die Vereinigten Staaten der fünfziger Jahre, der Entwurf der Oper in Kairo in den sechziger Jahren, der bundesdeutsche Pavillon in Osaka 1970. Ebenso auffallend ist Bornemanns langjähriges Engagement in unterschiedlichen Berufsverbänden. Die Frage drängt sich auf, welche politische Haltung Bornemann vertritt und welche Verbindung es zwischen dieser und seiner Architektur gibt. Aus Bornemanns Schilderungen geht ein Erlebnis hervor, das darüber Aufschluss gibt.

Bornemann spricht von der Mitgliedschaft als Student bei einem „roten Studentenbund". „*1933 haben sie dann gesagt, die Liste darf nicht weiterstudieren. Ich habe einen Professor gehabt für darstellende Geometrie, der war auch Ballistiker, und der hat zu mir gesagt, das war 1934, ‚Pass mal auf. Kommen Sie mal nach Zossen und gucken Sie sich da was an. Ich mache Ballistik-Räume, Kurven rechnen, Geschosslaufbahnen.' Dort hat er uns empfangen – es war noch nicht mal Wehrpflicht, hieß ja noch Reichswehr, und der hatte schon eine Generalmajorsuniform an –, und er sagte, ‚Pass mal auf. Ich sorge dafür, dass Sie einberufen werden.'*"[15] Nach einem halben Jahr konnte Bornemann sein Studium fortsetzen, ohne jemals in die NSDAP einzutreten. Auch später wurde er niemals Mitglied einer Partei. Die Entscheidung und Erfahrung, sich mit der veränderten politischen Situation arrangieren zu können, ist ein Schlüsselmotiv von Bornemanns politischer Haltung. Dem entsprechen auch diejenigen Erzählungen, bei denen das gemeinsame Trinken eine Rolle spielt. Zu dem Vorgesetzten der Kriegsschule bei Wien wurde er zitiert, weil er „*nicht die Klappe halten konnte*"; man trank und fortan „*schimpfte man alle zwei Wochen über den Hund Hitler*".[16] Dass es andere Verhaltensweisen gab, zeigt Bornemanns drei Jahre älterer Bruder Hans, Theologe in Breslau. Er schließt sich gegen Ende des Krieges dem Widerstand an. Er wird 1944 in Ungarn von Angehörigen der deutschen Besatzungsmacht erschossen.

Nach Kriegsende gilt Bornemann als politisch unbelastet. Auch deswegen wird er einer der Architekten, die ab Januar 1946 für den Wiederaufbaustab sowjetische Befehlsbauten, ab 1950 für die amerikanische Besatzungsmacht arbeiten können. Die Amerika-Gedenkbibliothek wird zum Vorzeigeobjekt der deutsch-amerikanischen Beziehungen und Bornemann reist, 42-jährig, als einziger der beteiligten Architekten in die USA, da er eben nicht Parteimitglied gewesen ist. Doch auch die Universitätsbibliothek Bonn ist ein politischer Symbolbau, der auf ausdrücklichen Wunsch von Bundeskanzler Adenauer zu einem deutsch-französischen Kooperationsprojekt zwischen Bornemann und Pierre Vago wird. Auf Grund der Deutschen Oper wiederum wird Bornemann 1959 von der UNESCO nach Ägypten empfohlen, da sich Staatsoberhaupt Nasser in Kairo ein Opernhaus leisten will. Zu einer Zeit, in der die Hallstein-Doktrin diplomatische Beziehungen mit Staaten verbietet, die diplomatische Beziehungen mit der DDR unterhalten, ist das zwischen West und Ost lavierende Ägypten für die Außenpolitik der BRD von großem Interesse und somit auch das Opernprojekt. Bornemanns Reisen werden vom Auswärtigen Amt unterstützt und finanziert. Er arbeitet an dem Opernprojekt, bis sich Nasser eindeutig dem sozialistischen Lager zuwendet. 1971 wird das Vorhaben von seinem Nachfolger wieder aufgenommen, und auch Sadat wird vom Westen umworben. Die Präsentation des Opernmodells 1973 wurde Teil der Wiederaufnahme diplomatischer Beziehungen zwischen der BRD und Ägypten, gilt dem Architekten sogar als ihr Auslöser.[17]

Bornemanns Verbandstätigkeit erklärt sich aus eben dieser Faszination für die glanzvolle internationale Diplomatie sowie der Erkenntnis, am besten innerhalb der Institutionen Einfluss zu nehmen. Auf Anregung Max Tauts tritt er 1959 in den Bund Deutscher Architekten (BDA) ein, von 1963 bis 1979 ist er Vorsitzender des Berliner Landesverbands, eine nicht zu unterschätzende Position, da der BDA sämtliche ständischen Fragen regelt. *„Weil es mir nahe gelegt wurde"* wird Bornemann 1960 Mitglied des Architekten- und Ingenieursverbands (AIV), 1965 Mitglied des Deutschen Werkbunds.[18] Bornemann kokettiert, dass immer nur diejenigen gewählt würden, die nicht gewählt werden wollen, sich zu *„Verbandsonkeln"* und *„nützlichen Idioten"* machen ließen. Sich aber so oft zur Wiederwahl zu stellen, obwohl die übliche Amtsdauer im BDA nur drei Jahre beträgt, war doch auch seine Wahl. Gegen eine West-Berliner Architektenkammer wehrt er sich zuerst vehement, 1983 wird er dennoch Gründungsmitglied. Auffallend ist, dass Bornemann nicht in die Akademie der Künste gewählt wird. Sein Engagement und seine Begeisterung für den Beruf, für die „Aufgabe", ist gleichwohl unbestritten.

Tatsächlich scheint es Bornemann in seiner Position als Vorsitzender des BDA verstanden zu haben, agil auf wechselnde Strömungen zu reagieren. Einige werden alten „linken" Sympathien entsprochen haben. *„Eine ganze Generation junger, engagierter, unbequemer Architekten trat in den 60er Jahren in den BDA ein. (...) Das trug zwangsläufig die kreative Unruhe der 60er Jahre in den Verein, und Bornemann wiegelte keineswegs ab, im Gegenteil! Im Innenleben des BDA: basisdemokratische Reformversuche, eine Umstrukturierung des Vorstandes in Referate. Aus den bisherigen ‚Beisitzern' wurden ‚Referatssprecher', in deren Referaten jeder mitarbeiten konnte, um die Politik des Vereins mitzugestalten. Und das geschah wirklich, davon kann man heute nur träumen!"*[19] Im März 1968 riefen BDA und AIV auf Initiative Bornemanns zu einer Ausstellung auf, um die „Junge Generation" Berlins – Jahrgang 1932 und jünger –, zu repräsentieren. Das Vorhaben provozierte die Kritik von 31 jungen Architekten, unter ihnen Jürgen Sawade, Jonas Geist, Jan Rave, Thomas Sieverts, Josef Kleihues. Sie argumentierten, dass *„auch die Arbeiten der jungen Generation sehr oft an vorgefundenen Programmen orientiert sind, deren Zielsetzung und Grundauffassung diese Generation weder sieht noch teilt. Wir schlagen deshalb vor, der jungen Generation Berlins die vorgesehenen Geldmittel und Ausstellungsräume zur Verfügung zu stellen, damit sie ohne Beeinflussung durch Senat, Berufsverbände oder irgendwelche anderen Gremien in einer Ausstellung ‚Bauen in Berlin' Stellung nehmen kann."*[20] Bornemann reagierte. Er organisierte ein Treffen, zu dem er Julius Posener, den hochrespektierten Professor für Architekturgeschichte an der HfbK, hinzuzog, es folgten weitere Treffen, es bildete sich die Gruppe A507, und am Ende stand die Ausstellung „Diagnosen zur Architektur – Vivisektionen an einem Monstrum".[21] Sie übte schärfste Kritik an der Städtebaupolitik Berlins, insbesondere der Großsiedlung Märkisches Viertel. In ihrer Radikalität vertrat sie nicht mehr die Meinung aller ursprünglich Beteiligten und wurde dennoch finanziert von BDA und AIV.

---

17 Bornemanns ausführliche Schilderung im Werkverzeichnis.
18 Interview FB, 3.12.2002 (SS).
19 Jan Rave, Festansprache zum 80. Geburtstag von Bornemann am 12.2.1992, Manuskript, Archiv Jan Rave.

20 Aus der Abschrift des Briefes an den BDA, 19.4.1968, Archiv Jan Rave.
21 Gezeigt vom 8.9.–20.1.1968 im Rohbau der Architekturfakultät der TU Berlin; vgl.: Deutsche Bauzeitung 8/1968.

Bornemann bespricht die geplante Oper für Kairo mit Präsident Anwar El-Sadat und Bauminister Osman Ahmed Osman, Kairo 1973; Bornemann beleuchtet die geplante Erweiterung der Deutschen Oper für Generalintendant Götz Friedrich und Ex-Bundeskanzler Willy Brandt, Berlin 1983; Bornemann diskutiert die geplante Ausstellung „Diagnosen – Vivisektionen an einem Monstrum" mit BDA-Mitgliedern, Berlin 1968

Diese Episode wird heute von damals an der Ausstellung Beteiligten oder ihr nahestehenden durchaus unterschiedlich bewertet. Was der eine als Offenheit bezeichnet, beschreibt ein anderer als Spiel, als Koketterie mit den Demonstranten. Die ganze etablierte Szene lief aus dem Ruder, und Bornemann schlug sich, als etablierter Architekt, auf die Seite der Aufsässigen. Jonas Geist wiederum erinnert sich: *„Im letzten Moment erschien noch eine Abordnung des BDA; ich glaube es waren Dübbers und Bornemann, die den Inhalt noch mal kontrollieren wollten. Auch den Versuch, den Einmarsch [der Sowjetunion] in die CSSR als Vorwand zu nehmen, um die Ausstellung abzublasen, konnten wir überwinden."*[22] Unter den Parolen, die 1968 von Architekturstudenten skandiert wurden, gehörte entsprechend der einprägsame Reim *„Eier-, Dütt- und Bornemann, lass doch mal die andern ran!"*[23] Die drei, die das Staatsbauwesen der jungen Bundesrepublik wesentlich geprägt hatten, waren aus Sicht der Studenten Teil des „Muffs", den es zu überwinden galt.

Bornemann selbst scheint zutiefst von der Überwindung der eigenen, deutschen Geschichte, sicherlich auch der räumlichen Begrenzung West-Berlins motiviert gewesen zu sein. Über Vago sucht er in den fünfziger Jahren Kontakt zur Réunion Internationale d'Architecture (RIA), Vorgängerin der UIA. In den Sechzigern erkennt er, dass der Theaterbau im Nachkriegsdeutschland im Umfang keine Parallele hat und organisiert mit dem Auswärtigen Amt eine Wanderausstellung, die von London über Leningrad bis Delhi tourt. *„Die 70er Jahre waren, etwas vereinfacht, von den hoffnungsvollen Ansätzen der Außenpolitik bestimmt. (...) Wir waren zuversichtlich bestrebt, den Kurs der linksliberalen Koalition, den ‚Wandel durch Annäherung' zu unterstützen. Bornemann hielt Vorträge auch in Moskau und Leningrad."*[24] In der Internationalen Organisation der Szenografen, Bühnentechniker und Theaterarchitekten (OISST) engagierte er sich, weil es *„eine der Positionen [war], die mir die Chance gab, die beiden Stadthälften zu überbrücken"*[25], etwa 1984, als er mit dem Regierenden Bürgermeister von Weizsäcker einen Tausch zwischen Ost- und West-Berlin in die Wege leitete: die Schinkelfiguren der Schlossbrücke gegen das Archiv der Preußischen Porzellanmanufaktur.[26] 1983, zum 50. Jahrestag der Machtübernahme der Nationalsozialisten, organisierte Bornemann zusammen mit Wolfgang Schäche eine Ausstellung samt Zeitzeugenbericht. Hermann Fehling, Hardt-Walther Hämer, Hermann Henselmann, Julius Posener und Pierre Vago nahmen teil. Dass Henselmann, emeritierter Chefarchitekt der DDR, bei dieser Veranstaltung dabei war, ist unter anderem Bornemanns Interesse an einem Brückenschlag zu Ost-Berlin zu verdanken.[27]

---

22 Jonas Geist, „Ein erinnernder Gang zurück in die Arme der Technischen Universität Berlin", in: 1799–1999. Von der Baukademie zur Technischen Universität Berlin. Geschichte und Zukunft, Berlin 1999, S. 281.
23 Ebenda.
24 Jan Rave, Festansprache , a.a.O.
25 Interview FB, 3.12.2002 (SS).
26 Interview FB, 27.10.2002 (SS).
27 Zu Bornemanns Verhältnis zu Henselmann vgl.: Jan Rave, Festansprache, a.a.O.; Wolfgang Schäche (Hrsg.), Hermann Henselmann. Ich habe Vorschläge gemacht, Berlin 1995, S. 32–33.

28 Interview Jan Rave, 11.9.2002 (SS).
29 Harald Bodenschatz u.a. in: Josef Paul Kleihues (Hrsg.), 750 Jahre Architektur und Städtebau in Berlin. Internationale Bauausstellung Berlin 1987 im Kontext der Baugeschichte Berlins, Stuttgart 1987, S. 224.
30 Hardt-Walther Hämer in einem unveröffentlichten Text über Fritz Bornemann, Oktober 2002, mit freundlicher Erlaubnis des Autors.
31 Gespräch Martina Düttmann Herbst 2001 (SS).
32 Interview Rave, a.a.O. (SS).
33 Gespräch Georg Heinrichs, 3.9.2002 (SS).
34 Gespräch Ludwig Leo, Januar 2002 (SS).

Zum Zeitpunkt der Internationalen Bauausstellung Berlin 1984/1987 waren Bornemanns diplomatische Fäden aber gerissen. Er organisierte mit Pierre Vago einen UIA-Kongress in Berlin, zu dem trotz ausreichender Finanzierung weder genügend Referenten noch Zuschauer erschienen. Das Unterfangen ignorierte die IBA-Anliegen von „kritischer Rekonstruktion" und „behutsamer Stadterneuerung".[28] Bornemanns Architektur galt in der damaligen Wahrnehmung als stadtfeindlich: *„Die Hauptfront [der Deutschen Oper] wird beherrscht durch eine 70 m lange, geschlossene Waschbetonfassade, deren Tristesse auch durch die am Eingang platzierte Stahlplastik von Hans Uhlmann nicht gemildert wird."*[29] Hardt-Waltherr Hämer, Protagonist der „behutsamen Stadterneuerung", erinnert sich jedoch an einen Bornemann, der mit der Stadt umzugehen weiß: *„1968, als ich an die Hochschule der Künste in Berlin berufen wurde, war es Fritz Bornemann, der mich wieder in die Stadt einführte, die ich (...) 1952 verlassen hatte. Mit ihm lernte ich auch Kreuzberg kennen. Er kannte jede Ecke mit ihren Geschichten und die Kneipen, in denen sie erzählt wurden. Da merkte ich, wie wenig ich bis dahin von Berlin wusste."*[30]

AMBIVALENTE SELBSTVERSTÄNDLICHKEIT

Was ist also die Bedeutung von Fritz Bornemann? Wieso ist er, Urheber der grandiosen Wand der Deutschen Oper, heute weitgehend unbekannt? In der Wahrnehmung vieler Architekten und Architektinnen, die Bornemanns Bauten in ihrer Entstehungszeit miterlebt haben, zeichnen sie sich gerade durch ihre Selbstverständlichkeit aus. Vielleicht ist das ein Grund. Diese Eigenschaft ist durchaus nicht selbstverständlich: Dass sich ein öffentliches Gebäude in die umgebenden Bauten einfügt und diese dabei nobilitiert, dass es von den Nutzern umgehend angeeignet wird und man es als „ganz einfach gut" befand,[31] ist eine Qualität, die heute vielen Bauten, die sich ihrer „städtischen" Eigenschaften rühmen, fehlt.

Entsprechend beschreibt Jan Rave seine damalige Einschätzung: *„Er war im Vergleich zu dem, was damals in Berlin geschah – die fünfziger-Jahre-‚Zickezacke-Messingkugel'-Architektur – sehr positiv. Bornemann fiel uns durch seine Nüchternheit angenehm auf."* Seine Architektur war für diese Generation jedoch keineswegs wegweisend. Das waren diejenigen, die die „Fragen der Moderne weiterentwickelten", zum Beispiel Georg Heinrichs oder Ludwig Leo.[32] Heinrichs, bekannt durch die Autobahnüberbauung Schlangenbader Straße (1976–81), wertet Bornemanns Beitrag wiederum am Beispiel der „Wand an der Oper" lediglich als „Versuch, modern zu sein."[33] Leo, Architekt des Umlaufkanals der TU Berlin (1975–76), lässt sich auf ein Gespräch über Bornemann erst gar nicht ein. Für Leo, der immer demonstrativ gegen das „Establishment" eingetreten ist, verkörpert er zu sehr das „Biotop West-Berlin".[34]

Die wohl präziseste Einschätzung von Bornemanns Beitrag zur Baukultur West-Berlins als Person und als Architekt, stammt von Ulrich Conrads. Von 1957–88 Chefredakteur der „Bauwelt", würdigt er heute Bornemanns materielle Zurückhaltung und Sinn für das Maßstäbliche und zählt ihn auf Grund dessen mit Paul Baumgarten und Hans Scharoun zu den bedeutenden Nachkriegsarchitekten Berlins. Zur Person Bornemann jedoch stößt man bei Conrads, wie auch bei anderen Zeitgenossen, auf Ambivalenz: *„Ich bin mit ihm eigentlich nie in ein persönliches Gespräch gekommen. Er hatte dem Kritiker gegenüber* *eine abweisende Art. Er zeigte zwar seine Bauten voller Stolz vor, ließ aber kein Gespräch mit sich zu. Mich störte, dass er sofort mit dem Du auf einen zukam: ‚Sag mal, was haste denn heute...' Und dann hat er eine Art von fröhlicher oder fröhlich sich ausdrückender Naivität vor sich hergetragen, von der ich nie wusste: Ist sie echt oder ist sie gemacht? Wenn ich dann seine Bauten beguckte, dachte ich, ‚Ne, so naiv wie er manchmal daher redet, kann er nicht sein'. (...) Ich habe zwischen seiner Person und seinen Bauten nie richtig den Konnex gekriegt."*[35] Warum ist Bornemann, dessen Bauten einst Postkarten zierten, nicht ein Großer der bundesdeutschen Architekturgeschichte geworden, in kaum einem Buch zu finden, in keinem Lexikon, warum fand nie eine Ausstellung über sein Werk statt, wo doch viel geringere Architekten schon gefeiert wurden?[36] *„In der Architekturöffentlichkeit hat er in Berlin sicher eine gar nicht wegzudenkende Rolle gespielt, in den Institutionen oder auch einfach im Auftreten. Und: er hat gebaut. Trotzdem ist er nicht zu einem Ruhm gekommen, der dem heutigen von Hans Kollhoff oder Josef Kleihues auch nur entfernt gleichen könnte. Vielleicht war er in seinem Ausdruck zu konfus, in seinem Auftreten zu bescheiden."*[37] Andere sahen Bornemann als eine Art „Paradiesvogel", der überall auftauchte, den man jedoch weder über sein Werk noch über seine Haltung kannte.

Bornemann ist weder Theoretiker noch Lehrer: Er hat keine „Schule" begründet, keine Methode formuliert, sein Titel „Professor" beruht auf zwei Jahren Gastprofessur in Kairo. Seine Zeichnungen – harte Bleistiftlinien tief ins Transparentpapier gezogen – sind nicht für den Kunstmarkt, sondern zur Ausführung bestimmt. Fritz Bornemann, kurzum, ist Macher, ist Praktiker: Theatermaler und Diplomat. Als Idealist schafft er es so, eine ästhetische Linie durchzusetzen. Es genügt jedoch nicht, um in die Bücher und damit in die Architekturgeschichte einzuziehen.

Vielleicht ist die Frage, die sich anhand von Fritz Bornemann, Rathaus Wedding und Deutscher Oper stellt, eine ganz andere. Die Frage richtet sich an uns: unentschieden, ob wir es erleichternd oder beschwerend befinden, dass auch unser Tun bald keiner mehr kennen wird; unentschieden, ob wir unsere eigene politische (Nicht)Haltung begründen können. Bornemann legt eine überaus kohärente Haltung an den Tag: *„Man fühlte sich in der Verantwortung, zum Werk, zur Leistung, und somit auch zur sozialen Gesellschaft."*[38] Es sind die Bauten, die stehen, die zählen: Es geht um die *„Aktivierung des Publikums."*[39] Bornemann, Bornemanns Bauten machen es vor.

Bleibt die Einladung ins China-Restaurant. Bornemann fährt, mehr als neunzig Jahre alt, Vollgas die Kopfsteinstraße entlang, beschleunigt in der Kurve und besteht darauf, uns nach der Mahlzeit auch wieder nach Hause zu bringen. Schließlich sei der Abend noch jung.

---

35 Interview Ulrich Conrads, 22.8.2001 (SS).
36 Vgl. die Ausstellung „Zwei Architekten. Hans Wolff-Grohmann/Gerhard Siegmann", 21.5.–25.7.1999, Kunstbibliothek Staatliche Museen Berlin.
37 Interview Ulrich Conrads, a.a.O.
38 Interview FB, 24.10.2001 (NB/SS).
39 Fritz Bornemann, „Der Ausstellungsbau", in: Süddeutsche Zeitung, 29.7.1970.

MENSCHLICH GESEHEN

Kämpft wie ein Löwe

Sein Herz klopft im Takt klassischer Musik, sein intuitives Gefühl für Licht und Schatten ist weltberühmt, und er kämpft wie ein Löwe, um seine Ideen durchzusetzen: Professor Fritz Bornemann, unter anderem Erbauer der Deutschen Oper, der Freien Volksbühne, des Kairoer Opernhauses und der Amerika-Gedenkbibliothek. Gestern wurde er mit dem Bundesverdienstkreuz Erster Klasse ausgezeichnet.

„Besonders glücklich bin ich, daß mein genialer Freund, Opernintendant Götz Friedrich, die Laudatio hielt", erzählt der 73jährige Architekt, der 16 Jahre der erste Vorsitzende des Bundes Deutscher Architekten war und Musik über alles liebt.

Zur Zeit arbeitet Fritz Bornemann an einem Erweiterungsbau für die Amerika-Gedenkbibliothek und bereitet sich auf seine Ernennung in das Gremium zur Umgestaltung des Pariser Louvres vor. „Meine Erfahrungen im Museumsbau können in Paris nützlich sein", sagt Professor Bornemann. Er ist der Sohn eines berühmten Theater-Architekten, der das Museum Dahlem mit natürlichem Licht „inszeniert" hat. Bornemann: „Ich habe jedes einzelne Museumsstück in Dahlem selber an seinen Standort gestellt; durch meine Hände gingen Schätze im Wert von fünf Milliarden Mark."

„Glück", so sagt der Mann mit den lockigen Haaren und dem listig-lustigen Lächeln, „ist für mich die Begegnung mit den Großen dieser Welt." Voller Begeisterung berichtet er über seine Verbindungen zu Albert Einstein, dem er als Kind auf der Geige „vorkratzen" durfte, zum ermordeten ägyptischen Staatspräsidenten Sadat oder zu Eberhard Diepgen, der Bornemann seinen persönlichen Dank für sein Bestreben, auch mit Ost-Berliner Architekten Kontakte zu knüpfen, ausgesprochen hat. MC

Architekt Bornemann: Rettet meine Freie Volksbühne!

Abriß des Traditions-Theaters? „Mit mir nicht!"

Star-Architekt Fritz Bornemann baute auch die Deutsche Oper, die AGB und das Rathaus Wedding

Fritz Bornemann an seinem 90. Geburtstag im Foyer der Freien Volksbühne Berlin; „Kämpft wie ein Löwe", in: Berliner Morgenpost, 10.10.1985; „Rettet meine Freie Volksbühne", in: BZ, 16.5.1998

Blick vom zerstörten Mehringplatz auf die Amerika-Gedenkbibliothek, um 1955

EVA VON ENGELBERG-DOČKAL

Bornemanns Bibliotheken in Berlin und Bonn

POLITISCHE ARCHITEKTUR AUF DEM WEG ZU EINEM
WIEDERVEREINTEN DEUTSCHLAND

Das Gebäude der Amerika-Gedenkbibliothek (1952–54) – Bornemanns erster nach seinem Entwurf errichteter Neubau – bestach die Zeitgenossen durch seine moderne Formensprache und betont selbstbewusste Geste. Unter den Bauten der Berliner Nachkriegszeit finden sich kaum vergleichbare Lösungen dieses Niveaus. Die von der Literatur bisher wenig beachtete Amerika-Gedenkbibliothek kann daher als Schlüsselwerk der West-Berliner wie auch der westdeutschen Nachkriegsarchitektur gelten. Ihr modernes Erscheinungsbild und die für die Nachkriegszeit extravagante Ausstattung machten sie zum Sinnbild des *American way of life.*

Wenige Jahre später errichtete Fritz Bornemann mit der Bonner Universitätsbibliothek (1957–60) sein zweites großes Bibliotheksgebäude; 1964 folgte der durch einen Ankauf prämierte Wettbewerbsbeitrag für die Staatsbibliothek in Berlin. Neben dem Theaterbau hatte Bornemann eine zweite große Bauaufgabe für sich entdeckt, die ebenfalls dem Wunsch des jungen Staates nach repräsentativen Neubauten entgegenkam. In den drei Jahren zwischen den Wettbewerben um die Berliner (1951) und die Bonner Bibliothek (1954) war in der Deutschlandpolitik jedoch eine entscheidende Wende eingetreten: Während die Amerika-Gedenkbibliothek ein Zeichen für den (mit Hilfe der USA zu realisierenden) Wiederaufbau und die Wiedervereinigung der Stadt Berlin und damit Deutschlands setzen sollte, entstand der zweite repräsentative Bibliotheksbau der Bundesrepublik in der zur provisorischen Hauptstadt erklärten Universitätsstadt Bonn.

DIE AMERICAN MEMORIAL LIBRARY – EIN „DENKMAL DER FREIHEITLICHEN WESTLICHEN KULTUR" IM „VERY CENTRE OF GREATER BERLIN"[1]

Bis zur Neubebauung des Mehringplatzes durch Werner Düttmann (1968–72) bot sich dem Betrachter vom Ostteil der Stadt aus ein unverstellter Blick auf die im amerikanischen Sektor errichtete *American Memorial Library:* In der Achse der Friedrichstraße, hinter der 1843 errichteten Friedenssäule erhebt sich der sechsgeschossige Bibliotheksbau, der allein im mittleren Teil von den Gleisen der Hochbahn verdeckt wurde. Der

---

1 Fritz Moser, Bau und Organisation der neuen Berliner Zentralbibliothek (American Memorial Library), in: Bücherei und Bildung, 1953, H. 7/8, S. 674–679, hier S. 675; Horst Ernestus, „The American Memorial Library", in: The Library Association Record, Juni 1957, Bd. 59, H. 6, S. 187–197, hier S. 188.

weithin leuchtende Namenszug „Gedenkbibliothek" erscheint rechts neben Christian Daniel Rauchs Victoria, die bis heute von dem Sieg über Napoleon kündet.

Die Amerika-Gedenkbibliothek und die gleichzeitig von Sobotka und Müller errichtete Bibliothek der Freien Universität waren nach Paul Baumgartens Konzertsaal der Hochschule der Künste (1949–54) die ersten großen Kulturbauten West-Berlins. Beide Bibliotheken wurden durch amerikanische Spenden ermöglicht und bildeten den Auftakt für den maßgeblich von den USA finanzierten Wiederaufbau der Stadt. Hintergrund für den Bau zweier großer Bibliotheken war der hohe kriegsbedingte Verlust an wissenschaftlicher Literatur: Von den ehemals zwölf Millionen Bänden hatten nur fünf Millionen den Krieg überstanden.[2] Bei der Teilung der Stadt waren mit der Universitätsbibliothek Unter den Linden sowie der Stadt- und Staatsbibliothek zudem die drei wichtigsten Bibliotheken in Ost-Berlin verblieben.

Die offensichtliche Benachteiligung Westberlins gegenüber dem Ostsektor musste den Westalliierten als bedrohlicher und letztlich inakzeptabler Zustand erscheinen: Das ungeteilte Berlin galt als zukünftige Hauptstadt eines westlich orientierten pluralistisch-demokratischen Staates, der mit Blick auf das europäische Kräfteverhältnis ein Schutzschild gegen die kommunistischen Länder bilden sollte. Als ersten Schritt zur Beseitigung dieses Ungleichgewichts stellte der amerikanische Hohe Kommissar John McCloy im Februar 1950 einen Betrag aus dem Fonds zur Förderung deutsch-amerikanischer Projekte in Aussicht. Ziel war die Gründung eines Kulturzentrums, das die Verbundenheit der beiden Völker zum Ausdruck bringen sollte. Darüber hinaus sollte dem Einsatz der USA sowie dem Mut und der Ausdauer der Bevölkerung während der sowjetischen Blockade West-Berlins (1948/49) ein Denkmal gesetzt werden.

Vorgeschlagen wurden eine Konzerthalle für das Philharmonische Orchester, ein internationales Haus der Begegnung, ein Studentenhaus oder Haus der Jugend, ein Opernhaus, ein Kunstmuseum und ein medizinisches Zentrum.[3] Während die größte Lobby ein neues Konzerthaus für die Berliner Philharmoniker forderte, trat Oberbürgermeister Ernst Reuter entschieden für den Bau einer öffentlichen Zentralbibliothek ein: Anders als die weltberühmten Philharmoniker, die aus eigener Kraft die Mittel für ein neues Haus aufbringen könnten, seien die künftigen Nutzer einer öffentlichen Bibliothek tatsächlich auf Spenden angewiesen.[4] In der Konkurrenz zu einem Konzerthaus erschien die Bibliothek zudem ungleich geeigneter, die zentralen Werte der westlichen Demokratie – Informationsfreiheit und politische Bildung – zu repräsentieren. Im Juli 1950 empfahl Fritz Moser, der spätere Direktor der Bibliothek, eine *public library,* das heißt eine allen Bevölkerungsschichten offene Gesamtbibliothek nach amerikanischem Vorbild,

---

2 Fritz Moser, „Rückblickend auf die Anfänge (Auch eine Kritik)", in: Peter Karl Liebenow, Hrsg., 25 Jahre Amerika-Gedenkbibliothek Berliner Zentralbibliothek, München, New York, London, Paris 1979, S. 35–70, hier S. 36.
3 Fritz Moser, Die Amerika-Gedenkbibliothek Berlin, Entstehung, Gestalt und Wirken einer öffentlichen Zentralbibliothek, Wiesbaden 1964, S. 8; Moser, Rückblickend..., a.a.O., S. 39.
4 Moser, Rückblickend..., a.a.O., S. 40.

5 Ernestus, a.a.O., S. 187, 188; Horst Müller, „Die Amerikanische Gedenkbibliothek", in: Berliner Baubuch, Berlin 1952, S. 185–189, hier S. 186.
6 Deutsche Allgemeine Zeitung, 10.4.1937 und 26.5.1937.
7 Moser, Die Amerika-Gedenkbibliothek Berlin, a.a.O., S. 11.
8 Ulrike Wahlich, Rückblick mit Zukunft: 100 Jahre Zentral- und Landesbibliothek Berlin, München 2001, S. 113.
9 Abschrift, Oberbürgermeister von West-Berlin an General Taylor, 13.12.1950: Landesarchiv Berlin, B Rep. 014, Nr. 214; Müller, a.a.O., S. 186, 187.

zu errichten; noch im selben Monat stellte der Magistrat ein Grundstück am Blücherplatz und damit am Kreuzungspunkt der beiden zentralen U-Bahn-Linien in Aussicht.[5]

Die ursprüngliche Gestalt des Blücherplatzes und seine städtebauliche Einbindung in die nördlich gelegene Friedrichstadt sind heute nicht mehr erkennbar. Prägend für die Situation war das im Zuge der barocken Stadterweiterung angelegte Rondell – seit 1815 Belle-Alliance-Platz und heute Mehringplatz –, das den südlichen Abschluss der Friedrichstadt zum Landwehrkanal bildete. Die vom Oranienburger Tor nach Süden verlaufende Friedrichstraße durchquerte den Platz und endete am Halleschen Tor, das von den beiden 1879 errichteten Torbauten Heinrich Stracks markiert wurde. Die unterbrochene Platzbebauung gab den Blick frei auf die südlich des Kanals liegenden historischen Friedhöfe der Stadt. Hier entstand im 19. Jahrhundert der Blücherplatz, der mit seiner geschwungenen Platzfront den optischen Abschluss der Friedrichstraße und des Belle-Alliance-Platzes bildete. Der Abriss zweier Häuser ließ genau in der Blickachse der Straße eine Baulücke zurück, die – trotz zahlreicher Versuche, eine der städtebaulichen Situation angemessene Bebauung zu realisieren – bis zum Zweiten Weltkrieg bestehen blieb.[6]

Die Bombardements zerstörten fast die gesamte südliche Friedrichstadt einschließlich des Blücherplatzes. Die im Zuge des Wiederaufbaus neu angelegten Verkehrslinien schufen eine vollkommen veränderte Situation: Während früher mehrere Straßenzüge auf dem Platz zusammenliefen, wurden sie nun um ein zentrales Grundstück – den Standort der späteren Bibliothek – herumgeführt. Die isolierte Lage am östlichen Rand von West-Berlin galt zum Zeitpunkt der Planung und Bauausführung als temporär: „Verkehrstechnisch sprach für diesen Ort, daß er – wenn auch gegenwärtig noch zu der Mehrzahl der westlichen Bezirke peripher gelegen – doch zum Zeitpunkt der Wiedervereinigung der gespaltenen Stadthälften der künftigen Zentralbibliothek einen fast von allen Seiten gut erreichbaren Platz verlieh ..."[7]

Die Wahl des Standortes gibt sich damit auch als politische Entscheidung zu erkennen: Ziel war die Errichtung einer Bibliothek, die nicht nur für die West-Berliner, sondern auch für die Bewohner des Ostsektors leicht erreichbar sein sollte. Gerade letztere wünschte man durch den neuen Bibliotheksbau anzusprechen und als Leser sowie – in letzter Konsequenz – als Anhänger der westlichen Demokratie zu gewinnen.

Im August 1950 bewilligte die amerikanische Militärregierung 5 Millionen DM aus dem Fonds des Marshall-Plans.[8] Im November dieses Jahres legte Ernst Reuter ein erstes Konzept für die Amerika-Gedenkbibliothek vor, das einen zwölfgeschossigen Magazinturm und eine Freihandbücherei von 50.000 Bänden, zentraler Bestandteil einer *public library*, vorsah. Der Turm, für den eine spätere Aufstockung bereits eingeplant war, sollte den optischen Abschluss der Friedrichstraße und damit ein bestimmendes städtebauliches Element im Zentrum Berlins bilden.[9]

Der Magazinturm des Vorprojekts stand ganz in der Tradition der jüngsten Wiederaufbaupläne der Stadt, die als Reaktion auf den unter Hans Scharoun erstellten „Kollektivplan" (1945/46) entwickelt wurden. Scharoun hatte – in Abgrenzung zu den Planungen des Dritten Reiches – auf Hochhäuser und monumentale Straßenzüge verzichtet und eine bandartige Gliederung der Stadt vorgeschlagen. Die von ihm geforderte Neuordnung der Stadt wurde jedoch in den folgenden Wiederaufbauplänen zugunsten konventioneller Entwürfe, die an der historischen Struktur der Stadt weitgehend festhielten, aufgegeben. So plante Richard Ermisch (1885–1960) für das Grundstück der Amerika-Gedenkbibliothek 1946/47 einen Repräsentationsbau, der einen point de vue für die in Nord–Süd–Richtung verlaufende Friedrichstraße bildete.[10] Er griff damit auf eine bestehende Tradition zurück: Schon in den 1920er Jahren waren für die Baulücke am Blücherplatz mehrere Entwürfe für ein Turmhochhaus entstanden, die aufgrund der Wirtschaftskrise unausgeführt blieben.[11] 1938 folgte ein Wettbewerb zum Neubau des Kreuzberger Rathauses, der ebenfalls auf einen städtebaulich dominanten Hochbau zielte: „Wenn irgendwo, dann passt hierher ein Hochhaus, ein Turm der städtischen Arbeit, ein Wahrzeichen des neuen Berlin ..."[12] Da Hitler geeignete Kräfte für die Realisierung der geplanten Reichshauptstadt suchte, wurde die Teilnahme an dem Wettbewerb für alle städtischen Bauräte und Architekten als verbindlich gesehen. Die mit dem ersten Preis ausgezeichnete Arbeit von Bruno Grimmek (1902–69) blieb zugunsten „kriegswichtiger Bauten" unausgeführt.[13]

Mit der Unterzeichnung der Spendenurkunde am 20. April 1951 konnte die Realisierung des Projekts in Angriff genommen werden.[14] Entsprechend der Vorgabe McCloys wurde am 2. Juli 1951 der Ideen-Wettbewerb ausgeschrieben. Teilnahmeberechtigt waren alle freischaffenden, beamteten und angestellten Architekten aus West-Berlin und der Bundesrepublik Deutschland, soweit sie über die deutsche Staatsbürgerschaft verfügten.[15] Für Preise und Ankäufe wurden 41.500 DM ausgesetzt.[16] Einsendedatum war der 2. Oktober 1951. Der vom Berliner Senat vorgelegte elfseitige Ausschreibungstext gab ein detailliertes Bauprogramm mit genauen Anweisungen für die insgesamt 75 Räume vor.[17]

Gemäß dem ursprünglichen Plan forderte der Ausschreibungstext eine auf Fernsicht berechnete Gestaltung, so dass „derjenige Teil, der direkt in der Blickrichtung der darauf zuführenden Hauptstraße, der Friedrichstraße, liegt, einen hervorragenden Akzent trägt (möglicherweise als Magazinbauturm) und somit schon von weitem beherrschend in Erscheinung tritt."[18] Verwiesen wird hier auf die trennende Linie zwischen Innenstadt und Blücherplatz, die durch die Trasse der Hochbahn und eine geplante Autostraße bedingt war. Um trotz der Hochbahn die gewünschte städtebauliche Wirkung erzielen zu können, sei eine gewisse Gebäudehöhe unumgänglich.

---

10 Josef Paul Kleihues (Gesamtleitung), Internationale Bauausstellung Berlin. Die Neubaugebiete: Dokumente – Projekte, Berlin 1984, S. 249, Abb. S. 24.
11 Entwurf von Hans Kraffert (1920) in: Wolfgang Schäche, Architektur und Städtebau in Berlin zwischen 1933 und 1945. Planen und Bauen unter der Ägide der Stadtverwaltung, Berlin 1991, Abb. 234, S. 326. Entwürfe von Otto Kohtz (1921) und Ludwig Hilberseimer (1928) in: Senator für Bau- und Wohnungswesen, Amerika Gedenkbibliothek, beschränkter Wettbewerb, Juni 1988, Abb. 18 und 19, S. 56.
12 Deutsche Allgemeine Zeitung, 10.4.1937.
13 Zum Entwurf des Rathauses Kreuzberg vgl. Schäche, a.a.O., S. 321–323.
14 Müller, a.a.O., S. 187.

15 McCloy an den Magistrat von Groß-Berlin vom 17.4.1951, Landesarchiv Berlin, B Rep. 014, Nr. 214; Der Amerikanische Hohe Kommissar hatte sich am 15.6.1951 mit der Durchführung eines öffentlichen Wettbewerbs „für alle in West-Berlin und der Bundesrepublik ansässigen deutschen Architekten" einverstanden erklärt: Schreiben vom 16.6.1951, Landesarchiv Berlin, B Rep. 014, Nr. 214; Drucksache des Abgeordnetenhauses von Berlin vom 27.10.1951; Müller, a.a.O., S. 188.
16 Die Kosten des Wettbewerbs trug die Stadt: Senatsbeschluss vom 4.7.1951: Landesarchiv Berlin, B Rep. 014, Nr. 214.
17 Moser, Die Amerika-Gedenkbibliothek Berlin, a.a.O., S. 15.
18 Ebenda.

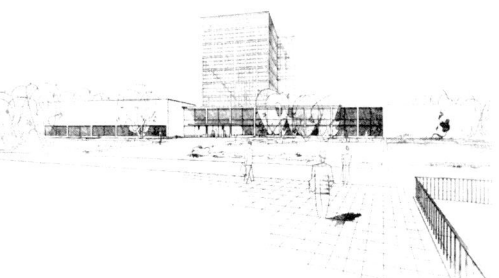
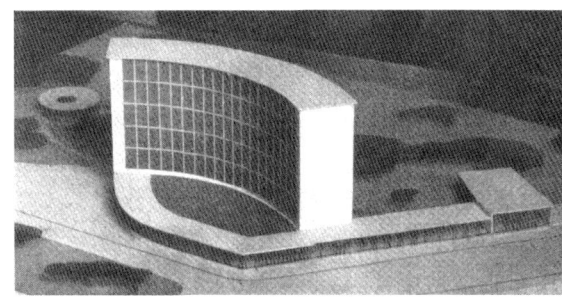

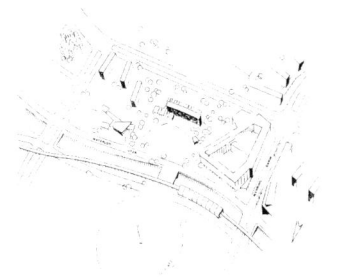
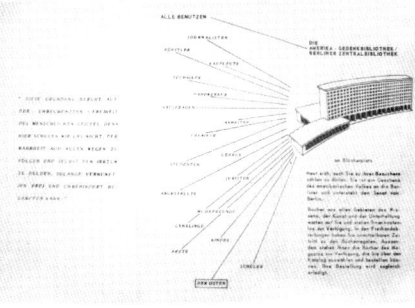

Geschichte einer Bibliothek und ihres Ortes: Luftbild von Blücher- und Belle-Alliance-Platz, Blick nach Nordwesten, um 1892; Hans Kraffert, Entwurf für ein Bürohaus, 1920; Bruno Grimmek, Entwurf für ein Rathaus Kreuzberg, 1938; Wettbewerb Amerika-Gedenkbibliothek, 1951: Entwurf Jobst/Kreuer/Wille, Entwurf Fritz Bornemann; Jobst/Kreuer/Wille/Bornemann, Vogelperspektive des Ausführungsentwurfs, 1953; Broschüre zur Eröffnung der Bibliothek, 1954

Ungewöhnlich für den deutschen Bibliotheksbau war die aus dem Konzept von November 1950 übernommene „Eingliederung einer bedeutenden Freihandausleihe", die von der traditionellen Trennung in Magazin und Benutzerräume abwich. Im 19. Jahrhundert hatte sich im Bibliotheksbau aufgrund der stetig wachsenden Bestände und Benutzerzahlen die platzsparende und kostengünstige Funktionstrennung durchgesetzt. Nun konnte für jeden Bereich eine seiner Nutzung entsprechende optimale Konstruktion und Form – lichtgeschützte, hohe Lasten aufnehmende Bücherspeicher und große helle Aufenthaltsräume – gewährleistet werden. Anfang des 20. Jahrhunderts entwickelte sich in den USA die hiervon abweichende *public library:* Um die breite Bevölkerung an die Literatur heranzuführen, wurden die abgeschlossenen Magazinbestände als Freihandbestand in die Lesesäle zurückgeholt. Das Grundkonzept der *public library* wurde durch großflächige, flexibel nutzbare Lesesäle mit frei zugänglichem Buchbestand sowie das Prinzip des *open plan,* einer benutzerfreundlichen, übersichtlichen Anordnung der öffentlichen Räume im Erdgeschoss, gebildet.

Der Wunsch nach einer *public library* ging sicherlich auf die amerikanischen Ratgeber zurück. Von Einfluss waren auch die Erfahrungen Fritz Mosers, der im Mai/Juni 1951 im Rahmen eines Austauschprogramms des US State Department in die USA gereist war. Der Ausschreibungstext forderte schließlich zwei zentrale Elemente der *public library,* die Idee der *flexibility* – „die Benutzungs- und Verwaltungsräume sind (...) möglichst stützenfrei auszubilden" – und die Realisierung des benutzerfreundlichen *open plan.*[19] Dennoch blieb ein großes abgeschlossenes Magazin Bestandteil des Bauprogramms. Mit der Kombination eines herkömmlichen Magazins und der Stützkonstruktion der *public library* versuchte die Ausschreibung damit einen Kompromiss zwischen den Vorstellungen der Amerikaner und dem vom Senat gewünschten traditionellen Bibliothekstyp zu finden.[20]

Die Bedeutung des Bauvorhabens zeigt nicht zuletzt das weit über die Grenzen Berlins hinausgehende Interesse der Architektenschaft: Insgesamt hatten 538 Architekten die Unterlagen angefordert, 193 Einsendungen wurden eingereicht.[21] Am 5. November 1951

---

19 Moser, Die Amerika-Gedenkbibliothek Berlin, a.a.O., S. 16.
20 Günther Kühne, „Bibliotheken alter und neuer Art", in: Neue Bauwelt, 1952, H. 5, S. 68, 69.
21 Eine Auswahl der Teilnehmer ist im Archiv der Amerika-Gedenkbibliothek, Historische Sondersammlungen, Berlin, Nr. 104, 2208 Geschichte der Bibliothek (1949–52), verzeichnet.
22 Moser, Die Amerika-Gedenkbibliothek Berlin, a.a.O., hier S. 16, 17, Anm. 20.
23 Die Dotierung der Preise wurde mit 5.000 bzw. 3.500 DM sowie die Ankäufe mit 1.750 DM festgelegt: Müller, a.a.O., S. 188.
24 Vgl. Werner Durth/Jörn Düwel/Niels Gutschow, Architektur und Städtebau der DDR, Frankfurt/M 1999. Bd. 1. Ostkreuz: Personen, Pläne, Perspektiven, S. 86; Bd. 2. Aufbau: Städte, Themen, Dokumente, S. 225.
25 Müller, a.a.O., S. 188; Neue Bauwelt, 1951, H. 51, S. 826–827.
26 Archiv der Amerika-Gedenkbibliothek, Historische Sondersammlungen, Berlin, Nr. 104, 2208 Geschichte der Bibliothek (1949–52).
27 Archiv der Amerika-Gedenkbibliothek, Historische Sondersammlungen, Berlin, Nr. 104, 2208 Geschichte der Bibliothek (1949–52) zu Entwurf 524.
28 Abb. Entwurf Schwedhelm/Deimling-Ostrinsky/Hövels: „Die Amerika-Gedenkbibliothek", in: Neue Bauwelt, 1951, H. 51, S. 827. Vgl. Wieland Schmidt, „Probleme des neuen deutschen Bibliotheksbaus. Die Berliner Bibliotheksbauten", in: Nachrichten für wissenschaftliche Bibliotheken, 5. Jg., 1952, S. 148–156, hier 155.
29 Schäche, a.a.O., Abb. 232, 233, S. 325.
30 Vgl. Kreuers Entwurf als geplanter Ausführungsentwurf in: Fritz Bornemann/Robert Riedel, „Die neue Bibliothek", in: Kontakt, Band 1, Juli 1952, H. 4, S. 7–8, hier S. 8. In der Kunstbibliothek Staatliche Museen Berlin befinden sich drei weitere Entwürfe der Amerika-Gedenkbibliothek: Willy Kreuer, Architekturplanungen 1929 bis 1968. Ausstellungs- und Bestandskatalog, Berlin 1980, S. 23: Nr. 41, 41A, 41B.

kam das Preisgericht in den Ausstellungshallen am Funkturm zusammen, wo die einzelnen Arbeiten präsentiert wurden. Den Vorsitz der Jury hatte der Senator für Bau- und Wohnungswesen Karl Mahler, Mitglieder der Jury waren unter anderen Egon Eiermann und Max Taut.[22] An Stelle eines ersten Preises wurden zwei Preisgruppen aus zwei bzw. vier Entwürfen gebildet. Zur ersten Preisgruppe zählten das Architektenteam Gerhard Jobst, Willy Kreuer und Hartmut Wille (Berlin) sowie der Entwurf von Hans Peter Burmeester (Karlsruhe), zur zweiten Preisgruppe die Arbeit von Wolf von Möllendorf (Berlin) und die Arbeitsgemeinschaften Hans Scharoun (Berlin), Georg Leowald (Berlin) und Piepenschneider (Braunschweig). Unter den insgesamt zehn Ankäufen befanden sich die Arbeiten von Fritz Bornemann, Klaus Schwedhelm (Hamburg) und der Brüder Luckhardt (Berlin).[23]

Der Auftrag zur Erstellung eines Ausführungsentwurfes ging an ein aus den Reihen der Preisträger neu zusammengesetztes Team mit Jobst, Kreuer, Wille und Bornemann. Als Berater fungierten der amerikanische Architekt Francis Keally, der bereits mehrere Bibliotheken in den USA errichtet hatte, und der stellvertretende Direktor der *public library* in Detroit, Charles M. Mohrhardt. Die beiden Professoren Jobst und Kreuer sowie der Diplom-Architekt Wille waren an der Technischen Universität Berlin tätig und verfügten über ausreichende Bauerfahrung. Bornemann konnte aus seiner Arbeit im Planungsstab sowjetische Befehlsbauten lediglich den Umbau der Berliner Singakademie von 1947 vorweisen.[24] Als Erklärung für die Wahl Bornemanns wird generell sein Gedanke, die gesamte Bibliothek als Freihandbücherei zu konzipieren, angeführt.[25] Wie die Reaktion der deutschen Fachberater zeigt, war eine konsequente Übernahme des amerikanischen Bibliothekstypus von ihnen jedoch gar nicht erwünscht.[26] Die Entscheidung für Bornemann geht daher wohl auf die amerikanischen Vertreter des Preisgerichtes zurück, die somit weitaus größeren Einfluss auf die Entwurfsfindung hatten, als bislang angenommen wurde. Die städtebauliche Idee eines hohen, zu einem Kreissegment geformten Baus als Abschluss der Friedrichstraße fand dagegen allgemeine Zustimmung: Zu der Arbeit von Jobst, Kreuer und Wille, die einen Hochbau längs zur Straßenachse vorgeschlagen hatten, bemerkte das Preisgericht, dass eine Querstellung des Gebäudes aus städtebaulicher Sicht wünschenswert gewesen wäre.[27]

Den Ausgangspunkt des Ausführungsentwurfes bildeten die Ankäufe von Bornemann und Schwedhelm, die beide einen nach Norden gebogenen mehrgeschossigen Baukörper aufweisen.[28] Interessant ist hier der mit dem zweiten Preis ausgezeichnete Entwurf für das Kreuzberger Rathaus von 1938, der ebenfalls einen mehrgeschossigen Bauriegel auf dem Grundriss eines Kreissegmentes zeigt.[29] Möglicherweise bot diese Arbeit ein direktes Vorbild für die beiden Architekten. Die ausgeführte Lösung der Amerika-Gedenkbibliothek folgt in erster Linie dem nur leicht gekrümmten Bau von Schwedhelm, während sich das kleinteilige Fassadenraster eng an den Entwurf von Jobst, Kreuer und Wille anlehnt. Bis zur Grundsteinlegung im Sommer 1952 war für die Fassadengestaltung ein Entwurf Kreuers bindend, der offenbar erst kurz nach Baubeginn abgeändert wurde.[30] Wie sich die Zusammenarbeit zwischen den vier Architekten gestaltete, lässt sich nur vermuten. Die im Archiv der Amerika-Gedenkbibliothek verwahrten Ausführungsentwürfe stammen sämtlich von der Hand Bornemanns, der auch die Fassadengestaltung nach seinen Vorstellungen durchsetzte; die frühesten Ausführungspläne datieren auf

Oktober 1951. Ein Grund für Bornemanns Autorität mag die Arbeitsbelastung von Kreuer und Wille gewesen sein, die parallel zur Amerika-Gedenkbibliothek das Kreuzberger Rathaus an der Yorckstraße errichteten.

Für die betriebstechnischen Fragen standen den Architekten Fachberater aus dem Bibliothekswesen zur Verfügung. Dem Architektenteam wurde zudem eine vierwöchige Reise in die USA zur Besichtigung der neuesten Bibliotheken angeboten, die jedoch nur Bornemann und der Leiter der Abteilung für Bauwesen, Senatsrat Robert Riedel, im April 1952 wahrnehmen konnten. Als Grund dafür nennt Bornemann, dass außer ihm alle Architekten mit dem Nationalsozialismus in Verbindung gestanden hatten.[31]

Baubeginn der Bibliothek war der 16. Juni 1952. Die als politisches Großereignis gefeierte Grundsteinlegung folgte am 29. des Monats unter Beteiligung des amerikanischen Außenministers Dean Acheson, des Botschafters der USA John McCloy und des Regierenden Bürgermeisters Ernst Reuter. Am 6. Mai 1953 wurde das Richtfest mit Ansprachen von Reuter und dem amerikanischem Kulturattaché James C. Flint abgehalten. Die Festansprachen bei der feierlichen Eröffnung vom 17. September 1954 hielten der amerikanische Botschafter James Bryant Conant, der deutsche Vizekanzler Franz Blücher, der regierende Bürgermeister Walter Schreiber und der Präsident des Abgeordnetenhauses. Am 20. September öffnete die Bibliothek ihre Pforten: Der Andrang war so groß, das die Polizei die Eingänge zeitweise sperren musste. 1956 konnte die „modernste Bibliothek Europas" ihren Millionsten Besucher verzeichnen.[32] Die später angebaute Kinderbücherei wurde am 18. Januar 1957 eröffnet und hatte ähnlichen Erfolg.

Das Bibliotheksgebäude zeigt eine Komposition aus mehreren unterschiedlich gestalteten Baukörpern. Bestimmend ist die elegant geschwungene sechsgeschossige Hochhausscheibe von 68 m Länge und 20 m Höhe, die im Erdgeschoss einen Teil der Besucherräume, in den Obergeschossen Büro- und Seminarräume, Werkstätten, ein Kasino für die Belegschaft sowie Magazinräume für 170.000 Bände aufnimmt. Im Keller des Hochhauses befindet sich das Hauptmagazin für 350.000 Bände. Dem gesamten Bau liegt ein Stahlbetonraster von 1,3 m Länge zu Grunde, das an der Süd- und Nordfassade sichtbar wird. Die einzelnen Quadrate nehmen entweder die Fensteröffnungen auf oder werden von einer Verkleidung aus Schieferplatten geschlossen. Diese bestehen aus kleinen quadratischen Platten von 10 cm Seitenlänge, für die zwei verschiedene Schiefersorten mit entsprechend unterschiedlichen Tonwerten gewählt wurden. Während sich die Fenster im Süden zu horizontalen Fensterbändern zusammenschließen, wechselt an der Nordseite jeweils ein Fenster mit einem geschlossenen Wandabschnitt. In Verbindung mit dem kleinteiligen Muster der Schieferplatten erhält das Gebäude sein – für die fünfziger Jahre typisches – dekoratives Erscheinungsbild. Im rundherum verglasten Erdgeschoss tritt das Konstruktionsraster in Form zylindrischer Stützen in Erscheinung. Die im Abstand von 4,5 m platzierten Rundpfeiler sind wie das Fassadenraster in Sichtbeton

---

31 Bornemann im Gespräch mit der Verfasserin am 23.11.1993. Zur USA-Reise vgl. Bornemann/Riedel, a.a.O.; Moser, Die Amerika-Gedenkbibliothek Berlin, a.a.O., S. 25, Anm. 23; Akten des Hauptstaatsarchivs Düsseldorf NW 88, Nr. 11 vom 25.5.1954.
32 Fritz Moser, Die Amerika-Gedenkbibliothek als Idee und Erfahrung, Berlin 1956, S. 3.

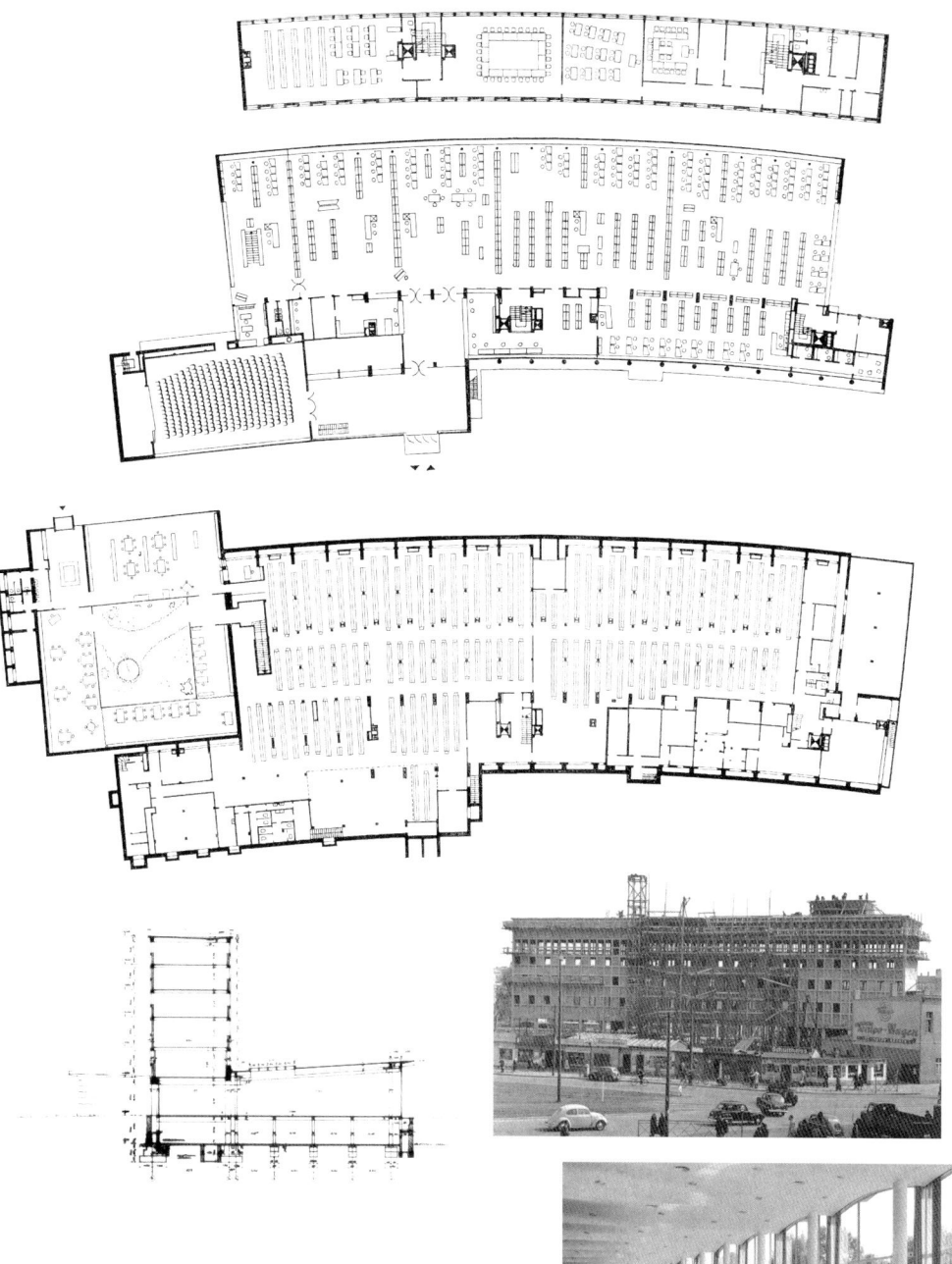

Amerika-Gedenkbibliothek, 1952–54: Bürogeschoss; Eingangsgeschoss mit Auditorium und Lesesaal samt Freihandbibliothek; 1. Untergeschoss mit Kinderbibliothek und Magazin; Querschnitt; Bibliothek im Bau, vom Blücherplatz aus gesehen; Lesesaal

belassen. Die mehrfach gebrochene Oberfläche, eine Folge der Bretterverschalung, evoziert den Charakter kannelierter Säulen. Zusammen mit der großflächigen Öffnung wirkt das Erdgeschoss zugleich vornehm und einladend.

Der Hochhausscheibe ist an der Nordostecke ein eingeschossiger Flachbau vorgelagert, der ursprünglich das Auditorium (327 Plätze) und die zentrale Eingangshalle mit Garderobe und die Toiletten aufnahm. Im Süden schließt sich dem Hochhaus ein 82 x 19 m messender Flachbau mit dem Lesesaal (1.550 m^2) an. Der an drei Seiten verglaste Saal wird zusätzlich durch 14 Oberlichter mit natürlichem Licht versorgt. Durch die nach Süden um einen Meter ansteigende Raumhöhe vergrößert sich die Glasfläche und damit der Lichteinfall in den Raum. Das Dach der beiden Flachbauten besteht aus 18 Zylinderschalen von rund 4,5 m Spannweite, die den ansonsten streng und nüchtern wirkenden Bau optisch auflockern.[33]

Kurz nach Abschluss der Bauarbeiten wurde an der Ostseite des Lesesaals ein Tiefgeschoss (700 m^2) mit Atrium für die Kinderbücherei angefügt, für die Bornemann allein verantwortlich zeichnete. Durch Aushebung des Terrains erscheint es als ebenerdiges Gebäude, das durch einen separaten Zugang von der Blücherstraße aus erschlossen wird. Der kleine Innenhof nimmt einen Garten auf, der ein vom Straßenlärm geschütztes Lesen im Freien erlaubt.

Die großen und hellen Innenräume von Lesesaal, Auditorium, Eingangshalle und Kinderbibliothek öffnen sich sämtlich zur umgebenden Natur. Die schlichte und elegante Ausstattung wird bestimmt von dem grauen Fußbodenbelag, den schwarzen Tischen sowie den schwarz und grau lackierten Stahlrohrregalen, aber auch von einzelnen, bewusst gesetzten Farbakzenten: die pastellfarbenen oder silbergrauen Vorhänge, die hellgelben Wände, die hellgrüne Lesesaaldecke, die türkisfarbenen Tischplatten und die gelben bzw. orangenen Wände der Abhörkabinen. Die Kinderbibliothek fällt mit Hockern in rot, gelb und blau sowie hellgelb gestrichenen Wänden insgesamt farbenreicher aus. Das Prinzip von monochromer Tonigkeit mit einzelnen Farbakzenten bestimmt auch den Außenbau, der vorwiegend Grautöne in Verbindung mit den türkisfarbenen Fensterrahmen zeigt. Die moderne Technik mit Rohrpost, Klimaanlage, einem optisch-akustischen Signalsystem im Magazin und das aus den USA übernommene Verbuchungssystem mit Lochkarten waren im Nachkriegsdeutschland ohne Vorbild.

Entsprechend dem Prinzip des *open plan* befinden sich alle öffentlichen Räume der Bibliothek im Erdgeschoss. Der Besucher betritt das Gebäude vom Blücherplatz im Norden, das heißt der dem Ostsektor und dem U-Bahnhof zugewandten Seite. Haupteingang und Eingangshalle dienen sowohl dem Auditorium als auch der Bibliothek. Hier, an der Schaltstelle des Gebäudes, wird auf die Entstehung und den politischen Hintergrund des Bibliotheksbaus verwiesen. Eine repräsentativ mit Zinn ausgelegte Inschrift zitiert Thomas Jeffersons Rede, die er anlässlich der Gründung der University of Virginia in Charlottesville (1817) gehalten hatte: „Diese Gründung beruht auf der unbegrenzten Freiheit des menschlichen Geistes. Denn hier scheuen wir uns nicht, der Wahrheit auf allen

---

33 Zur Konstruktion vgl.: Werner Koepcke, „Neubau der Amerika-Gedenkbibliothek/Berliner Zentralbibliothek", in: Beton- und Stahlbeton, 1954, H. 6, S. 129–133.

Wegen zu folgen und selbst den Irrtum zu dulden, solange Vernunft ihn frei und unbehindert bekämpfen kann." Darunter erinnert ein Schriftzug an die Blockade Berlins und die Hilfeleistung der USA: „Zum Gedenken der Jahre 1948/49 wurde dieses Gebäude als Geschenk des amerikanischen Volkes errichtet."

Die Forderung nach einem Höchstmaß an Flexibilität wurde im Bereich des Flachbaus durch eine Deckenspannweite von annähernd 18 m erreicht: Indem die Stützen bis an die Glasfront im Süden gerückt sind, können die Regale, Tische und Stühle nach Wunsch frei im Raum platziert werden. Ein Novum bilden die 16 Anschlussmöglichkeiten für die vier Bücherlifte zum Magazin. Der Publikumsbereich zeigt insgesamt nur zwei abgeschlossene Zonen: die bis zum Anbau der Kinderbibliothek im Lesesaal untergebrachte Kinderabteilung sowie die Abhörkabinen in der Musikabteilung. Eine Unterteilung des Raumes in einzelne Fachbereiche – die Freihandausleihe mit 70.000 Bänden, die Präsenzbibliothek mit 10.000 Bänden und den Lesesaal (160 Plätze) – erfolgt allein über bewegliche Bücherregale, die das Erscheinungsbild des weiten, hellen Raumes nicht beeinträchtigen.

Mit der Amerika-Gedenkbibliothek erhielt erstmals in Deutschland eine große Bibliothek mit wissenschaftlicher Literatur eine Freihandausleihe nach amerikanischem Vorbild. Darüber hinaus konnten die Vorstellungen von *flexibility* und *open plan* konsequent umgesetzt werden. Dennoch zeigt die Amerika-Gedenkbibliothek mit ihren großen abgeschlossenen Magazinbereichen einen Kompromiss zwischen dem traditionellen Bibliothekstypus und der *public library*. Auch in der Formgebung nimmt sie eine Zwischenstellung ein: Der europäische Bibliothekstyp wird durch die Verbindung von einzelnen, durch ihre Funktion bestimmten Baukörpern gekennzeichnet, wofür die Universitätsbibliothek in Marburg (1897–1900) ein frühes Beispiel bildet. Der Magazinturm als charakteristisches Element dieses Typus fand ab den dreißiger Jahren, wie bei Henry van de Veldes Universitätsbibliothek in Gent (1936–40), weite Verbreitung. Im Gegensatz hierzu wurde das Magazin der Amerika-Gedenkbibliothek in den Verwaltungsbau integriert. Das Hauptgebäude gibt sich somit nicht als Bibliotheksbau zu erkennen, sondern tritt als nicht näher bestimmter Verwaltungsbau mit angegliederten Benutzerräumen in Erscheinung. Die wissenschaftlichen Bibliotheken der deutschen Nachkriegszeit zeigen generell die traditionelle Funktionsteilung. Hierfür stehen die Universitätsbibliothek in Saarbrücken von Richard Döcker (1952–54), die gleichzeitig entstandene Bibliothek der Freien Universität in Berlin von Franz Heinrich Sobotka und Gustav Müller sowie die unter Leitung von Hans Köhler errichtete Universitätsbibliothek in Gießen (1955–59). Die mit der Amerika-Gedenkbibliothek in Westdeutschland eingeführte Mischform aus europäischer und amerikanischer Tradition fand – abgesehen von kleinen Volksbüchereien – erst ab den sechziger Jahren Nachfolger. Als Beispiele seien die Bibliothek der Technischen Hochschule in Stuttgart von Hans Volkart (1959–62) und die Stadtbibliothek in Frankfurt am Main von Ferdinand Kramer (1962–64) genannt.

Die Formensprache der Amerika-Gedenkbibliothek folgt bewusst der amerikanisch bzw. westlich geprägten Architektur in der Tradition des *International Style*. Kennzeichnend hierfür ist die rationalistische, die Konstruktion sichtbar machende Fassadengestaltung unter Verwendung moderner Baumaterialien. Hinzu kommt eine größtmögliche Transparenz durch Glasflächen und schmale Fensterprofile sowie die elegant wirkenden geschwungenen Dächer der Flachbauten. Vorbilder für eine der internationalen Moderne verpflichteten Gestaltung existierten in der Berliner Nachkriegszeit meist nur im Entwurf. So im Fall der 1948 eingereichten Arbeit der Brüder Luckhardt für die Neugestaltung des Areals um den Bahnhof Zoo. Auch hier handelt es sich um eine leicht gekrümmte Hochhausscheibe mit schlichtem Fassadenraster, die mit einem verglasten Erdgeschoss auf schmalen Stützen aufliegt. Als Sinnbild des *American way of life* galten sowohl das moderne Design der Ausstattung – die asymmetrische Form der Tischplatten und die modernen Stapelstühle – als auch die technischen Neuerungen in Form der versetzbaren Aufzüge und der Kabinen mit Tonbandgeräten („Diskothek").[34]

Prägend für die Formensprache war jedoch auch die schärfer werdende Konkurrenz zur DDR: Die neoklassizistischen Bauten der Stalinallee sollten als Fortsetzung der Berliner Bautradition eine „nationale Baukunst" einleiten. Initialbau war das Hochhaus an der Weberwiese von Hermann Henselmann. Die Entscheidung für Henselmanns Entwurf fiel im August 1951. Am 1. September – einen Monat vor dem Einsendeschluss des Wettbewerbs für die Amerika-Gedenkbibliothek – erfolgte die Grundsteinlegung. Mit der Amerika-Gedenkbibliothek setzte der Westen dagegen eine erste Marke für den Wiederaufbau der gesamtdeutschen Hauptstadt. Grundlage war die amerikanisch geprägte, von historisierenden Formen freie Moderne: „...bei Nacht wird den Ostberlinern, die die Friedrichstraße nach Süden hinunterblicken, genau in der Straßenachse der Name ,Gedenkbibliothek' entgegenleuchten."[35]

Mit der Amerika-Gedenkbibliothek setzte der Westen damit eine erste Marke für den Wiederaufbau der gesamtdeutschen Hauptstadt. Gleichzeitig beanspruchte er den städtebaulichen Abschluss einer der wichtigsten, vom historischen Zentrum ausgehenden Magistralen. Schließlich geht auch die Wahl eines gebogenen Baukörpers auf die gewünschte Anbindung an das historische Zentrum zurück: Der realisierte Bau liegt fast exakt auf einem imaginären Kreissegment, das von der Friedenssäule auf dem Mehringplatz als Mittelpunkt ausgeht. Die Bibliothek gibt sich damit als Teil der nördlich gelegenen, weitgehend dem Ostsektor zugehörigen Friedrichstadt zu verstehen. Mit der Anbindung des Gebäudes an das alte Stadtzentrum wird die große städtebauliche Leistung der preußischen Hauptstadt als gemeinsame Tradition aller Berliner gedeutet. Für diese Idee wurde dafür die infolge der Ost-West-Erstreckung des Gebäudes ungünstige Sonneneinstrahlung in Kauf genommen.

Im Gegensatz zu der international geprägten Formensprache der Amerika-Gedenkbibliothek griff Bornemann bei der städtebaulichen Lösung auf die lokale Architekturgeschichte zurück: So hatten die Achse der barocken Friedrichstadt und die Kreisform des Mehringplatzes bereits in den zwanziger und dreißiger Jahren die Entwürfe für ein Turmhochhaus und das Kreuzberger Rathaus bestimmt.

---

34 Fritz Moser, Ein Denkmal freiheitlichen Geistes. Zehn Jahre Amerika-Gedenkbibliothek, Berliner Zentralbibliothek 17. September 1964, Berlin 1964, S. 14.
35 Hans Harald Breddin, „Im Vertrauen auf die unbesiegbaren Kräfte des freien Geistes. Eröffnung der Stadtbücherei Oer-Erkenschwick (UNESCO-Modellbücherei) und der Amerika-Gedenkbibliothek (Berliner Zentralbibliothek)", in: Bücherei und Bildung, 1954, H. 11, S. 1170–1186, hier S. 1180.

Die neue Amerika-Gedenkbibliothek, Blick Richtung Osten

DIE UNIVERSITÄTSBIBLIOTHEK IN BONN – EIN REPRÄSENTATIONSBAU DER PROVISORISCHEN HAUPTSTADT DER BUNDESREPUBLIK DEUTSCHLAND

Der Neubau der vormals in der kurfürstlichen Residenz untergebrachten und 1944 zerstörten Bonner Universitätsbibliothek wurde bewusst nicht dem Staatshochbauamt überlassen. Grundlage war ein vom Ministerium für Wiederaufbau des Landes Nordrhein-Westfalen initiierter Wettbewerb, der sich an eine internationale Architektenschaft wandte.[36]

Wie bei der Berliner Bibliothek bestimmte das politische Klima dieser Jahre den Verlauf des Wettbewerbs einschließlich der Auswahl der Architekten: Zum Zeitpunkt der Ausschreibung im November 1954 – Konrad Adenauer bekleidete zugleich das Amt des Bundeskanzlers und des Außenministers – waren der Wunsch nach Souveränität sowie nach einer Einbindung in die westeuropäische Staatengemeinschaft die obersten politischen Ziele des jungen Staates. Besondere Bedeutung kam dem Verhältnis zum Nachbarland Frankreich zu, das der deutschen Aufrüstung mit Sorge entgegenblickte: Am 30. August 1954 hatte die französische Nationalversammlung die Gründung einer Europäischen Verteidigungsgemeinschaft abgelehnt, die eine Beteiligung der Bundesrepublik an der „Europa-Armee" vorsah. Doch Adenauer gelang mit den Pariser Verträgen von Oktober 1954, die den Beitritt Deutschlands zur Westeuropäischen Union – Voraussetzung für die Mitgliedschaft in der NATO – und ein Abkommen über das Saarstatut beinhalteten, ein entscheidender Schritt in diese Richtung. Die Ratifizierung der Verträge im Mai des folgenden Jahres beendete den Besatzungsstatus und gab dem Westteil des ehemaligen Deutschen Reiches seine völkerrechtliche Souveränität zurück.

Adenauer hatte in der Hauptstadtfrage von Anfang an Bonn favorisiert. Mit jedem gescheiterten Versuch, die beiden deutschen Staaten zu einem politisch und wirtschaftlich geeinten Land zu verbinden – zuletzt mit der Außenministerkonferenz vom Februar 1954 – wuchs die politische Bedeutung der rheinischen Universitätsstadt: Bonn wurde Sitz der neuen Regierungsbauten, die neben der Unterbringung der Ministerien auch eine repräsentative Funktion zu erfüllen hatten. Auf den 1949 errichteten Plenarsaal folgten 1951 das Abgeordnetenhochhaus sowie 1953 der Fraktionsbau, die Ministerflügel[37], das Auswärtige Amt und das Postministerium. Dass auch die neue Universitätsbibliothek als staatlicher Repräsentationsbau verstanden wurde, zeigt die im Vorfeld der Ausschreibung formulierte Forderung des Ministeriums für Wiederaufbau, „den Charakter des souveränen Staates durch ein Gebäude, das den geistigen Mittelpunkt der Universitäts- und Bundeshauptstadt bildet, zu betonen."[38]

Die verschiedenen Funktionen des Gebäudes – repräsentativer Neubau der Bundeshauptstadt, Zentrum der traditionsreichen Universität und Teil des geistig-wissenschaftlichen Lebens der Stadt – spiegeln sich in der Wahl des Grundstücks zwischen Adenauerallee und Rheinufer wider: Das Gebäude ist nicht nur Teil der prominenten

---

36 Zur Bonner Universitätsbibliothek vgl.: Eva Dočkal, Das Gebäude der Universitätsbibliothek in Bonn von Fritz Bornemann und Pierre Vago, unpubl. Magisterarbeit Universität Bonn 1994; Eva Dočkal, Das Gebäude der Universitätsbibliothek Bonn. Das Gebäude der Universitätsbibliothek als geistiger Mittelpunkt der Universitäts- und ehemaligen Bundeshauptstadt Bonn, in: Denkmalpflege im Rheinland, 14, 1997, H. 4, S. 177–188.
37 Julia Berger, Die Pädagogische Akademie. Eine Bauaufgabe der Weimarer Republik, Aachen 1999, S. 311.
38 Hauptstaatsarchiv Düsseldorf NW 88, Nr. 13 vom 21.6.1954.

Universitäts- und Landesbibliothek Bonn, 1957–60:
Blick durch Raucherfoyer und Atrium in Richtung Rhein

Rheinuferbebauung, sondern liegt auch in der Sichtachse von Schloss und Hofgarten auf das rechtsrheinische Siebengebirge. Nur durch die Adenauerallee vom Hofgarten getrennt, ist die Nähe zwischen der Bibliothek und den im Schloss untergebrachten Universitätsinstituten gewährleistet. Die parallel zum Rhein verlaufende Adenauerallee, damals noch Koblenzer Straße, war seit dem 19. Jahrhundert bevorzugter Ort für repräsentative Bauten wie die Villa Schaumburg und die Villa Hammerschmidt, die Alte Anatomie und das Museum Alexander König. 1953 entstanden hier das Auswärtige Amt und das Postministerium. In der Verlängerung nach Süden bildet die Adenauerallee die Verbindung zum Regierungsviertel und zu der privilegierten Wohngegend der Diplomaten in Bad Godesberg.

Zur Teilnahme an dem Wettbewerb wurden elf Architekten- bzw. Architektengemeinschaften aus Deutschland, Frankreich und der Schweiz aufgefordert:[39] Richard Döcker (Stuttgart), Otto Dreyer (Luzern), Johannes Krahn (Frankfurt am Main), Wilhelm Riphahn (Köln), Karl Schneider (Wuppertal), Carl-Heinz Schwennicke (Berlin), Hans Schwippert (Düsseldorf), Franz Heinz Sobotka und Gustav Müller (Berlin) sowie Pierre Vago (Paris). An Stelle von Riphahn und Döcker, die ihre Beteiligung absagten, erhielten Helmut Hentrich und Hubert Petschnigg (Düsseldorf) sowie Willy Kreuer (Berlin) eine Einladung. Bornemann wurde auf seine Bitte hin nachträglich zur Teilnahme zugelassen.[40] Die aus drei europäischen Ländern stammenden, überregional bekannten Architekten, ausnahmslos Vertreter der westlich geprägten internationalen Moderne, stehen für die von den Auslobern gewünschte Weltoffenheit und Modernität.

Die Ausschreibungsunterlagen wurden im November 1954 verschickt, Einsendeschluss der Arbeiten war April 1955. Das 15-köpfige Preisgericht bestand größtenteils aus Vertretern der Landes-, Kreis- und Stadtverwaltung sowie aus Bibliotheksfachkräften. Die künstlerisch geschulten Mitglieder wie der später hinzugetretene Heinrich Lützeler, Ordinarius für Kunstgeschichte an der Universität Bonn, und die drei Architekten, darunter Egon Eiermann, bildeten eine Minderheit. Das Preisgericht trat am 11. Mai 1955 zusammen. Ein erster Preis wurde nicht vergeben, ein zweiter Preis ging jeweils an Bornemann und Vago, der dritte Preis an Hentrich und Petschnigg. Angekauft wurden die Arbeiten von Kreuer und ein weiterer Entwurf von Hentrich und Petschnigg.

Die insgesamt 17 Entwürfe – einige Architekten hatte zwei Arbeiten oder zusätzliche Varianten eingereicht – zeigten unterschiedlichste Lösungen. Ein von zwei Vertretern vorgeschlagener Magazinturm am Rheinufer war aus städtebaulichen Gründen bereits im Ausschreibungstext abgelehnt worden. Bornemann hatte einen Entwurf mit Variante eingereicht, der von der traditionellen Trennung in Benutzerzone, Verwaltungsbau und Magazin abwich: Das Modell zeigt einen zweigeschossigen Flachbau, der die gesamte Länge des Grundstückes einnimmt. Ein großer baumbestandener Innenhof belichtet die umliegenden Benutzer- und Verwaltungsräume. Die Magazine sind in zwei Untergeschossen untergebracht, die an der Rheinseite wegen des stark abfallenden Geländes sichtbar werden. Die zum Rhein und zum Innenhof liegenden Fassaden sind vollständig

---

39 Quellen zur Ausschreibung: Hauptstaatsarchiv Düsseldorf NW 88, Nr. 11.

40 Hauptstaatsarchiv Düsseldorf NW 88, Nr. 11, S. 161–163 vom 25.5.1954.

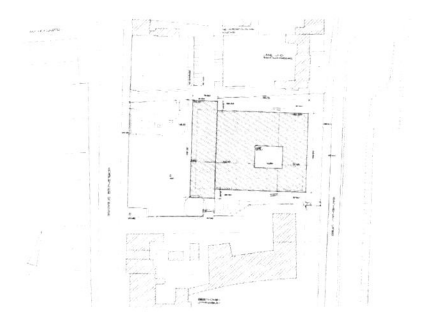

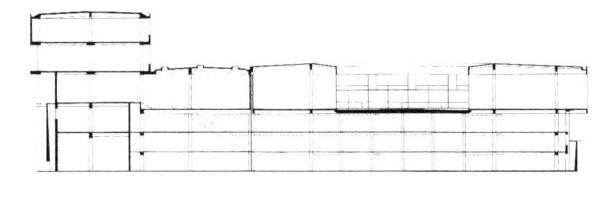

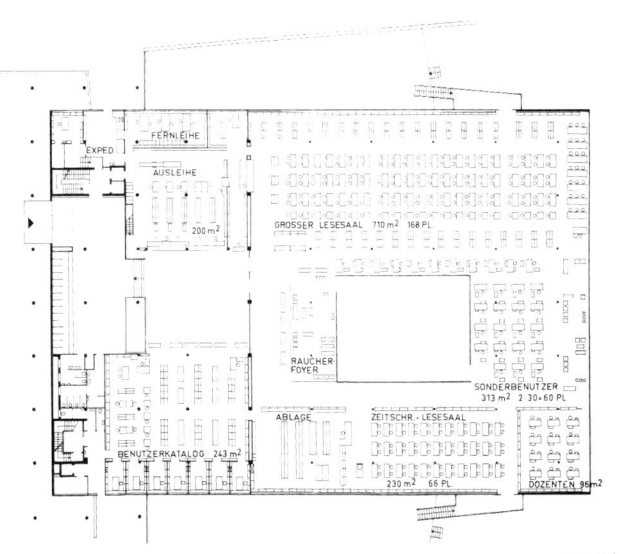

Geschichte einer Bibliothek: Wettbewerbsentwurf Pierre Vago, Wettbewerbsentwurf Fritz Bornemann, 1955; Ausführungsentwurf von Bornemann unter Mitarbeit von Vago, 1956; Lageplan; Schnitt; Grundriss Eingangsgeschoss; Lesesaal mit Blick zum Rhein; Lesesaal nachts

Die neue Universitäts- und Landesbibliothek Bonn:
Ansicht vom Rheinufer; Ansicht von der Adenauerallee

verglast, während die übrigen Seiten des Gebäudes geschlossen bleiben. Die für Bornemann typische Kombination von verglasten Gebäudefronten und geschlossenen Fassaden bestimmt auch die späteren Bauten Bornemanns, die Deutsche Oper (1956–61) und die Freie Volksbühne (1960–63) in Berlin. Wie dort werden in dem Bonner Entwurf die Fensterfronten durch ein einfaches Raster aus schmalen Streben gegliedert, das die Stützkonstruktion des Baus sichtbar macht.

Die nur im Grundriss vorliegende preisgekrönte Variante zeigt ebenfalls einen großen, baumbestandenen Hof, der jedoch zur Südseite offen bleibt. An der Rheinseite befindet sich ein weiterer, nun jedoch mit Steinplatten gedeckter Innenhof. Ein eingeschossiger Flügel an der Koblenzer Straße nimmt einen Vortragssaal und einen Ausstellungsraum auf, der übrige Bau erstreckt sich über zwei Geschosse. Rings um den kleineren Innenhof liegen die Lesesäle, die zum Teil beide Geschosse beanspruchen.

Am 1. Juni 1955 sprach sich der nordrhein-westfälische Kultusminister für eine Auftragsvergabe an Bornemann und Vago aus: Als Grundlage des neuen Gebäudes wurde der Entwurf Bornemanns bestimmt, Vago sollte in beratender Funktion hinzugezogen werden.[41] Pierre Vago (1910–2002) hatte sich neben seinen Bauten als Chefredakteur von *L'Architecture d'aujourd'hui* und als Generalsekretär der *Reunion Internationale des Architectes* (RIA) auf internationaler Ebene einen Namen gemacht.[42] Zudem war er der einzige an dem Wettbewerb beteiligte Franzose, ein Umstand, der – wie die spätere Auswahl der bildenden Künstler zeigt – offenbar eine entscheidende Rolle spielte: 1959 wurde die Beteiligung eines französischen Künstlers an der Gestaltung des Verwaltungstraktes gefordert;[43] ein Jahr später fiel der Auftrag für eine Skulptur an der Straßenfront an den in Frankreich und der Schweiz lebenden Jean Arp.

Der 1956 vorgelegte Ausführungsentwurf ist eine Neukonzeption, die Bornemann unter Mitwirkung Vagos auf Basis der Wettbewerbsbeiträge entwickelt hat. Abweichend von Bornemanns Einsendung zeigt der ausgeführte Bau eine – in der Tradition des europäischen Bibliotheksbaus stehende – funktionale Trennung in ein dreigeschossiges unterirdisches Magazin, einen eingeschossigen Flachbau mit Innenhof zum Rhein und einen aufgesetzten, parallel zur Adenauerallee verlaufenden zweigeschossigen Verwaltungstrakt.[44] Von Vago wurde der aufgestelzte, auf dem Flachbau aufliegende Verwaltungstrakt übernommen, der entsprechend Kreuers Beitrag jedoch parallel zur Adenauerallee verläuft. Kennzeichnend sind die drei additiv zusammengesetzten kubischen Baukörper, die durch eine flächige Fassadengestaltung und große Fensterzonen größtmögliche Transparenz und Leichtigkeit erhalten. Unterstützt wird das elegante Erscheinungsbild durch ein kleinteiliges silber-graues Mosaik, das den Bau wie eine Haut umhüllt.

Indem die Bibliothek möglichst nah an das Rheinufer gerückt wurde, entstand an der

---

41 Viktor Burr/Otto Wenig, Universitätsbibliothek Bonn. Erfüllte Bauaufgaben, Bonn 1962, S. 12.
42 Vgl. Aymone Nicolas, L'union internationale des architectes et les concours internationaux d'architecture et d'urbanisme, 1949-1969. Dessins d'architecture et de politique, unpubl. Dissertation Université Paris I Panthéon-Sorbonne 2002.
43 Hauptstaatsarchiv Düsseldorf NW 88, Nr. 12 vom 20.7.1959; Akten der Universitätsbibliothek W/3 vom 1.6.1960.
44 Die Grundsteinlegung erfolgte am 24.4.1957, am 17.10.1960 konnte der Bibliotheksbetrieb aufgenommen werden; die Eröffnung folgte am 16.6.1962: Otto Wenig, „Die feierliche Übergabe des Neubaus der Universitätsbibliothek Bonn am 16. Juni 1962", in: Mitteilungsblatt. Verband der Bibliotheken des Landes Nordrhein-Westfalen, N.F. 12, 1962, S. 173–177.

Adenauerallee eine weite Rasenfläche. Diese stellt eine optische Verbindung mit dem Hofgarten her, hebt jedoch auch die zurückliegende Fassade aus ihrem Umfeld hervor. Bestimmend für die Straßenfront ist eine Reihe von Betonstützen, die dem Erdgeschoss in ganzer Breite vorgesetzt sind. Die in Sichtbeton belassenen Rundpfeiler erscheinen vor den dunklen, mit Steinplatten verkleideten Wänden als Säulenreihe, die der Straßenfront einen repräsentativen Charakter verleiht. Hierzu trägt auch die frei auf dem Rasen stehende, in weißem Marmor gearbeitete „Wolkenschale" von Jean Arp bei. Im Kontrast zur Eingangsfassade ist die vollständig verglaste Rheinfront mit schmalen Metallstreben gegliedert, die ein filigranes, dekoratives Muster bilden. Vor allem bei abendlicher Beleuchtung zeigt die über dem Magazin aufragende Fensterfront ein reizvolles Bild. Die repräsentative Stützenreihe an der Adenauerallee hat ihren Vorläufer in den Betonpfeilern der Amerika-Gedenkbibliothek. Im Gegensatz zu den achteckigen Pfeilern dort sind die mit einer spiralförmigen Schalungsnaht versehenen Rundstützen in Bonn jedoch von weitaus größerer Eleganz.

Wie die Amerika-Gedenkbibliothek verzichtet auch die Bonner Bibliothek auf raumteilende Zwischenwände. Dies betrifft über die Benutzerzone hinaus auch Teile des Verwaltungstraktes, der damit den in den USA entwickelten Typus des Großraumbüros aufgreift. Eine weitere Gemeinsamkeit mit der Berliner Bibliothek besteht in der Öffnung des Gebäudes zur umgebenden Natur, hier zum begrünten Innenhof und zum Rhein. Die vollständig in Glas aufgelöste Rheinfront, die am Abend einen wirkungsvollen Einblick in den großen Lesesaal gewährt, bildet ein Pendant zu der auf Fernsicht ausgerichteten Leuchtschrift der Gedenkbibliothek.

Zusammen mit den Ausführungsplänen entwarf Bornemann einen Großteil der Einrichtungsgegenstände, unter anderem die transparenten Zeitschriftenregale aus Plexiglas.[45] Die große Distanz zwischen Paris, Bonn und Berlin erschwerte die Zusammenarbeit zwischen den beiden Architekten, so dass Vago oftmals nur in schriftlicher Form sein Einverständnis zu einzelnen Lösungen gab. Anregungen Vagos kamen vor allem zu Fragen der Fassadengestaltung, der Konzeption der Grünanlagen und der künstlerischen Gestaltung; mit der Raumaufteilung oder gar den Baudetails war er nicht vertraut.[46] Der wiederholte Verweis auf die Zusammenarbeit zwischen dem deutschen und dem französischen Architekten ist so als politischer Schachzug der Adenauer-Ära zu erkennen. Bezeichnend hierfür ist die Rede des Bonner Bürgermeisters anlässlich der feierlichen

---

45 Pierre Vago, Une vie intense, Paris 2000, S. 359: „Il [Bornemann: EvE] dessina tout le mobilier, les rangements, les présentoirs, les tables de travail."
46 So spricht Vago von einem Aufenthaltsraum für die Bibliotheksmitarbeiter und einem kleinen Restaurant auf dem Dach des Gebäudes, die jedoch nie ausgeführt wurden: Vago, a.a.O., S. 360.
47 Ansprache von Bürgermeister Kraemer in: Mitteilungsblatt. Verband der Bibliotheken des Landes Nordrhein-Westfalen, Neue Folge 12, 1962, S. 196.
48 Ansprache von Bornemann in: Mitteilungsblatt. Verband der Bibliotheken des Landes Nordrhein-Westfalen, Neue Folge 12, 1962, S. 184.
49 Vago, a.a.O., S. 360: „... mon projet qui, d'après les commentaires du jury, répondait parfaitement à toutes les exigences du programme, dut être profondé-

ment remanié lorsque nous entreprîmes la mise au point des plans définitifs en collaboration directe et permanente avec toutes les catégories d'utilisateurs."
50 Vago, a.a.O., S. 359: „J'avais besoin (...) d'un partenaire allemand pour la mise au point du projet d'exécution et la direction du chantier." Übersetzung der Verfasserin.
51 Vago, a.a.O., S. 359: „... faire plier la rigidité fonctionnelle et technologique de mon partenaire à mes conceptions plus souples." Übersetzung der Verfasserin.
52 Im Juni 1989 wurde der Berliner Bau in das Denkmalbuch des Landes Berlin eingetragen. Vgl. „Engel und Sarg-Nagel", in: tageszeitung, 29.7.1989. Die Bonner Bibliothek wurde im Januar 2000 nach einer Bewertung durch das Rheinische Amt für Denkmalpflege als Denkmal eingetragen. Gutachten vom 15.6.1996. Freundl. Auskunft des Bonner Stadtkonservators Franz-Josef Talbot.

Übergabe der Bibliothek am 16. Juni 1962: Erinnert wurde an das traditionelle Zusammenwirken von französischen und deutschen Baumeistern in Bonn, das durch die Zusammenarbeit von Bornemann und Vago weitergeführt worden sei.[47] Aber auch Bornemann, der die politische Zielsetzung zur Grundlage seines Entwurfs erklärt hatte, verwies auf die Beziehung zwischen beiden Ländern: „Dass es durch diesen Wettbewerb ... zu einer Zusammenarbeit zwischen einem Architekten aus Paris und einem Architekten aus Berlin kommen konnte, dafür möchten wir Architekten unter dem besonderen aktuellen Aspekt unserer europäischen Situation ganz besonders dankbar sein."[48] Vago konnte sich auf dieser Grundlage selbst einen wesentlichen Anteil an dem Entwurf zusprechen.[49] Bornemann, von Vago als „mon cadet" bezeichnet, kommt in seiner Darlegung nur die Funktion des Juniorpartners und Bauleiters zu: „Ich benötigte ... einen deutschen Partner für die Konkretisierung des Ausführungsprojektes und die Leitung der Baustelle."[50]

Entsprechend der Amerika-Gedenkbibliothek war auch bei der Bonner Bibliothek die politische Situation von entscheidender Bedeutung für Konzeption und Gestaltung des Gebäudes: Während die Übernahme der amerikanischen *public library* die Verbundenheit Berlins mit der Schutzmacht USA demonstrierte, zeigt die Entstehungsgeschichte der Bonner Bibliothek, vor allem die Auswahl der Architekten und bildenden Künstler, eine bewusste Hinwendung zum Nachbarland Frankreich. Die auffallende Eleganz des Bonner Gebäudes kann sowohl als Anlehnung an den französischen Geschmack als auch als Umsetzung der von Vago eingebrachten Anregungen interpretiert werden. Als seine Aufgabe bei dem Entwurf der Bibliothek formulierte Vago, „die funktionelle und technologische Rigidität meines Partners meinen geschmeidigeren Konzeptionen zu unterwerfen".[51] In der Tat wird bei der Bonner Bibliothek der „preußische Charakter" der Bornemann'schen Bauten durch den leichten und dekorativen Stil des Franzosen gemildert.

Die architektonische Formensprache lehnt sich sowohl bei der Berliner als auch bei der Bonner Bibliothek an die zeitgenössische Architektur der USA und der westeuropäischen Staaten an. Im Gegensatz zu den für Bornemann charakteristischen Bauten, die sich durch ein betont sachlich-reduziertes Erscheinungsbild mit Rasterfassaden und großen geschlossenen Gebäudewänden auszeichnen, sind die beiden Bibliotheken typische Beispiele der fünfziger-Jahre-Architektur. Lösungen wie der leicht gekrümmte Baukörper und die filigranen Gewölbeschalen in Berlin sowie die dekorativen Fensterstreben und die Mosaikverkleidung in Bonn treten in seinen zeitnah entstandenen Berliner Bauten nicht auf.

Die Amerika-Gedenkbibliothek wie auch die Bonner Universitätsbibliothek stehen heute unter Denkmalschutz.[52] Doch leider wurde der Denkmalwert erst festgeschrieben, als bereits Veränderungen an den Bauten vorgenommen waren. Bei der Amerika-Gedenkbibliothek sind der Umbau des Haupteingangs sowie die Umnutzung (und damit eine komplette Neugestaltung) des Auditoriums zu beklagen. Die Bonner Universitätsbibliothek leidet vor allem unter dem Verlust des silbrig glänzenden Fassadenmosaiks, das durch matte Aluminiumplatten ersetzt wurde. Die in einem Abstand von 15 cm vor der Wand angebrachten Bleche haben die homogene Außenhaut und damit eines der bestimmenden Charakteristika des Gebäudes zerstört.

MARKUS KILIAN

Zurückhaltende Raumbildungen
DIE OPERN UND THEATER VON FRITZ BORNEMANN

Die Bauten und Entwürfe Fritz Bornemanns für Theater- und Opernhäuser liegen zeitlich in einer Phase, in der ein regelrechter Theaterbauboom Nachkriegsdeutschland erfasste.[1] Durch die dezentrale Struktur der Bundesrepublik und die vielen Kriegsschäden wurden in den fünfziger und sechziger Jahren eine große Zahl von Neu- und Umbauten zum Wettbewerb ausgelobt und umgesetzt. Es erscheint zunächst erstaunlich, dass unter der Vielzahl der neuen Theater, Opernhäuser und Konzerthäuser eigentlich keines internationale architektonische Bedeutung erlangt hat, wie etwa das Opera House in Sydney von Jørn Utzon (1957–72), das New York State Theatre von Philip Johnson (1964) oder Oskar Niemeyers Nationaltheater in Brasilia (1960–65). Einzige Ausnahme ist die Berliner Philharmonie von Hans Scharoun (1960–63).

Die Gründe für diesen regionalen, ja provinziellen Charakter der bundesdeutschen Entwicklung des Theaterbaus liegen auf der Hand: Wurde ein Wettbewerb für einen Neu- oder Umbau eines Theaters ausgelobt, waren die Verantwortlichen angehalten, ein finanziell tragbares und vor allem erprobtes Konzept zu favorisieren. Experimentelle Konzepte oder ungewöhnliche architektonische Entwürfe blieben fast immer auf der Strecke. Die meisten Theaterbauten entstanden in der „Provinz" und mussten dort wenigstens drei Anforderungen parallel erfüllen: Sprechtheater, Konzerte, Opern und oft auch Ballett sollten in einem Haus gleichermaßen funktionieren. Diese Vorgabe ließ der baulichen Struktur der für Deutschland charakteristischen „Dreispartentheater" nur wenig Spielraum. Durch die notwendige Integration eines Orchestergrabens war die Beziehung von Zuschauerraum und Bühne als Guckkastenbühne quasi festgeschrieben. Die experimentellen Ansätze der zwanziger und dreißiger Jahre, wie etwa Gropius' Entwurf für ein Totaltheater von 1927 wurden nicht weiterentwickelt oder gar umgesetzt.

Reine Theater- oder Opernbauten entstanden folglich nur in den Großstädten. Bornemann konnte als einer der wenigen Architekten ein nur der Oper gewidmetes Haus und außerdem ein reines Sprechtheater – beide in Berlin – realisieren. Aufmerksamkeit verdienen jedoch auch seine nicht umgesetzten Wettbewerbsbeiträge. Neben eher konventionellen Projekten finden sich hier einzigartige experimentelle Entwürfe, welche die herkömmliche Beziehung von Bühne und Zuschauerraum radikal neu formulierten.

---

[1] Zur internationalen Einordnung des deutschen Nachkriegstheaterbaus vgl.: Hannelore Schubert, Moderner Theaterbau: internationale Situation. Dokumentation, Projekte, Bühnentechnik, Stuttgart 1971.

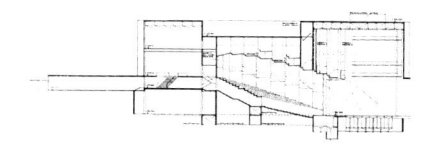

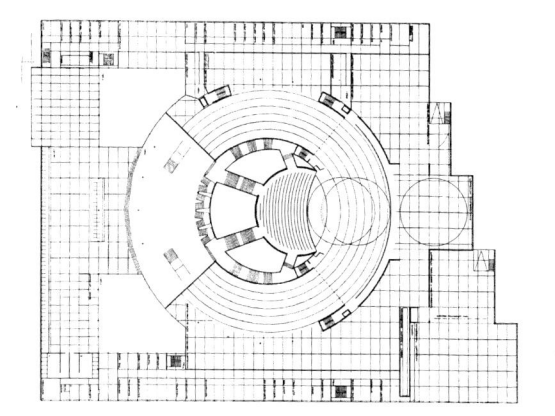

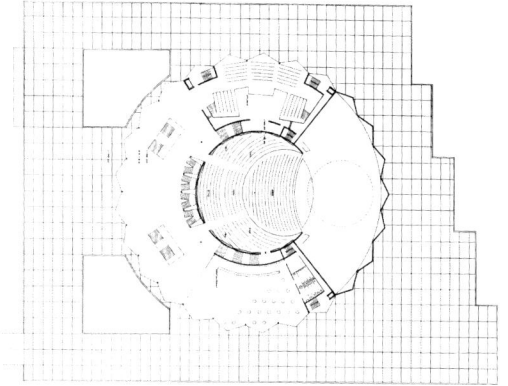

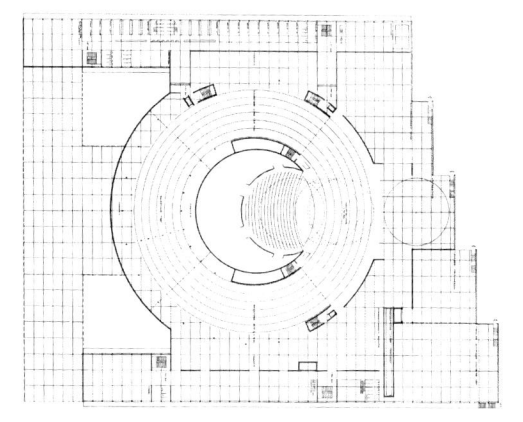

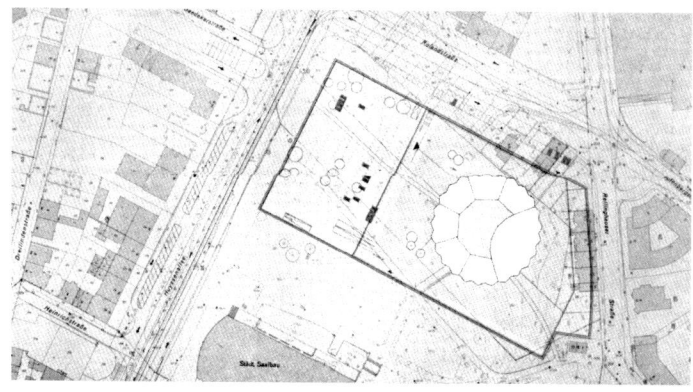

Wettbewerb Opernhaus Essen, 1959: Schnitt; Grundrisse
Eingangsgeschoss, 1. OG (Foyer), Bühnengeschoss;
Lageplan

WETTBEWERBSENTWÜRFE ALS EXPERIMENTIERFELD

Fritz Bornemanns Beziehung zum Theater – zu den Intendanten, Regisseuren, Schauspielern und Handwerkern – war von der Praxis geprägt. Durch seinen Vater, der in der ersten Jahrhunderthälfte an Berliner Theatern die Ausstattung leitete, war ihm die Welt hinter der Bühne vertraut. So erhielt er bereits als junger Architekt die Chance, sich im Bereich des Theaterbaus zu bewähren. Im Auftrag der sowjetischen Militäradministration in Berlin bekam er wohl wegen seiner Kenntnisse die Möglichkeit, nach Kriegsende mit dem Umbau des Admiralspalast, der Neuanlage eines Freilufttheaters in Karlshorst sowie des Wiederaufbaus des Bühnenturms der Singakademie praktische Erfahrung zu sammeln. Alle folgenden Entwürfe profitierten von diesen praktischen Erfahrungen. Bornemann war allerdings nie ein Freund aufwendiger Bühnentechnik.

Zusammen mit Bruno Grimmek reichte Bornemann 1948 einen Entwurf zum Wiederaufbau des Schillertheaters in Berlin ein. Bereits hier versuchte er, die Beziehung von Bühne und Zuschauerraum räumlich zu intensivieren. Die trichterförmigen Seitenwände des Proszeniums lassen Bühnenraum und Seitenwände des Auditoriums zusammenfließen. Der beschwingte Charakter dieses Innenraums, der letztlich die Reformtheater Oskar Kaufmanns wiederaufleben lässt, sollte jedoch in den zukünftigen Projekten Bornemanns keine Wiederholung finden.

Seinen ersten eigenständigen Beitrag für einen Theaterwettbewerb reichte Bornemann 1952 in Kassel ein, bei dem er einen 4. Ankauf erzielte. Sein Beitrag für die erste Stufe des Wettbewerbs für die Deutsche Oper Berlin 1953 ist bereits von der für die weiteren Projekte charakteristischen nüchternen Formensprache geprägt. Er erhielt den 3. Preis und wurde zur Überarbeitung aufgefordert. Beim Wettbewerb für ein Stadttheater in Gelsenkirchen 1954 erreichte Bornemann den 2. Preis, die Aussichten auf eine Realisierung waren jedoch nicht schlecht. Zwar konnte sein Projekt mit dem virtuosen und später gebauten Entwurf des Münsteraner Architektenteams Deilmann, von Hausen, Rave und Ruhnau architektonisch nicht konkurrieren, dafür überzeugte er durch wirtschaftliche, kompakte Baukörper und ein innovatives Bühnenkonzept. Ein gläsernes trapezförmiges Zuschauerhaus durchbricht einen langgestreckten geschlossenen Riegel, in dem Magazine und Bühnenapparat untergebracht sind. Im Gegensatz zum Siegerentwurf mit seinem frei platzierten Körper in einem stereometrischen Glaskasten – dem Konzept Mies van der Rohes für das National-Theater in Mannheim von 1953 ähnlich – fügt Bornemann durch ihre Funktion bestimmte, formal reduzierte Baukörper additiv aneinander. Die Qualität des Entwurfs zeigt sich vor allem in der Bühnenkonzeption: Er überwindet das starre Schema eines Dreispartenhauses, in dem er den eisernen Vorhang vor dem Orchestergraben anordnet. Damit reduziert er die sonst übliche Distanz zwischen Schauspieler und Zuschauern. Zusammen mit dem Entwurf des Münsteraner Architektenteams wurde dieses Projekt in der Theaterbauausstellung zum Darmstädter Gespräch 1955 gezeigt.

---

2 Vgl. Egon Vietta (Hrsg.), Darmstädter Gespräch. Theater, Darmstadt 1955, S. 93; Silke Koneffke, Theater-Raum. Visionen und Projekte von Theaterleuten und Architekten zum anderen Aufführungsort. 1900–1980, Berlin 1999.

3 Fritz Bornemann in: Architektur Wettbewerbe, Heft 29, Die Internationalen Theaterwettbewerbe Düsseldorf und Essen, Stuttgart 1959, S. 58–59.
4 Jürgen Joedicke in der Einleitung zu: Architektur Wettbewerbe, a.a.O., S. 13–14.

Im Wettbewerb für die Oper in Essen, den Alvar Aalto 1959 für sich entscheiden konnte, überraschte Bornemann mit dem mutigen Versuch, die schon für das Schauspiel experimentelle Form des Ringtheaters für einen Opernbau anzuwenden. Sein Beitrag ist in der Architekturgeschichte das einzig ernst zu nehmende Projekt für ein Opernhaus mit einer umlaufenden Ringbühne. Bornemann greift hier auf Gropius' Entwurf für ein Totaltheater von 1927 und ein Projekt von André Perottet von Laban mit Erwin Stöcklin für ein Stadttheater in Krefeld von 1951 zurück.[2] Eine flache, nur knapp vier Meter hohe Eingangshalle mit zwei segmentförmigen Atrien umgibt den zylindrischen Zentralbau. Das Zuschauerparkett mit darüber hängendem Rang bildet den inneren Kreis des konzentrischen Aufbaus. Vom Foyer aus steigen die Zuschauer zum abgesenkten Parkett hinab, der Rang ist von einer Galerie über der Eingangsebene zugänglich.

Die Ringbühne selbst rotiert wie eine Schallplatte – bestehend aus sechs konzentrischen Ringen von zwei Metern Breite – in der untersten Ebene um den zylindrischen Zuschauerraum. Wie auf einer Karussellbahn können die Bühnenbilder um das Zuschauerhaus herum in das sichtbare Bühnensegment vor die Zuschauer bewegt werden. *„Das Bühnengeschehen, in die Breite entwickelt, sollte den Zuschauer mehr umgeben und somit in seinen Erlebnisbereich stärker einrücken durch die Überwindung jeder Trennung von Zuschauerraum und Bühne. (...) Der Verfasser möchte, als Gegner jeder überspitzten Bühnentechnik, diese vorgeschlagene Ringbühnenanlage (...) auf keinen Fall als bühnentechnische Monsteranlage aufgefasst wissen. (...) Die Magazine – untereinander verbunden – umschließen die einzelnen Ringbühnenteile. Im Abendbetrieb dürfte nur der Einsatz der Bühnenbeleuchtung den Schwerpunkt bilden."*[3] Die gestrichelten Kreislinien in den Grundrissen des Bühnenbereichs lassen vermuten, dass sich ein Teil des Parketts zusammen mit dem Orchestergraben auf einer weiteren Scheibe drehen sollte. Diese von Gropius für das Totaltheater entwickelte Idee ist hier erstmals mit einer Ringbühne und einem Orchestergraben kombiniert worden, um zusätzlich auch Philharmoniekonzerte oder Theateraufführungen mit umlaufenden Zuschauerplätzen zu ermöglichen. Die Bühnenkonzeption ist im Grunde verblüffend einfach und wäre mit konventioneller Technik zu realisieren gewesen. Sie bietet eine spektakuläre Bühne von extremer Breite und Tiefe. Im vordersten Bereich misst die Bühnenöffnung ca. 25 Meter, die Hinterbühne erreicht mit ca. 50 Metern Breite phantastische Ausmaße. Vorstellungen in diesen Dimensionen hätten die konventionelle Aufführungspraxis geradezu gesprengt.

Diese im besten Sinn experimentelle Konzeption hatte zwar bei den Preisrichtern keine Chance, wurde jedoch ausführlich in der Fachpresse als bühnentechnische Innovation hervorgehoben: *„Völlig aus dem Rahmen der eingereichten Lösungen [fällt] die Arbeit von Bornemann für Essen. Bornemann ist ein erfahrender Theaterarchitekt, dessen Gedanken besondere Beachtung verdienen. Er sucht eine Form des Theaters, die eine Kommunikation von Darsteller und Zuschauer erreicht."*[4]

Die Auseinandersetzung mit der Form des Kreistheaters beschäftigt fortan Bornemann weiter, sowohl in seinen Ausstellungsprojekten, etwa „Partner des Fortschritts Afrika", 1962 in Berlin, dem Fernsehstudio für die ARD 1968, in dem er zwei Amphitheater miteinander verknüpfte, sowie auch in weiteren Theaterprojekten. Ein fast unverändertes Konzept reichte er 1964 für den Wettbewerb für die Oper Madrid ein, und noch 1983 entwickelte er eine ähnliche Idee anlässlich des Wettbewerbs für die Oper Bastille in Paris. Eine Umsetzung des Prinzips blieb ihm jenseits des Ausstellungsbereichs jedoch verwehrt.

Zwischen 1959 und 1963 entwickelte Bornemann anlässlich der Theaterwettbewerbe für Bonn, Düsseldorf, Kairo und Hannover einander ähnliche und im Vergleich zur Essener Ringbühne konventionelle Entwürfe. In einen kastenförmigen Glaskubus wurden je nach Anforderungen Bühnenhaus und Zuschauerraum eingestellt. Diese Entwürfe zeichnen sich, wie schon in Gelsenkirchen, vor allem durch ihre Wirtschaftlichkeit mit minimierten Flächen und effizienten Bühnenkonzepten aus. Die im Vergleich zur Konkurrenz kleinen Baukörper konnten jedoch meist weder mit städtebaulichen Bezügen noch mit architektonischem Ausdruck überzeugen. Im Fall des Schauspielhauses Düsseldorf 1959/60 urteilte das Preisgericht: *„Die Konzeption des Entwurfs beruht auf dem Versuch, Raumforderungen des Programms zu unterschreiten und mit noch geringeren Baumaßen als im Programm vorgesehen, die Aufgabe zu erfüllen. Es gelingt jedoch dem Verfasser auf diese Weise nicht, eine städtebaulich überzeugende Lösung zu bringen, die das Einmalige der Situation in der Einmaligkeit eines solchen Bauwerkes widerspiegelt. Es gelingt dem Verfasser auch nicht in der Formung der Innenräume über das Maß des gerade Notwendigen hinauszukommen, so dass der Grundcharakter seiner Gestaltung im Großen und Ganzen im Konventionellen verharrt."*[5]

Einen skulpturaleren, an den architektonischen Konzepten Scharouns oder Aaltos orientierten Weg versucht Bornemann 1965 beim Wettbewerb für das Theater in Wolfsburg. Mit frei komponierten Raumfolgen nutzt er die vorhandene Hanglage aus und staffelt die einzelnen Baukörper. Die städtebauliche Struktur setzt sich raumstadtähnlich von der Zeilenbebauung der Volkswagenstadt ab und versucht das Theater in die freie Anordnung von Bauvolumen einzubeziehen. Die funktionalen Zuordnungen und die Wegeführung des Theaters leiden jedoch unter dem für Bornemann ungewohnt bewegten Formenrepertoire. Die Vorbühne schiebt sich weit in den Bereich des Zuschauerraums, um so die Distanz zwischen Zuschauer und Schauspieler aufzuheben. Preisgekrönt und umgesetzt wird der Entwurf von Hans Scharoun.

COMMUNIO UND UNMITTELBARKEIT – DIE DEUTSCHE OPER BERLIN

Fritz Bornemanns Deutsche Oper an der Bismarckstraße in Berlin-Charlottenburg geht auf einen zweistufigen Wettbewerb zurück, der die Architekten lediglich zum Entwurf des Zuschauerhauses aufforderte. Die Bühne und die daran angegliederten Funktionen mit Lagern, Werkstätten, Magazinen und Nebenräumen waren durch die nicht zerstörten Reste des „Deutschen Opernhaus" sowie von der vom städtischen Hochbauamt geleiteten Erneuerung des Bühnenhauses vorgegeben. Der ursprüngliche, von Heinrich Seeling geplante Bau von 1912 hatte sich frontal zur Bismarckstraße orientiert und rückte mit einem monumentalen Portikus bis an die Straßenflucht heran. Mit 2.200 Sitzplätzen zählte er zu den größten Opernhäusern der Zeit, das Bühnenhaus war das bis dahin größte weltweit. Die geringe Tiefe des Zuschauerhauses bedingte jedoch schlechte Sichtverhältnisse und konnte mit der beengten Eingangssituation an der Bismarckstraße nicht überzeugen.

---

[5] Aus der Beurteilung des Preisgerichts, in: Architektur Wettbewerbe, a.a.O., S. 58–59.

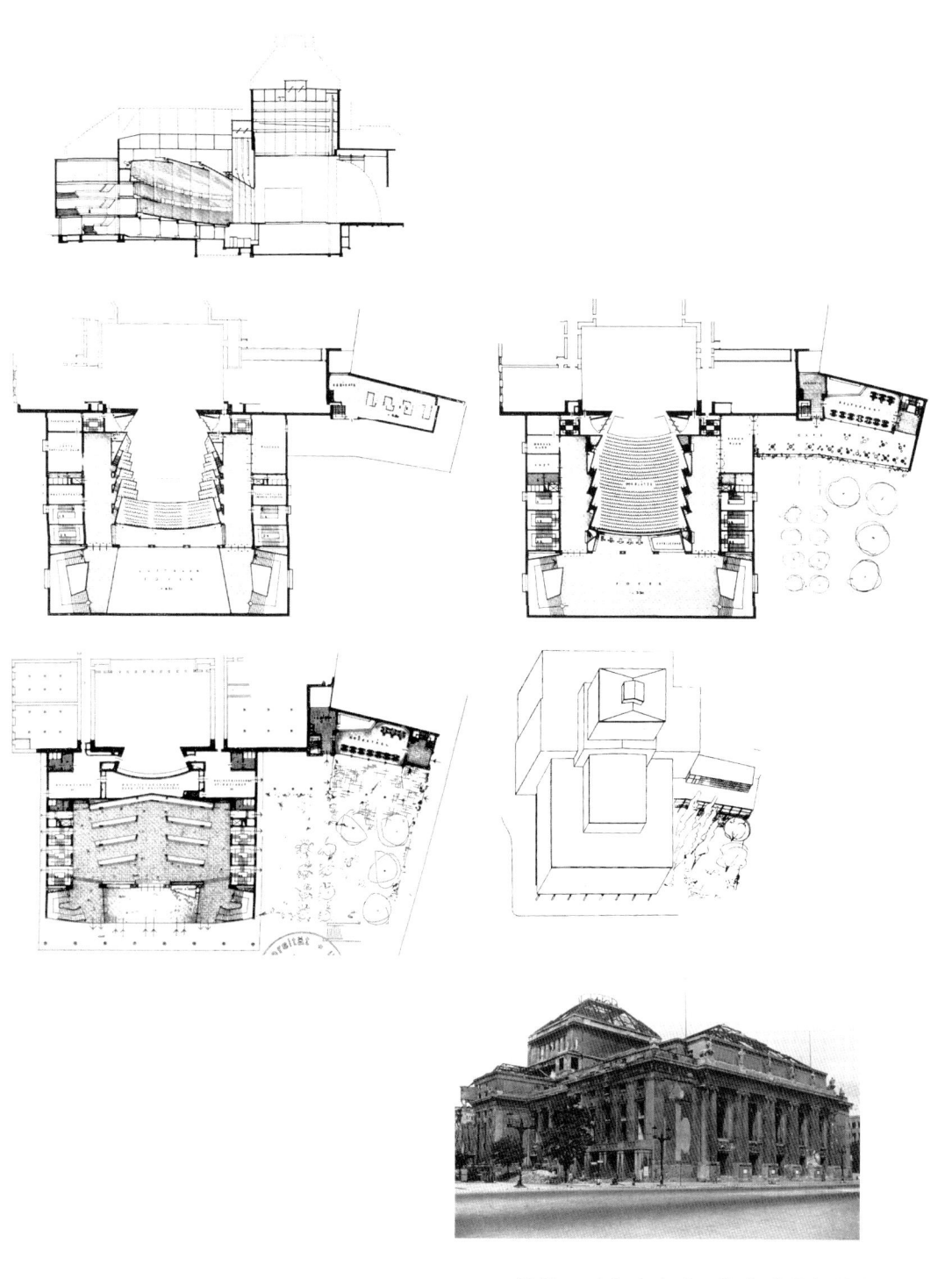

Wettbewerb Deutsche Oper Berlin, 1. Stufe, 1953: Schnitt; Grundrisse Ranggeschoss, Saalgeschoss, Eingangsgeschoss; Isometrie; das kriegsbeschädigte „Deutsche Opernhaus"

Die Auslobung des Wettbewerbs ließ den Architekten keinerlei Einfluss auf die Bühnengestaltung, ihre Dimensionen und die Öffnung zum Zuschauerraum. Die Entwürfe konzentrierten sich somit nur auf den repräsentativen und für die Zuschauer zugänglichen Teil. Auch die städtebaulichen Vorgaben für den Neubau waren eng umrissen: Das neue Zuschauerhaus musste wieder zwischen Bühne und Bismarckstraße gezwängt werden. Es überraschte deshalb nicht, dass sich alle prämierten Arbeiten der ersten Wettbewerbsstufe an den Umrissen der alten Anlage orientierten. Zur Richard-Wagner-Straße schließen die Entwürfe bündig an den Bestand an, zur Krummen Straße wird ein kleiner Platz mit einer Verbindung zum überdachten U-Bahnaustritt von der Blockrandbebauung ausgespart.

Bornemanns Entwurf für die erste Wettbewerbsstufe besticht weniger durch eine außergewöhnliche Konzeption für den Zuschauerraum, als vielmehr durch die radikale Abschottung des gesamten Foyerbereichs nach außen. Zur Bismarckstraße hin ist das aufgeständerte Foyer rundum verschlossen, die Seiten weisen nur im Bereich der dort angeordneten Treppen kleine Fensteröffnungen auf. Eine Vermittlung zwischen Stadt und Oper durch hell beleuchtete nach außen verglaste Foyerbereiche, wie sie zum Beispiel im Gelsenkirchener Theater des Architektenteams Deilmann, von Hausen, Rave und Ruhnau eindrucksvoll inszeniert werden, wird hier von Bornemann geradezu unterbunden. Ganz im Gegensatz zu den für die fünfziger Jahre charakteristischen leichten und beschwingten Glasfassaden entwirft Bornemann ein zur Außenwelt abgeschottetes Zuschauerhaus. Das Hauptfoyer erstreckt sich fensterlos und ohne offensichtliche räumliche Gliederung parallel zur Bismarckstraße: Nach Stunden der Konzentration im Zuschauerraum gelangen die Operngäste in eine allseitig geschlossene Halle. Dort wird die Spannung aufrecht erhalten, abschweifende Blicke in das abendliche Berlin sind nicht vorgesehen. Einzige Reminiszenz an die sonst übliche, eher heitere Architektursprache der fünfziger Jahre sind die leicht verdrehten Treppenaugen der seitlichen Aufgänge zum Foyer. Bornemanns Entwurf erreichte den 3. Platz.

Der überarbeitete Wettbewerbsbeitrag der zweiten Stufe von 1955 lässt die Kubatur des Zuschauerhauses nahezu unverändert. Die innere Aufteilung jedoch wird neu organisiert: Bornemann gibt die klaustrophobische Abriegelung des gesamten Zuschauerhauses auf zugunsten eines kontrastreichen Wechsels von geschlossenen und offenen Bereichen. Er hält an einer fensterlosen Fassade zur Bismarckstraße fest, öffnet nun aber die Seiten über die ganze Höhe mit Glasfassaden. Dennoch scheint Bornemann den Operbesuchern den Blick in die Stadt eher verwehren zu wollen: Die Seitenfoyers wurden „bewusst zum Straßenraum sichtbar gemacht, während Lichtspiegelungen – von innen her gesehen – hier den Blick nach außen dämpfen."[6] Der Entwurf der zweiten Stufe wurde mit dem 1. Preis ausgezeichnet und bildete die Grundlage für die darauf folgende Ausführung.

Die Idee der „communio" (lat. Gemeinschaft), also das gemeinschaftliche Zusammentreffen der Oper mit den Zuschauern, versteht Bornemann als zentrales Thema seines Entwurfs: *„Das Hinführen und die Steigerung im Ablauf der Raumfolgen im Zuschauerraum, dem Schwerpunkt und Höhepunkt. Dieser sollte jedoch während der ‚communio'*

---

[6] Fritz Bornemann in: Bauwelt 1961, H. 45, S. 1288.

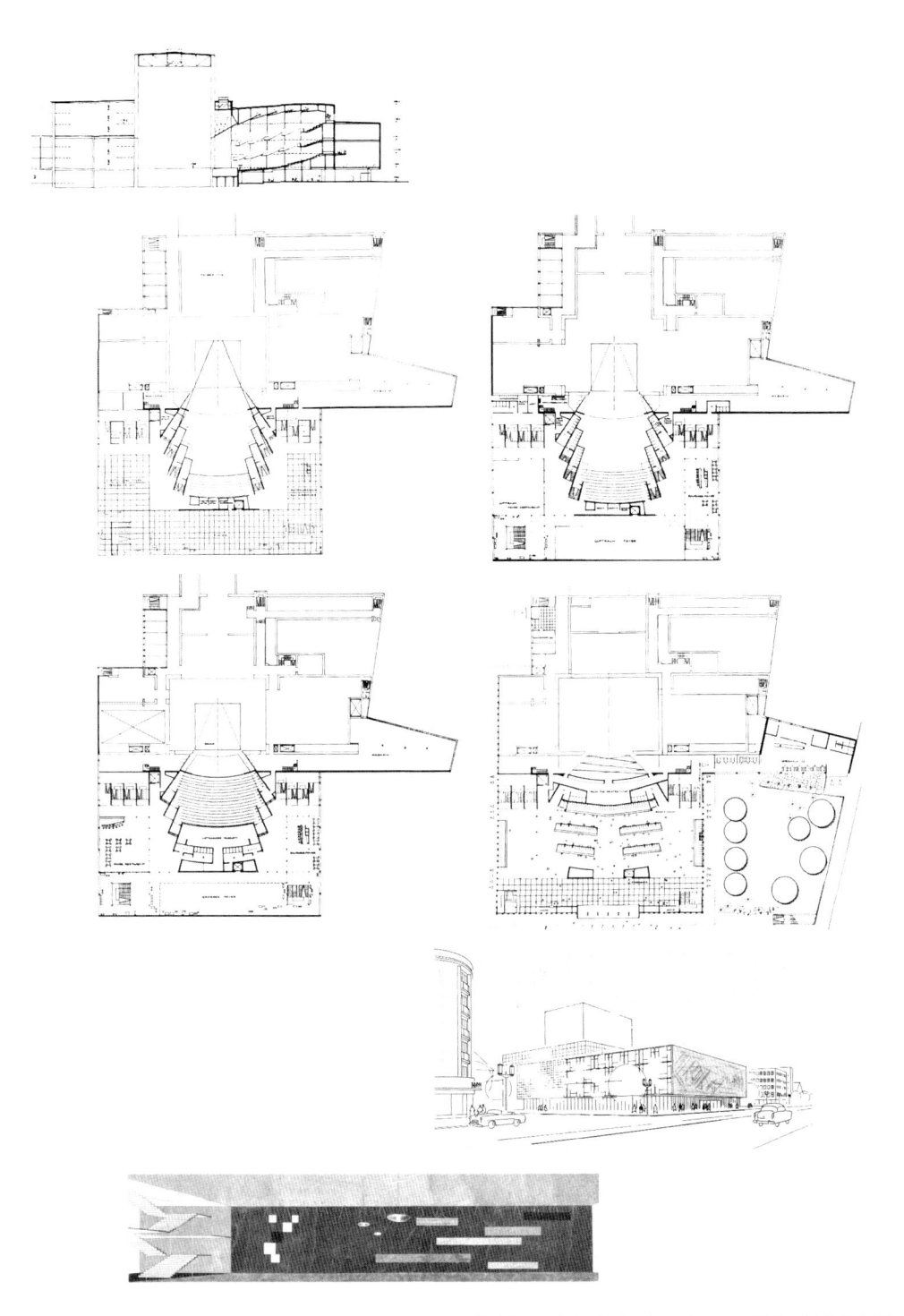

Wettbewerb Deutsche Oper Berlin, 2. Stufe, 1955: Schnitt; Grundrisse 2. Rang, 1. Rang, Saalgeschoss, Eingangsgeschoss; Perspektive; Foyerrückwand

von Bühne und Opernraum nur der Bühne dienen und durch Vermeidung zu lauter Materialreize nur Gefäß sein."[7] Bornemann benutzt den Begriff „communio" bis heute, ganz gleich ob es um die Zusammenkunft von Buch und Leser (Amerika-Gedenkbibliothek), Exponat und Museumsbesucher (Dahlem) oder eben Bühne und Zuschauer geht. Die pathetische, zugleich tautologische Formulierung kann aber nicht darüber hinwegtäuschen, dass „communio" allein noch keine wirklich differenzierte Aussage über seine Theaterkonzepte zulässt. Es ist ja geradezu die Grundidee aller Theaterbauten, Aufführung und Zuschauer zusammenzubringen. Viel entscheidender dagegen ist die Art dieser Zusammenkunft.

Moderne Musiktheater werden durch die Trennung von Bühne und Zuschauerraum charakterisiert. Anders als beim Sprechtheater vergrößert hier der erforderliche Orchestergraben die Distanz zwischen der Vorbühne und dem Parkett. In Charlottenburg waren durch die Wiederverwendung des Bühnenhauses des Vorgängerbaus die Dimensionen der Bühne und des Bühnenportals festgelegt. Bornemann gelingt es, einen für 1.900 Sitzplätze außerordentlich kompakten Innenraum mit zwei großen Rängen und seitlichen Logen zu organisieren, so dass alle Zuschauer durch die radiale Anordnung der Sitze und Ränge sehr gute Sicht auf die Bühne haben und die Akustik hervorragend ist. Funktional sind Bühne und Zuschauerraum also bestens einander zugeordnet. *„Wo man auch sitzt, man ist wie mitten im Spiel; der schöne Schein musikalischer Poesie reicht in den letzten Winkel und füllt den Raum."*[8] Über die Qualität der Bornemann'schen „communio" ist damit aber noch nichts gesagt.

Die Geschichte des Opernbaus hat mit Richard Wagners Konzeption für das Bayreuther Festspielhaus, erbaut von Otto Brückwald (1872–76), eine weitreichende Zäsur erfahren. Wagner arbeitete zuvor intensiv mit Gottfried Semper an Theaterkonzepten, der wiederum in Bezug auf die Struktur des Zuschauerhauses auf Entwürfe von Friedrich Schinkel zurückgriff.[9] Dominierte bis dahin das U-förmige Rangtheater mit Logen für Privilegierte, so griff Wagner, inspiriert durch Semper, auf das antike Amphitheater zurück, um mit einem einzigen ansteigenden Kreissegment jedem Besucher optimale Sicht und Akustik zu garantieren. Bildeten bis dahin Zuschauer auf den Rängen und Schauspieler auf der Bühne einen idealisierten Kreis und machte dem entsprechend die Kommunikation unter den Besuchern einen wesentlichen Teil des Opernbesuchs aus, so wurde durch das Festspielhaus in Bayreuth jeder einzelne Besucher explizit auf das Bühnengeschehen ausgerichtet. Verstärkt wurde diese individuelle Erfahrung durch das versenkte, unsichtbare, aber akustisch sehr präsente Orchester. Wagner ließ den Zuschauerraum während der Aufführung erstmals vollständig verdunkeln. Schauspiel, Gesang und Musik wurden als ein ergreifendes „Gesamtkunstwerk" zusammengeführt.

Die Weiterentwicklung dieser Zuschaueranordnung hat mit der Einführung von gerichteten Rängen durch Max Littmann 1906 für das Schillertheater in Berlin-Charlottenburg eine weitere Variante erhalten, so dass sich in der Folgezeit Mischformen zwischen radialen Theatern und traditionellen Rangtheatern etablierten. Wilhelm Riphahns Opernhaus in Köln (1954–57) zum Beispiel ist ebenfalls ein modernes Rangtheater, die

---

7 Ebenda.
8 Ulrich Conrads, in: Bauwelt 1961, H. 45, S. 1286.

9 Vgl. hierzu ausführlich: Julius Posener, „Schinkels Theater", in: 69/70 ARCH+, 1983, S. 70ff.

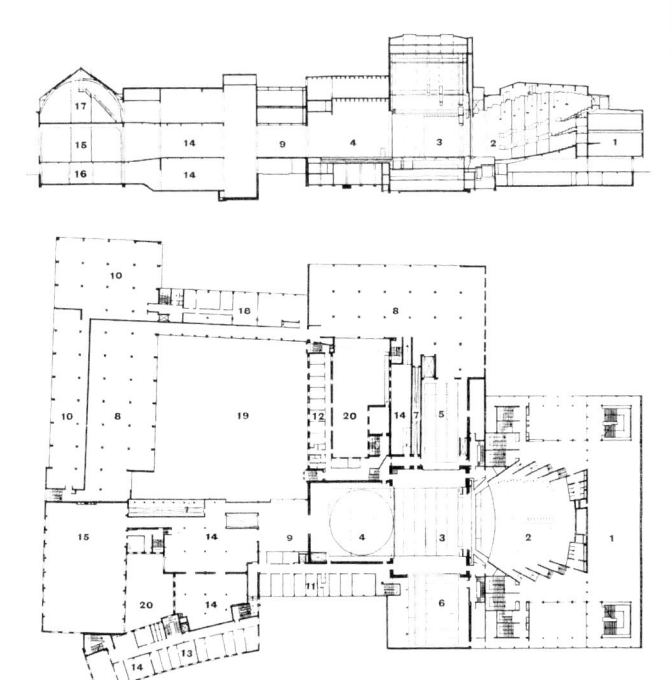

Deutsche Oper Berlin, 1956–1961: Zuschauerraum; Schnitt durch die Gesamtanlage; Grundriss der Gesamtanlage; Luftansicht der Gesamtanlage

Logen jedoch sind hier in Anlehnung an das historische Logentheater weniger rigide auf den Bühnenmittelpunkt gerichtet. Der Opernabend als gesellschaftliches Ereignis bleibt bestehen.

Bornemann liegt dagegen mit den streng radial angeordneten Zuschauerreihen und -logen ganz auf der Linie Wagners: Die schlittenförmigen und zudem wenigen Logen werden mit den seitlichen Schotten streng auf das Bühnengeschehen ausgerichtet, ein neugieriger Blick der Zuschauer zur anderen Seite ist nicht vorgesehen. Die flächige Wandverkleidung aus Zebrano-Holz im Zuschauerraum erinnert an schalltechnisch optimierte Aufnahmestudios. Nüchterne Farbgebung und gezielt gerichtete Beleuchtung unterstreichen, dass hier allein die Aufführung und nicht der gesellschaftliche Anlass im Vordergrund steht. Bornemanns Begriff der „communio" ist also im Sinne Wagners zu verstehen: Der Zuschauerraum ist allein auf die *individuelle* Kunsterfahrung hin konzipiert, die Interaktion im Zuschauerraum selbst wird durch die streng radiale und gerichtete Sitzanordnung weitgehend unterbunden.

Der karge Zuschauerraum wird von Bornemann lediglich als „dienender Behälter" aufgefasst, ganz im Sinne der Wagner'schen „Bretterbude" in Bayreuth. Im Gegensatz jedoch zur perfektionierten Illusion Wagners will Bornemann mit seiner „Behälterarchitektur" die Illusion respektive den Schein überwinden: *„Durch seine Introvertierung müsste der Opernraum mithelfen, alle Medien der Oper – das Bühnenbild inbegriffen – zum Wesentlichen, zum Musikalischen und Spirituellen hinzuführen und die Oper ,als ein nur ganz vom Schein beherrschtes Kunstphänomen zu überwinden' (Adorno, Darmstädter Gespräch 1955)."*[10] Wenn Bornemann hier von Introvertierung spricht, so muss man sich vergegenwärtigen, dass wegen der strengen Ausrichtung des Zuschauerraums auf die Bühne nur vom einzelnen Individuum, und nicht von einer Zuschauergemeinschaft die Rede sein kann.

Der von Bornemann 1961 bemühte Passus Theodor W. Adornos findet sich zwar nicht wörtlich in der Publikation zum fünften Darmstädter Gespräch zum Thema Theater,[11] er trifft jedoch ziemlich genau dessen Tenor. Adorno konstatiert dort für die zeitgenössische Oper nur wenig fruchtbare Ansätze und sieht in der Oper lediglich die nostalgische Befriedigung eines auf Zerstreuung geeichten bürgerlichen Publikums in enger Parallele zum kommerziellen Film.[12] Die Oper klassischer Konventionen passt für ihn nicht mehr in eine Welt „nach Auschwitz", in der naive Poesie unmöglich geworden sei. Einzig der mythische Gehalt und die von Hoffnung getragene Unmittelbarkeit des Gesangs bergen einen Ausweg aus den „ins Leere tönenden" Konventionen der Oper: *„Er [der Schein] ist das Surrogat des Glücks, das den Menschen verweigert wird, und das Versprechen des Wahren. Während der Gestus des Singens dramatischer Personen darüber betrügt, dass sie, auch als bereits Stilisierte, so wenig Grund zum Singen haben wie eigentlich auch nur die Möglichkeit, tönt darin etwas von der* Hoffnung auf Versöhnung *mit Natur: das Singen, Utopie des prosaischen Daseins, ist zugleich auch die Erinnerung an den vorsprachlichen, ungeteilten Zustand der Schöpfung, so wie es an der schönsten Stelle*

---

10 Bornemann in: Bauwelt, a.a.O.
11 Vietta, a.a.O., S. 93.
12 Vgl. Theodor W. Adorno in: Vietta, a.a.O., S. 124–125.
13 Adorno in: Vietta, a.a.O., S. 132. Hervorhebung MK.
14 Vietta, a.a.O., S. 151.
15 Bornemann in: Bauwelt, a.a.O.

der Ringdichtung Wagners in den Worten des Waldvogels tönt. Der Gesang der Oper ist die Sprache der Leidenschaft: nicht nur die überhöhende Stilisierung des Daseins, sondern auch Ausdruck dessen, dass die Natur im Menschen gegen alle Konventionen und Vermittlung sich durchsetzt, Beschwörung der reinen Unmittelbarkeit."[13]

Adornos Vorbehalte zur Oper als zeitgenössische Kunstform sind eindeutig. Warum aber stützt sich Fritz Bornemann als Architekt nun ausgerechnet auf Adorno, dessen Vortrag in Darmstadt durchaus umstritten war? Bornemann war mit seinem Projekt für das Stadttheater in Gelsenkirchen in der begleitenden Ausstellung zum Darmstädter Gespräch vertreten und auch anwesend. Warum distanziert er sich nicht von der historischen Bürde, wie dies die meisten seiner Kollegen mit beschwingten Kulturbauten zu dieser Zeit praktiziert haben? Wie schlägt sich Bornemanns verschlüsselte Affinität zu der nicht eben leicht zugänglichen „negativen Dialektik" Adornos in der Deutschen Oper nieder? Schließlich soll sein Bau mit seiner Introvertiertheit helfen, die Oper als ein „ganz vom Schein beherrschtes Kunstphänomen zu überwinden". Adorno plädiert dagegen für einen kritisch gebrochenen Schein in der Aufführungsinszenierung.[14]

Bornemann versteht diese Regieanweisung Adornos als architektonisches Programm. Abschottung und Introvertierung sind entsprechend das primäre architektonische Thema der Deutschen Oper. Durch den Ausschluss des profanen städtischen Lebens kreiert Bornemann einen nach innen gerichteten „Behälter", der dem Publikum Raum zur geistigen Sammlung auferlegt und Zerstreuung durch die karge Ausstattung versagt.

Den Besucher erwartet in den Hauptfoyers nicht etwa eine Pausenhalle mit den üblichen Angeboten zur Erfrischung und räumlichen Entfaltungsbereichen zur Zerstreuung und entspannenden Gespräch. Bornemann entwickelt die in der ersten Wettbewerbsstufe radikalisierte Idee des geschlossenen Foyers weiter und integriert einen leeren, langgestreckten Raum mit geschlossenen Seitenwänden in das Zuschauerhaus, indem er sämtliche Foyerfunktionen wie Pausenrestaurant, Toiletten und Fluchttreppen an den Seiten des Zuschauerraums komprimiert. *„Diesem Prinzip der Introvertierung wollten auch die beiden großen Mittelfoyers (Parkett und 1. Rang) entsprechen, ermöglicht durch den nicht zuletzt aus funktionalen Gründen gesuchten Wandabschluss zur Bismarckstraße, wobei die Resonanz zur darstellenden Kunst hier in den Pausen durch Kontakte zur bildenden Kunst weitergeführt werden könnte."*[15] Abgeschottet von den nächtlichen Lichtern Berlins entstehen so zwei Räume mit homogenen Oberflächen, ohne offensichtliche Gliederung, ohne Stützen, ohne Türen. Die Materialen der inneren Wandbekleidungen sind einfarbig: Die Rückseite der geschlossenen Front zur Bismarckstraße ist mit dunkel getöntem Ölbaumholz deckenhoch verkleidet, die gegenüberliegende Wand mit zartem Gelb auf nackten Putz gestrichen, der Boden mit feinem, einfarbigen Velourteppich ausgelegt.

Anders als in den Musentempeln des 19. Jahrhunderts, in denen das Bildungsbürgertum seine Ideale mit ausführlichen Skulpturen- und Gemäldeprogrammen feierte, wird man hier mit dem nackten, wenn auch farblich subtil abgestimmten Nichts konfrontiert. Die lang gestreckten, niedrigen, stützenlosen Räume – mit einer Grundfläche von etwa 12 x 36 Metern und Deckenhöhen von sechs und vier Metern – werden lediglich durch die Polstersitzgruppen, den kugelförmigen, von der Decke abgehängten Papierleuchten sowie den von Lichtkegeln angestrahlten Skulpturen und Gemälden akzentuiert. *„Diese erwünschten, ja notwendigen Spannungen zu den räumlich gesetzten, durch Lichtkon-*

zentrationen akzentuierten Kunstwerken (Laurens, Nay, Arp, Moore, Armitage) sollten sinngemäß wie im Opernraum – durch zurückhaltende Raumbildungen gestützt werden, d.h. auf den ruhigen Raum, auf die ruhige Wand wurden, um Beispiele zu nennen, die spannungsgeladenen Plastiken von Laurens und Uhlmann bezogen."[16] Bornemann entwickelt eine in dieser Form einzigartige Alternative zu der sonst üblichen Symbiose aus Architektur und der Architektur untergeordneter „Kunst am Bau", in dem er Hauptfoyers als Ausstellungsräume für moderne Skulpturen und Gemälde ausweist. Die Foyers sind mit der freien Anordnung der Exponate und der konzentrierten Lichtführung ohne Zweifel ein Vorläufer der späteren hermetischen Ausstellungsräume im Völkerkundemuseum Dahlem.

Es entsteht keinerlei Raumkontinuum zwischen den einzelnen Zonen des Zuschauerhauses, jeder Bereich ist durch Schwellen und dezente Materialwechsel gekennzeichnet. Nach oben wird die architektonische Reduktion weiter forciert. Die Zugänge zum obersten Rang sind Räume von nicht zu überbietender Schlichtheit. Einziger visueller Fixpunkt sind die ausladenden Polstergruppen. Würden hier noch Lesezirkelmappen ausliegen, wäre der Übertritt in die profane Welt der Verwaltungen, Büros und Kanzleien vollendet. Haben wir es deshalb, wie Bornemann unterstreicht, ganz und gar mit einem „dienenden" Gebäude zu tun, dass sich architektonisch völlig zurücknimmt, um den Künsten Behälter zu sein? Die karge Ausstattung nimmt sich zurück, die Architektur jedoch bleibt präsent. Würde man Bornemann hier beim Wort nehmen, wäre die Deutsche Oper eine bloße Programmerfüllung ohne Verhältnis zur Stadt und ohne Bezug zur Architekturgeschichte des Theaters. Das aber ist sie jedoch keineswegs.

Die extrem nüchterne Architektursprache, reduzierte Ausstattung und die ungewöhnlichen Proportionen der abgeschlossenen Innenräume haben einen eigenen antitektonischen Ausdruck, der über das bloße Dienen hinausgeht. Die spezifische Architektursprache Bornemanns entwickelt sich aus einer für die fünfziger Jahre ungewöhnlichen, direkten Funktionsüberlagerung: Foyers sind zugleich Kunsthallen und Pausenzonen. Die Disposition der einzelnen Funktionen entspricht nicht etwa einem simplen gebauten Funktionsschema, wie sie etwa die Bauentwurfslehre Ernst Neuferts seit Mitte der dreißiger Jahre empfahl, und die massenhaft, natürlich auch jenseits des Theaterbaus, angewendet wurde. Im Gegenteil: Bornemann reduziert, konzentriert und überlagert komplexe Funktionsbeziehungen auf wenige Raumfolgen; keine großen Gesten, kein umschweifendes Vorbereiten und Vermitteln unterschiedlicher Funktionen, kein „Hallo, hier bin ich, der Eingang". Es gibt weder eine Promenade durch das Haus, noch stilisierte Ausblicke oder Situationen. Unterschiedliche Materialien und räumliche Stimmungen stoßen aufeinander und koexistieren unvermittelt nebeneinander. Die Konstruktion wird weder zelebriert noch in der äußeren Erscheinung zum Ausdruck gebracht. Ganz in diesem Sinne sind die freistehenden Foyertreppen wie Raumskulpturen eingestellt und kontrastieren den schlichten Baukörper. Die Architektursprache ist szenisch, keinesfalls jedoch konstruktiv.

Die geschlossene Wandfassade an der Bismarckstraße unterstreicht diese antitektonische Haltung. Im Entwurf der zweiten Wettbewerbsstufe ist in der stilisiert gezeichneten Außenperspektive die geschlossene Fassade noch durch eine abstrakte, diagonale

---

16 Ebenda.

Deutsche Oper Berlin: Foyer des Parkettgeschosses mit der Plastik von Henri Laurens und dem Wandbild von E.W. Nay; Straßenansicht bei Nacht mit Skulptur von Hans Uhlmann

Struktur gegliedert, für die Innenseite wurde von Erich F. Reuter eine abstrakte, flächige Gestaltung entworfen. Das Preisgericht bemängelte die fehlende „künstlerische Durchbildung" der Fassade. Die ausgeführte Wand verdeutlicht dagegen die architekturtheoretische Haltung Bornemanns: Als hätte Adornos Poesieverbot die Fassade generiert, sind 88 quadratische Waschbetonplatten an der auskragenden und statisch hoch belasteten Wand angebracht, der Lastabtrag bleibt jedoch verborgen. Die Verwendung von dicken Flusskieseln im Waschbeton aus dem Ursprungstal der Spree ist ikonografischer Verweis auf *„den vorsprachlichen, ungeteilten Zustand der Schöpfung"*[17] als den für Bornemann einzig legitimen „Bauschmuck" im Berlin der Nachkriegsära. Die davor platzierte Stahlskulptur von Hans Uhlmann bleibt somit ein eigenständiges Kunstwerk und wird von der Architektur nicht einverleibt.

UNMITTELBARKEIT ALS KONVENTION – DIE FREIE VOLKSBÜHNE BERLIN

Noch vor der Fertigstellung der Oper begann Bornemann mit der Planung und Ausführung des Theaters der Freien Volksbühne, die zu dieser Zeit von Erwin Piscator geleitet wurde. Nachdem der zunächst vorgesehene Standort in unmittelbarer Nähe zur Deutschen Oper an der Bismarckstraße verworfen wurde, plante Bornemann den reinen Sprechtheaterbau ohne Orchestergraben und mit nur einer Seitenbühne für einen kleinen Park hinter dem Joachimsthalschen Gymnasium an der Bundesallee. Ursprünglich sollte hier der Konzertsaal der Berliner Philharmoniker realisiert werden, den Hans Scharoun in einem Wettbewerb 1956 für sich entschieden hatte. Bornemanns Wettbewerbsbeitrag blieb damals ohne Beachtung.

Auch in der Freien Volksbühne begegnet uns die Unmittelbarkeit der architektonischen Herangehensweise von Fritz Bornemann. Während es in der Bismarckstraße darum ging, das Zuschauerhaus der Oper auf beengtem Grundstück in den städtischen Kontext einzupassen, sollte die Volksbühne als Solitär in den Park mit altem Baumbestand eingefügt werden. Der kompakte zweigeschossige Baukörper orientiert sich parallel zum Altbau des Gymnasiums und tritt an den umliegenden Straßen kaum in Erscheinung. Nur an der Schaperstraße schiebt sich die kleine eingeschossige Eingangshalle wie eine ausgestreckte Hand den Besuchern entgegen. Mit dieser für einen Theaterbau ungewöhnlich kleinmaßstäblichen Eingangssituation werden sie auf den intimen Charakter des Theaters eingestimmt. Es entfaltet sich trotz der rund 1.000 Sitzplätze die Anmutung einer Studiobühne, die das ganze Haus durchdringt. Vorne wird die Idee des behutsam in den Park eingebetteten Theaters zelebriert: Die Eingangshalle, die auch als kleine Bühne benutzt werden kann, öffnet sich mit großen Glasflächen zum Park, im Sommer lässt sich das Buffet wie selbstverständlich nach draußen erweitern. Ein gläserner Verbindungsgang inmitten von Bepflanzungen verbindet die Eingangshalle mit dem unteren Foyer des Hauptkörpers. Große Glasflächen öffnen auch hier das obere und untere Foyer zum Grün. Allerdings wird diese Einbettung in den Park mit dem rückwärtigen Bühnen-

---

[17] Vgl. Anmerkung 9.

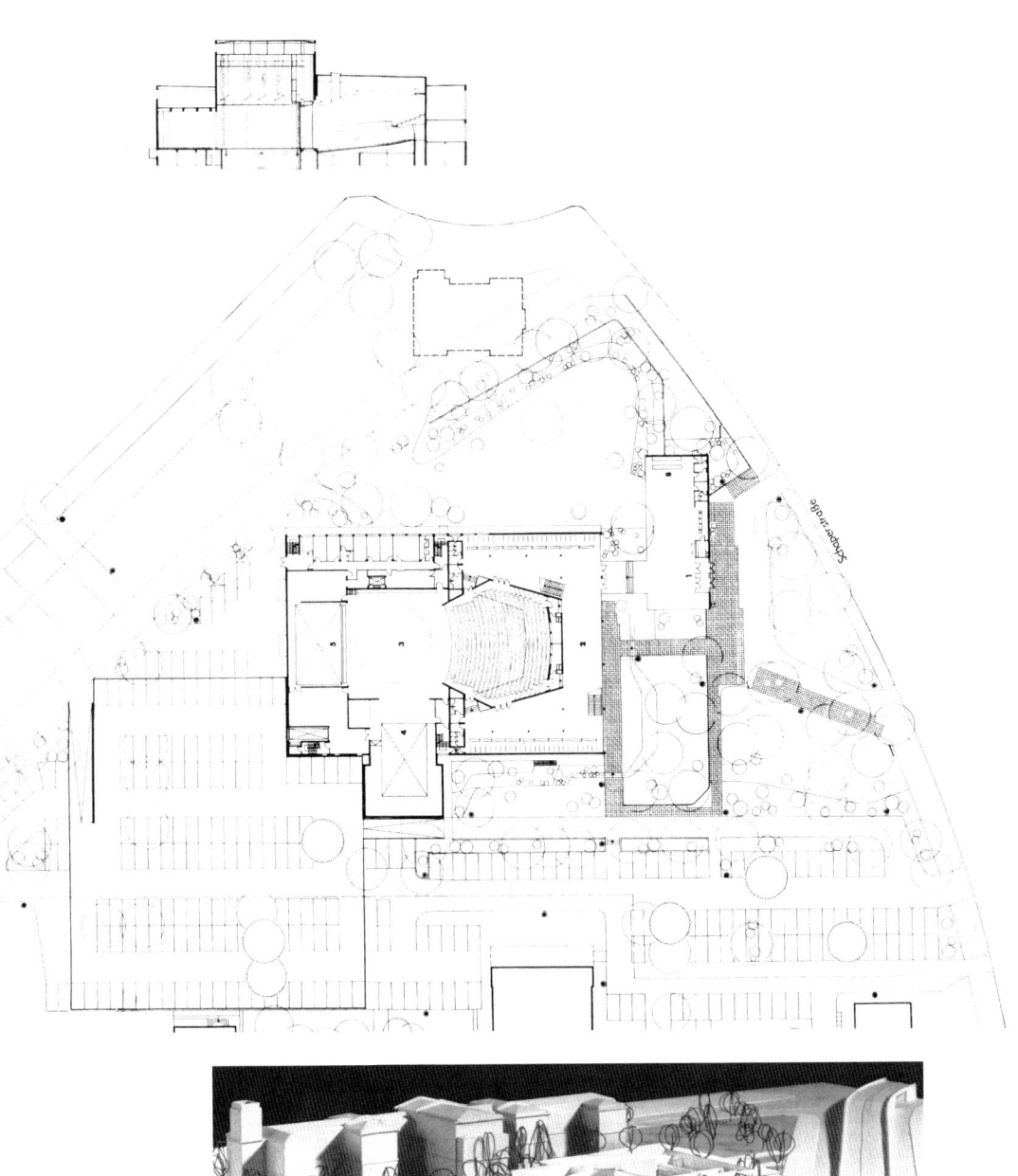

Freie Volksbühne Berlin, 1960–1963: Schnitt; Grundriss
Eingangsgeschoss mit Umgebung; Modellfoto der Ge-
samtanlage, Blick nach Südosten auf Joachimsthalsches
Gymnasium links, Abfahrt der geplanten Autobahn rechts

bereich und dem großen brachialen Parkdeck geradezu zerstört. Die Verwendung von weißen Carrara-Kieseln im Waschbeton ist nun kein Verweis mehr auf *„den vorsprachlichen, ungeteilten Zustand der Schöpfung"*, sondern lediglich der Versuch, dem Theater ein festliches Antlitz zu geben. Im Gegensatz zur Deutschen Oper gelingt bei der Volksbühne die Konzentration auf das Bühnengeschehen ganz ohne dramatische Introvertierung oder Abschottung. Materialwahl und innere Raumfolgen ergeben sich wie selbstverständlich. Der kompakte, sechseckige Zuschauerraum mit einem Rang ist eng an die Bühne gerückt und erlaubt so unterschiedliche Aufführungsformen ohne großen technischen Aufwand. Auch in der Freien Volksbühne sind Akustik und Sicht auf die Bühne vorbildlich.

Bornemann setzt wie schon in der Deutschen Oper die gestalterischen Akzente des Innenraums auf die „communio" zwischen Bühne und Zuschauerraum. Abgesehen von der Eingangshalle, die spezifisch auf die städtebauliche Situation reagiert, verharrt die Freie Volksbühne in dem bereits in den fünfziger Jahren entwickelten architektonischen Repertoire Bornemanns. Dem spannenden Kontrast zwischen moderner Kunst und kühler Architektursprache im Zuschauerhaus der Oper entspricht hier eine in sich stimmige, einfache Innenraumgestaltung. Der architektonische Körper und seine äußere Hülle jedoch können nur partiell überzeugen. Routiniert werden die Fassadenplatten um die Kubaturen gewickelt, ohne die spezifische Situation im Park zu würdigen. Innen und Außen, Inhalt und Ausdrucksform des Theaters sind nicht aufeinander bezogen. Die eigentlich kompakte Form des Theaters wird als Einheit nicht erfahrbar und tritt nur an ihrer „Schokoladenseite" in Dialog mit ihrem Umfeld.

Bornemanns eigenständige Interpretation des Theaterbaus wird mit der Freien Volksbühne nicht weiterentwickelt. Seine unmittelbare Architektursprache im Zusammenwirken mit moderner Kunst als angewandte „negative Dialektik", wie in der Deutschen Oper umgesetzt, bleibt eine Episode in der westdeutschen Nachkriegsarchitektur. Die Realisierung eines wahrlich experimentellen Theaterbaus wie der Ringbühne für Essen blieb Bornemann verwehrt.

Freie Volksbühne Berlin: Zuschauerraum; Eingangssituation; Luftansicht der Gesamtanlage

RAINER HÖYNCK

Bauen mit Licht

BORNEMANNS MEISTERWERK: DIE FREIE VOLKSBÜHNE

Der Architekt liebt das Material Licht, sieht, wo es herkommt, wie man es hereinholen und wie man es einsetzen kann. Licht tut den Sinnen gut, und so strömt Wohlgefühl durch die Räume. Machen das nicht alle Architekten? Durchaus nicht, und an grauen kurzen Tagen oder bei kalkulierten Lichtspektakeln werden solche Versäumnisse auch nicht recht wahrgenommen.

Fritz Bornemanns Freie Volksbühne ist so ein Lichthaus, ein wunderbar transparentes Gebäude im Park. Die hohen Bäume spiegeln sich im zwei Stockwerke hohen Glas. Der Außenraum mit Ästen, Zweigen, Blättern prägt die Atmosphäre der Eingangs- und Foyerbereiche. Und bei Dunkelheit strömt das Licht in die Gärten hinaus, so dass die Theaterbesucher selbst wie Bühnenfiguren erscheinen. Das Tageslicht dringt ein, die Nachtbeleuchtung strahlt aus. Lichtelemente in den Foyers und im Park machen das nächtliche Gebäude zur festlichen Inszenierung. Die Carrara-Kiesel-Beton-Struktur der Fassaden, besonders die des Kassenhallen-Pavillons, setzt sich an den Innenwänden fort. Hier übernehmen Spots eine modellierende Rolle, indem sie Spuren in die Kiesel legen. Diese werden so zu einer kleinteilig bewegten steinernen Landschaft. Zu solch einer integrierten Wandgestaltung braucht es keine nachträgliche Kunst am Bau.

Bei schönem Wetter ist der Vorplatz unter Bäumen der Treffpunkt, wo man noch ein Glas trinkt, Freunde trifft und sich auf die Aufführung einstimmt. Bei Regen oder Schnee ist die Kassenhalle die erste Etappe. Kassenhalle ist untertrieben, ein selbständiger Pavillon, groß genug für eine Bar, für Tische, Stühle und eine Minibühne, mit Glasfensterblicken in den Garten und zurück auf den Vorplatz. Unvergessen für die, die es erlebten: George Taboris Inszenierung von Hans Magnus Enzensbergers „Titanic", hier, in der ganz locker zum Theaterraum umgewidmeten Kassenhalle. Die Kassenhalle als Minibaukunstwerk mit eigener Geschichte.

Dann der Glasgang, der einige Schritte und Stufen nach oben führt. Durch ihn betritt man auf steinernen Böden das großzügige untere Foyer und über Freitreppen den oberen Eingangsbereich mit Bar und Sitzecken. Von Enge und Schlauch-Gefühl ist nichts zu spüren. Die Foyers als Pendants zum Theatersaal sind der Ort, an dem sich die Besucher – vorab noch oder zwischendurch oder zum Abschluss wieder – einlassen können auf das Theatererlebnis. Auch hier der Innen-Außen-Bezug, der an das Zusammenspiel von Natur und Drama im griechischen Theater der Antike anknüpft.

Die vierte Etappe führt ins ausgewogene Sechseck des Zuschauerraums. Hier muss

---

1 Fritz Bornemann, „Fragen zum Theater der Gegenwart aus der Sicht des Architekten", in: Freie Volksbühne. Zur festlichen Eröffnung des Hauses, Berlin 1963.

das Wechselspiel von Kunstlicht und Tageslicht ein Ende haben. Aber die Anordnung der Strahler schafft vergleichbare Milde und Deutlichkeit, das Holz ist hell und warm. Der ansteigende Saal geht ohne Orchestergraben fast nahtlos in die Bühne über. Flexible, bewegliche, „voll räumliche" Strukturen statt einseitig axialer „Akteur-Zuschauer-Bezüge", so lautete Bornemanns Grundsatz. Von der Idee der „aperspektivischen Bühne" der zwanziger Jahre, die das „perspektivische Raumerleben" ablösen sollte, war er inspiriert. Ihm ging es um „Lichtprofilierungen von Element und Mensch".[1] Wer einen Guckkasten vorzieht, kann den ja hineinbauen; wer das Publikum noch näher heranholen will, stellt Podeste mit Sitzreihen auf die Bühne, hufeisenförmig zum Beispiel.

Bornemann geht bei seinen Theaterentwürfen von der Überlegung aus, wie sich der Gang von außen nach innen entwickelt. Er sorgt nicht nur dafür, dass das Betreten des Zuschauerraumes zum Erlebnis werden kann. Vielmehr ist der Weg dahin schon Teil der Interaktion zwischen Mensch und Raum. Blickbezüge und räumliches Erleben als Vorstufe der szenischen Angebote. Baukunst und Schaukunst begegnen sich. Konsequent, aber nicht streng; leicht, aber nirgendwo beliebig.

Der Architekt hat bei der Freien Volksbühne Glück gehabt mit den Rahmenbedingungen. Zuerst schon, indem durch den neu gefundenen Standort für Scharouns Philharmonie die Fläche hinter dem neoklassizistischen Joachimsthalschen Gymnasium von 1879 verfügbar wurde. Glück auch, weil der Baumbestand es nahe legte, großzügige Distanz zum Straßenraum zu schaffen; die Gartengestaltung schuf Walter Rossow mit Paul Heinz. Zwar kam es nie zu der erwünschten Probebühne unabhängig von den Werkstätten und für Seitenbühnen fand sich auch kein Platz. Aber das Theater hat sich lange Jahre behauptet.

Nach der Insolvenz des Vereins Freie Volksbühne und der Schließung des Theaters sah es kurze Zeit böse aus. Schon drohte das Abstellen der Heizung, „Ruinen schaffen ohne Waffen", so Bornemanns sarkastischer Kommentar. Würde sein beispielhafter Bau zum Filmpalast umgewandelt? Oder ließe sich sogar eine Entkernung durchsetzen zugunsten eines Supermarktes? Die denkmalgeschützte Fassade nur als Attrappe erhalten, doch dahinter ein völlig anderes Innenleben?

Doch das Land Berlin ließ sich mit Hilfe des Bundes dazu bewegen, statt des leblosstarren Schillertheaters die atmosphärische Volksbühne zum Festspielhaus zu machen. Kein Bedauern, wenn das Parkhaus abgerissen wird. Hauptsache der wunderbare Theaterbau kann wieder seiner ursprünglichen Bestimmung dienen.

STEFANIE ENDLICH

Stählernes Ausrufungszeichen für reinen Klang

UHLMANNS SKULPTUR FÜR BORNEMANNS OPER

Wie ein roter Faden zieht sich das Begriffspaar Integration oder Eigenständigkeit durch die Kunst-am-Bau-Diskussion der letzten Jahrzehnte. Es markiert zwei Extrempositionen im Verhältnis von Kunst und Architektur. Soll Kunst sich einfügen, besser noch unterordnen, ihren dienenden, schmückenden Beitrag leisten zum harmonischen Gesamtkunstwerk? Oder soll sie sich sträuben, verweigern, Gegenpositionen entwickeln, eigene irritierende Welten eröffnen? Ein Mittelweg zwischen Integration und Eigenständigkeit führt allzu schnell zum Kompromiss, und dieser ist bekanntlich das Verhängnisvollste, was der Kunst widerfahren kann.

Der Zielkonflikt ist rasch beschrieben. Die Architekten sind in der Regel eher für Anpassung, die meisten Künstler eher für Eigenständigkeit. Die Architekten sind in Sorge, die Kunst könne ihr Bauwerk verfälschen und ungewollte Perspektiven einführen. Die Künstler befürchten Reglements, Anforderungskataloge und damit Eingriffe in ihre Freiheit.

Der 1918 von Bruno Taut, Walter Gropius, Ludwig Hilberseimer und anderen begründete revolutionäre „Arbeitsrat für Kunst", angetreten unter der Devise: „Zusammenschluss der Künste unter den Flügeln einer großen Baukunst", löste sich nicht zuletzt deshalb bald wieder auf, weil Architekten und bildende Künstler sich heillos auseinander dividiert hatten wegen unterschiedlicher Auffassungen darüber, wie weit das Primat der Architektur zu gehen habe. Der Kunstwissenschaftler Eberhard Roters, Direktor der Berlinischen Galerie und langjähriger Vorsitzender des 1979 eingerichteten Beratungsausschusses Kunst, hat gern auf dieses konfliktreiche historische Beispiel hingewiesen, wenn wieder einmal von Architektenseite die Integrationsprinzipien des Bauhauses beschworen wurden. Stattdessen, sagte Roters, geht es darum, „freie Kunst" mit der Architektur zusammenzuführen.

Die Kunst am Bau der Nachkriegszeit hatte an das Konzept der zwanziger Jahre angeknüpft. Angestrebt wurde formale Einheitlichkeit, nach Möglichkeit basierend auf dem viel zitierten „Gleichklang der Seelen" von Architekt und Künstler. In jedem Fall behielt der Architekt als der eigentliche Baukünstler die Oberhand. Sein ästhetisches Urteil war Grundlage, Auswahl- und Ausschlusskriterium für Kunst am Bau. Wettbewerbe, sofern es sie damals überhaupt gab, erfolgten nach den Weichenstellungen des Architekten.

Auch Mitte der achtziger Jahre wurden Kunstwettbewerbe, die bei öffentlichen Aufträgen endlich durchgesetzt worden waren, von einflussreichen Stimmen als überholt und kleinkariert verworfen. Wettbewerbe führten angeblich nur zum provinziellen Mittelmaß, weil Künstler von Rang ja nie bereit seien, an ihnen teilzunehmen. Zum Beginn des 21. Jahrhunderts wiederum gilt es offensichtlich als Ausdruck modernen Denkens, die Kunst gezielt zur Akzentuierung der Architektur und zur Schaffung eines angenehmen Ambientes einzusetzen.

Angesichts solch kollektiver Gedächtnisblockaden macht es Sinn, sich an den ersten großen Wettbewerb der West-Berliner Kunst am Bau zu erinnern. Sein Ergebnis, Hans Uhlmanns Skulptur für die Deutsche Oper, war damals heftig umstritten. Sie war unkonventionell und maßstabsetzend. Wie einen gordischen Knoten durchschlug das Kunstwerk die Zwänge der konventionellen Kunst am Bau, ohne sich der inhaltlichen Aufgabe zu verweigern. Was war geschehen?

Fritz Bornemanns Neubau der Deutschen Oper hatte mit schwierigen Rahmenbedingungen fertig zu werden. Im Wettbewerb 1955 für den Wiederaufbau des kriegszerstörten Deutschen Opernhauses ging es darum, die neue Architektur für Zuschauerraum und Foyers an das noch vorhandene Bühnenhaus anzugliedern. Bornemann entwarf einen klaren Baukörper entlang der Bismarckstraße mit einer 70 Meter langen, 14 Meter hohen fensterlosen Stirnwand. Indem sie dicht an die Straßenkante heranrückt und über den Sockelbereich auskragt, schafft sie dem Gehweg mehr Breite und den Foyers mehr Raum. Von vorne sieht man eine lang gestreckte, schwebende Betonwand, die zwar durch ihre märkische Kieselsteinstruktur eine sanfte Aufrauung erhält, im Gesamteindruck jedoch hermetisch geschlossen und abweisend wirkt.

Damalige Zeitungsartikel vermitteln den Anschein, erst der lautstarke Ärger der Berliner Bürger über die Monotonie dieser Straßenfront, die 1960 bei der Fertigstellung des Neubaus zutage trat, habe dazu geführt, über Kunst nachzudenken. Tatsächlich hatte Fritz Bornemann schon 1955 geplant, die Wand mit einem Kunstwerk zu beleben, mit einem möglichst vertikalen „plastisch-architektonischen Gegengewicht" zur horizontalen Flächigkeit, in interessantem Materialkontrast von Kiesel und Metall. Gedacht war jedoch zunächst an eine Art plastischen Schmuck, der unmittelbar an der Wand befestigt werden sollte.

Dass es dazu nicht kam, ist dem Wettbewerb von 1960 zu verdanken. Warum man sich für diese damals höchst unübliche Verfahrensform statt für einen Direktauftrag entschied, lässt sich heute kaum noch klären. Doch waren damit die Weichen für einen Glücksfall gestellt. Eingeladen wurden vier Protagonisten der abstrakten Metallbildhauerei der Nachkriegszeit: Hans Uhlmann, Bernhard Heiliger, Karl Hartung und Erich F. Reuter. Die Entwürfe wurden nie publiziert, und aus Leserbriefen von 1961 erfahren wir, dass die Entscheidung hinter verschlossenen Türen verhandelt wurde. So verlassen wir uns bei der Beschreibung der drei ausgeschiedenen Entwürfe auf die wenigen Informationen, die die Fachpresse übermittelt, und auf Fritz Bornemanns Gedächtnis.

Heiliger, Hartung und Reuter schlugen reliefartige Kunstwerke vor, die an der Wand angebracht werden und diese auflockern und schmücken sollten. Wer ihre Formensprache kennt, die bei vielen anderen Kunst-am-Bau-Projekten jener Jahre zum Tragen kam, kann sich das vorstellen. Alle drei waren als Applikationen angelegt. Aus dem Rahmen fiel dagegen der Entwurf von Hans Uhlmann. Uhlmann löste sich von der Opernfassade und entwarf stattdessen für den Straßenraum eine 20 Meter hohe Stahlskulptur. Sie wirkt monumental und zugleich leicht und grazil. Ähnlich wie eine Pflanze oder eine Figur ragt sie in die Höhe, verknotet sich im mittleren Bereich und ragt seitlich nach allen Richtungen aus. Gekantete, schmale Elemente aus schwarz getöntem Chromnickelstahl erinnern an Blattfaltungen. Die Flügel des Mittelstücks von insgesamt neun Metern

Spannweite sind aus sich verjüngenden Hohlformen zusammengesetzt und ergeben ein Spiel von umbrochenen Dreiecken.

Zur horizontalen Vorderfront des Opernhauses baut Hans Uhlmanns vertikale Skulptur eine vielfache Spannung auf: durch ihren Standort, der, wenngleich mit absichtsvoller leichter Abweichung, den Goldenen Schnitt zur Fassade markiert; durch ihre expressive Formensprache, die der statischen Front Leben einzuhauchen scheint; und durch das wechselvolle Schattenspiel, das durch die Sonne in ihrem Tagesverlauf oder durch nächtliche Strahler auf die Fassade geworfen wird.

Von der „Beziehung zur Musik" spricht Hans Uhlmann in einem Interview mit dem Kunstkritiker Heinz Ohff im „Tagesspiegel" vom 21. Oktober 1961, von der „Entfaltung von Formen, die eine dynamische Konstruktion ergeben, deren Ordnung der Ordnung des musikalischen Materials entsprechen könnte". Auch der Kunstkritiker Will Grohmann bezieht sich auf ein Motiv der Musik, als er in der „Welt" vom 18. Februar 1961 schreibt: „Nur Uhlmann hatte die Idee, die Wand unangetastet zu lassen, ein stählernes Ausrufungszeichen aufzurichten, also Wand und Plastik miteinander zu konfrontieren, damit ein reiner Klang entstünde."

Das Erstaunliche war jedoch das veränderte Verhältnis von Kunst und Architektur. Das Kunstwerk „akzentuierte" und „dekorierte" nicht oder jedenfalls nicht nur. „Ein Relief aufzukleben", sagte Uhlmann in einem Interview in „Der Tag" vom 8. September 1961, hätte er als „sinnlose Verspieltheit" empfunden. Durch inhaltliche und räumliche Eigenständigkeit prägte und veränderte seine Skulptur das Bauwerk selbst, bildete einen eigenen Schwerpunkt und eröffnete eine neue Sichtweise über die der Architektur inhärente hinaus. Zugespitzt könnte man sagen: Das Kunstwerk wird zur Hauptperson, das Gebäude zum Appendix. Vermutlich war das der Grund, warum die Durchsetzung nicht einfach war und von sachverständiger Seite gegen Politiker und Beamte der Bauverwaltung erstritten werden musste. Dass Fritz Bornemann nicht nur einwilligte, sondern zum engagierten Befürworter wurde, war durchaus nicht selbstverständlich.

Weil diese Tradition durchbrochen wurde, gilt Uhlmanns Skulptur vor der Oper im Rückblick als Meilenstein der Kunst-am-Bau-Entwicklung. Vergessen sind längst die hämischen Reaktionen der Boulevardblätter („Ist das Kunst?"), die Prophezeiungen, die Autofahrer würden in großer Zahl ihre Fahrzeuge in eine Karambolage mit dem Kunstwerk steuern. Auch über die Beschwerde konservativer Künstlerkreise, man hätte anstelle der abstrakten Künstler lieber traditionsbewusste wie Richard Scheibe oder Renée Sintenis auffordern sollen, ist längst der Mantel des Vergessens gelegt. In vager Erinnerung bleibt der Spitzname „Schaschlikspieß", angeblich aus Volksmund stammend, vermutlich jedoch von Journalisten erfunden genau wie die anderen, längst vergessenen Spottworte von den „Frackschößen des Dirigenten", dem „Garderobenständer" oder dem „Blitzableiter" vor „des Sängers Klagemauer".

Hans Uhlmanns Skulptur für Fritz Bornemanns Deutsche Oper provozierte die erste große Bürgerdebatte über Kunst im öffentlichen Raum. Fast zwei Jahrzehnte später folgte die zweite. Der Plan von Ralf Schüler und Ursulina Schüler-Witte, einen Kunst-am-Bau-Millionen-Auftrag für das Internationale Congress Centrum unter der Hand an ihre Künstlerfreunde Brigitte und Martin Matschinsky-Denninghoff zu vergeben, die für den Vorplatz eine dekorative Landschaft von Lichterbäumen aus Chromnickelstahl entworfen hatten, wurde in letzter Minute durch öffentliche Proteste verhindert. Die siebzehnköpfige Jury des darauf folgenden Wettbewerbs, zu der auch Fritz Bornemann als BDA-Vorsitzender gehörte, empfahl stattdessen, den Entwurf des französischen Bildhauers Jean Ipoustéguy zu realisieren.

Auch hier: ein völlig verändertes Verhältnis von Bauwerk und Kunstwerk. Kein Versuch, die sowieso unrettbar verlorene Verweilqualität des zwischen zwei Autobahntrassen und den Luftschächten des Parkhauses eingeklemmten Vorplatzes zu verbessern oder die technoide Ästhetik des Kongressbaus durch Kunst zu verfeinern. Stattdessen eine Skulptur wie ein Paukenschlag, die dem Monumentalbau des ICC den Rücken zuwendet und den Eindruck erweckt, als ziehe sie ihn hinter sich her. Ipoustéguys Wettbewerbsbeitrag „Ecbatane – Der Mensch baut seine Stadt" war als Einziger von sieben kraftvoll genug, einer derart präpotenten Architektur Paroli zu bieten.

Die zweijährige Kontroverse um die Auftragsvergabe war ausschlaggebend für die politische Durchsetzung der lange erstrebten West-Berliner Kunst-am-Bau-Reform. Damals, 1978/79, war der Wettbewerb um die Skulptur für die Oper noch stark im Bewusstsein der Fachöffentlichkeit präsent. Er blieb es auch noch lange in der Erinnerung vieler in diesem Arbeitsfeld tätigen Künstlerinnen und Künstler, während die kunstwissenschaftliche Theorie der achtziger und neunziger Jahre an ganz anderen Frontenbildungen bastelte. Die Qualitäten „kontextbezogener Raumkunst" wurden gelobt gegenüber angeblich grundsätzlich vergeblichen Verschönerungsbemühungen beliebiger „Drop Sculptures", die Beuys'schen und Vostell'schen Ideen einer „Sozialen Plastik" gegen die Idee der Kunst am Bau generell ins Feld geführt und – hier sind wir wieder einmal am Anfang angelangt – die „selbständige" gegen die „architekturbezogene" oder „integrierte" Kunst ausgespielt. Der Begriff der „Autonomie", so wird immer wieder behauptet, sei mit Fragen nach den Besonderheiten und Nutzungskonzepten eines Gebäudes oder Ortes ganz unvereinbar.

In solchen scheuklappenartig konstruierten Begrifflichkeiten gerieten die vielen interessanten Ansätze ganz aus dem Blickfeld, die seit zweieinhalb Jahrzehnten auf immer neue Weise versuchen, ihren eigenen Standpunkt im Spannungsfeld zwischen Eigenständigkeit und Integration zu definieren. Das Wechselspiel zwischen Kunst und Architektur ist hochkompliziert. Es geht um ästhetische Positionen und um Gesellschaftsanalyse, um Nutzungsprozesse und funktionale Zwänge, um Wahrnehmungsprozesse, psychische Dispositionen und um den Stand der Kunst- und Architekturdiskussion. Jeder dieser Aspekte stellt die Fragen nach Integration und Autonomie auf neue und andere Weise.

Deshalb ist auch Hans Uhlmanns Skulptur für die Deutsche Oper ganz aktuell, auch wenn ihre Form wie auch die der Architektur, für die sie bestimmt ist, mittlerweile zum klassischen Repertoire gehört. Sie zeigt uns, dass Kunst am Bau sich auch in einem schwierigen Anforderungsfeld behaupten kann. Darüber hinaus kann (zugegeben: aus der Sicht einer Nachkriegs-Geborenen) von Zeit zu Zeit mit Glücksgefühl festgestellt werden: Diese Skulptur altert nicht. Genauso wenig wie Fritz Bornemanns Architektur, mit der sie die Grundhaltung einer klaren, aufs Wesentliche reduzierten Formensprache gemein hat.

BORNEMANNBAUTEN
gesehen von Annette Kisling im Herbst 2002

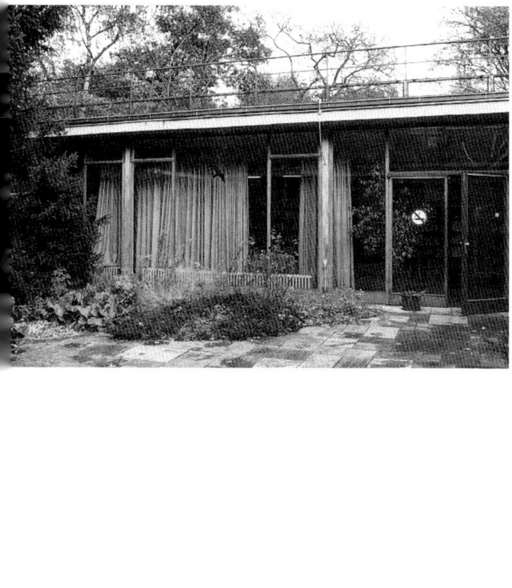

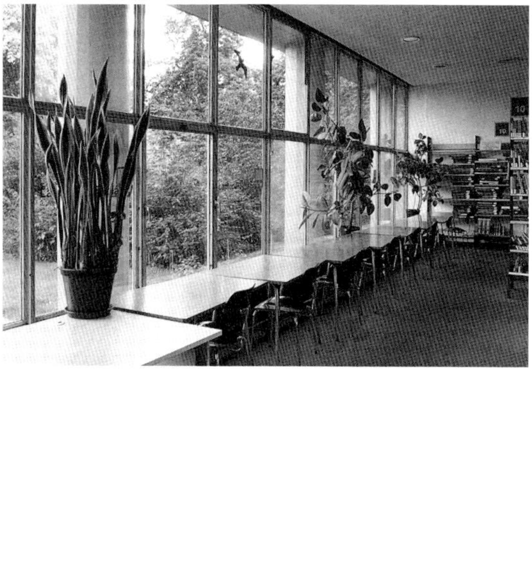

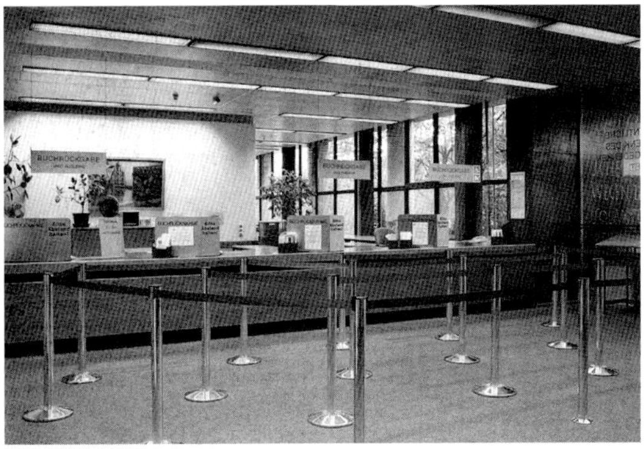

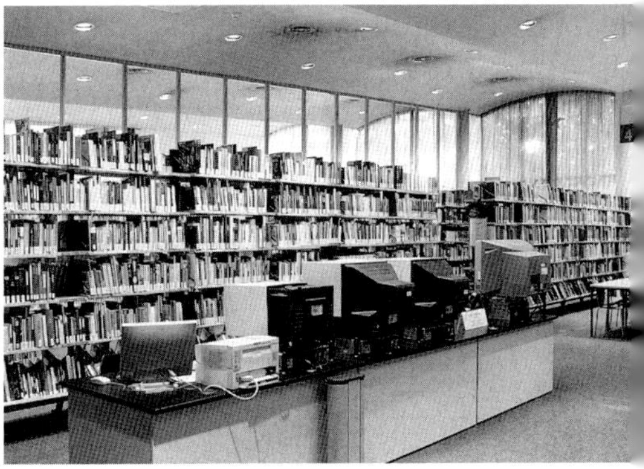

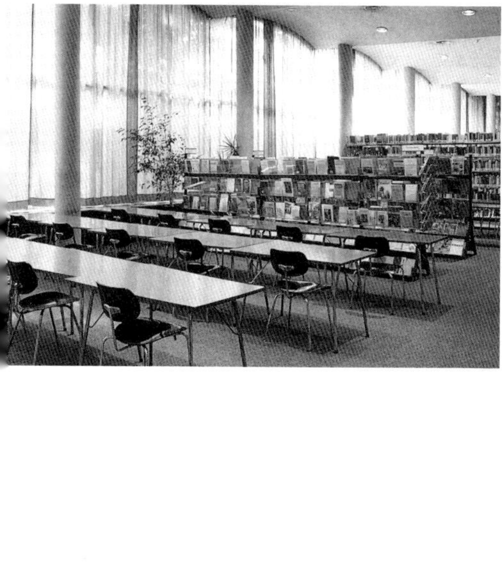

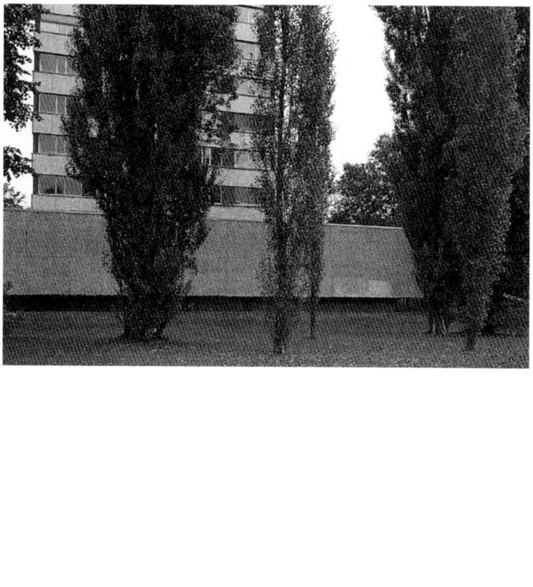

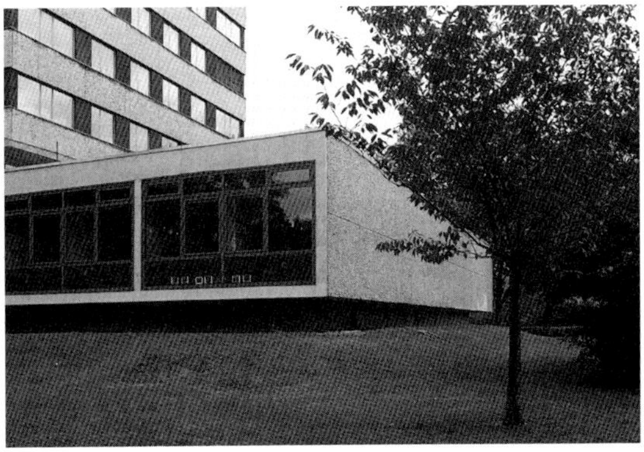

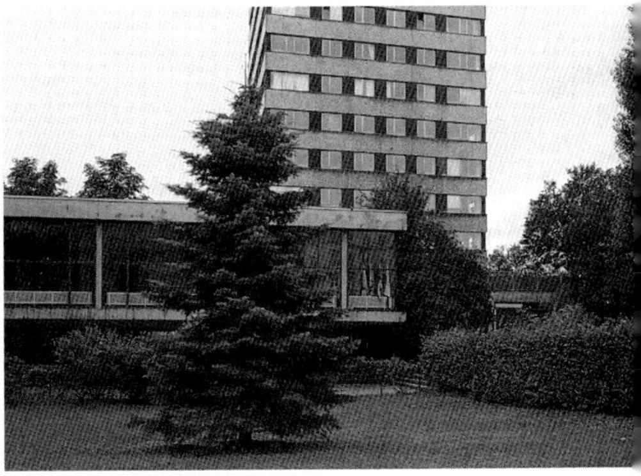

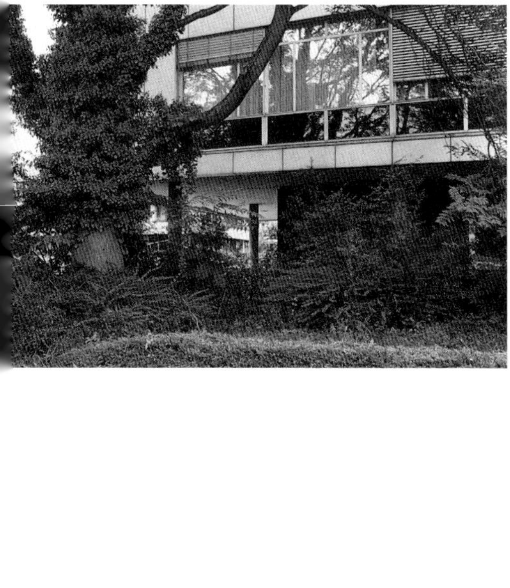

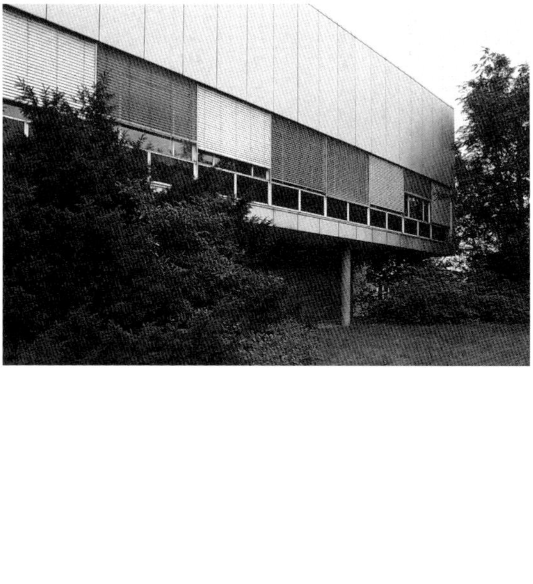

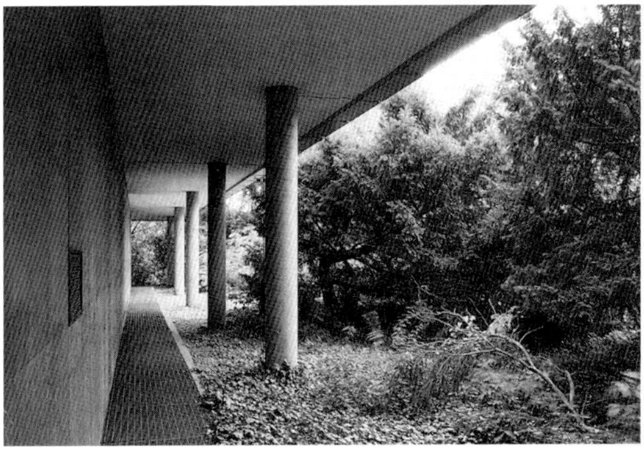

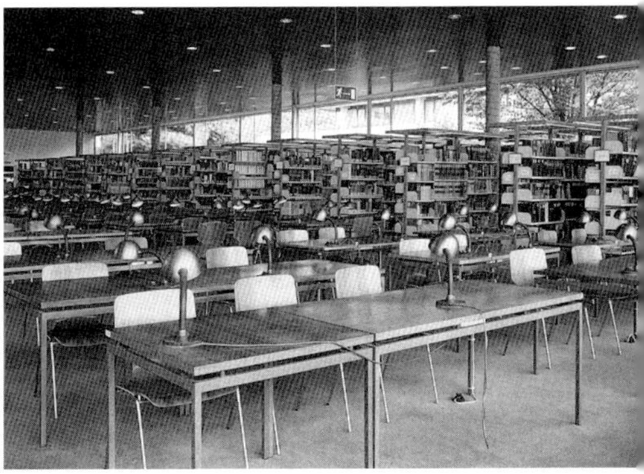

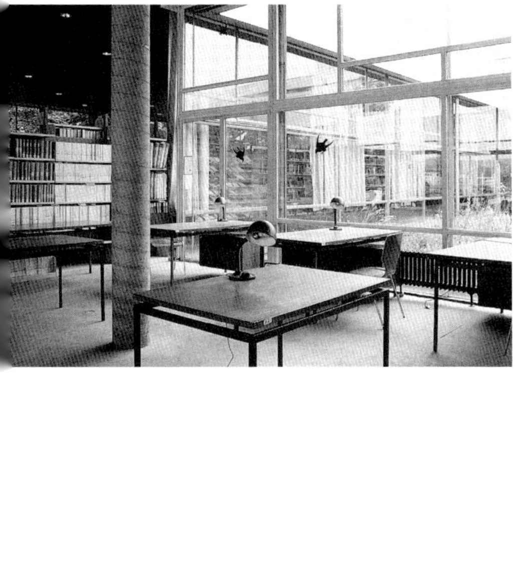

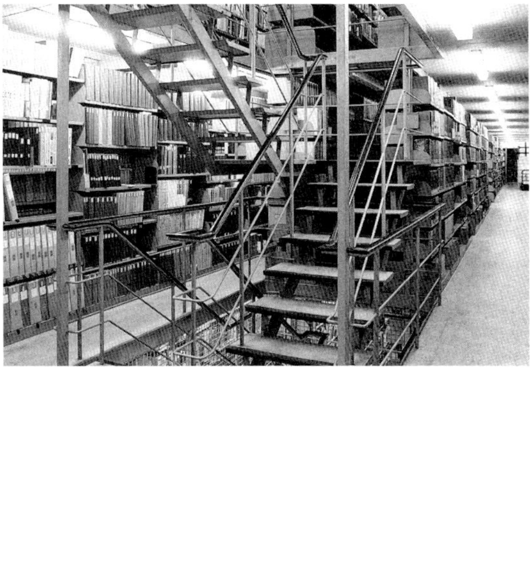

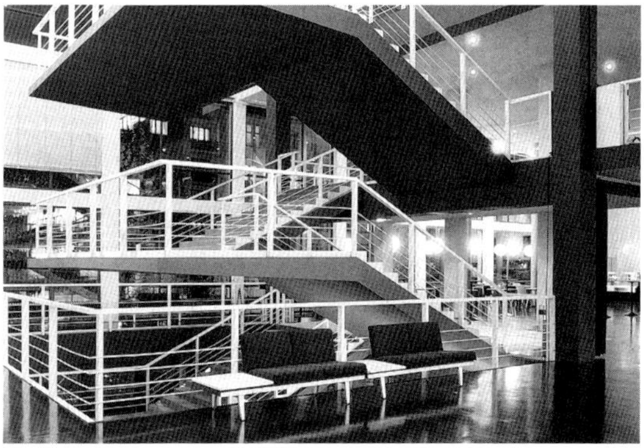

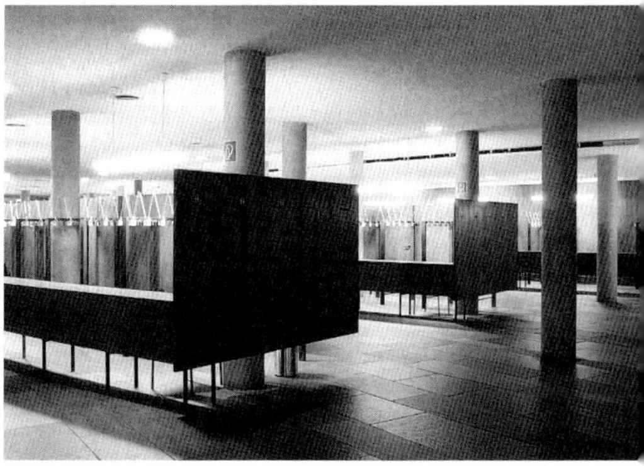

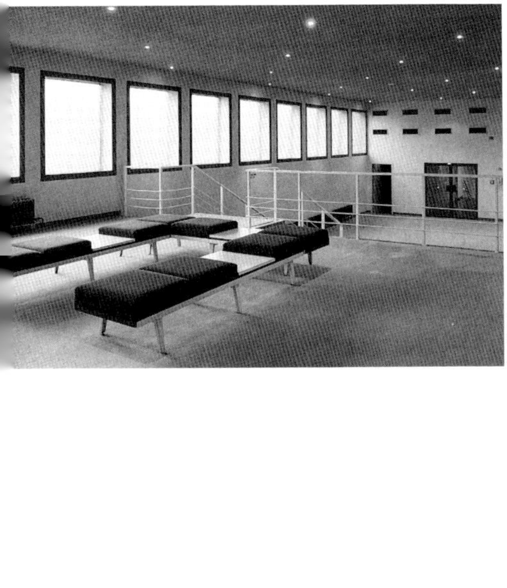

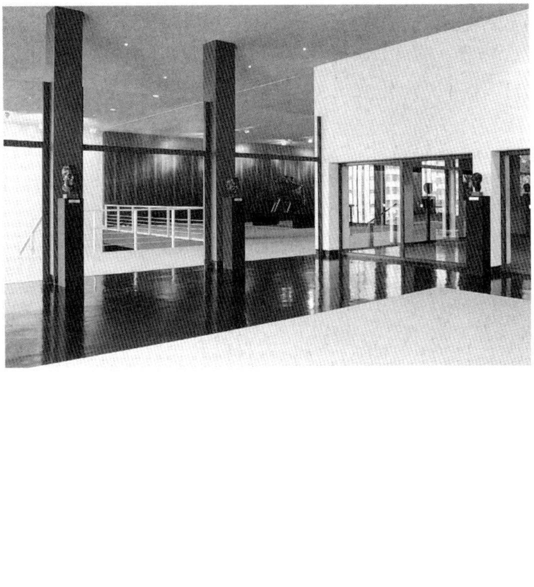

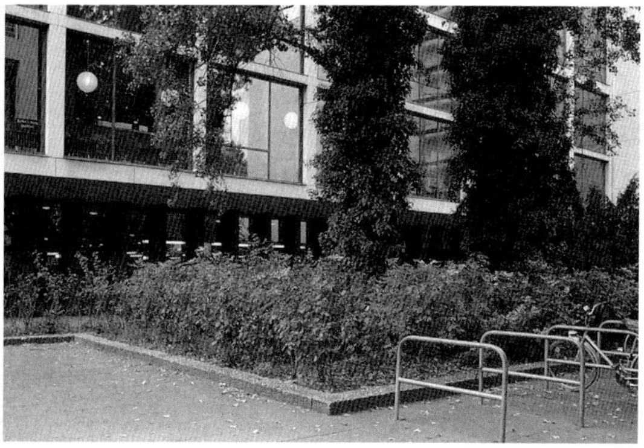

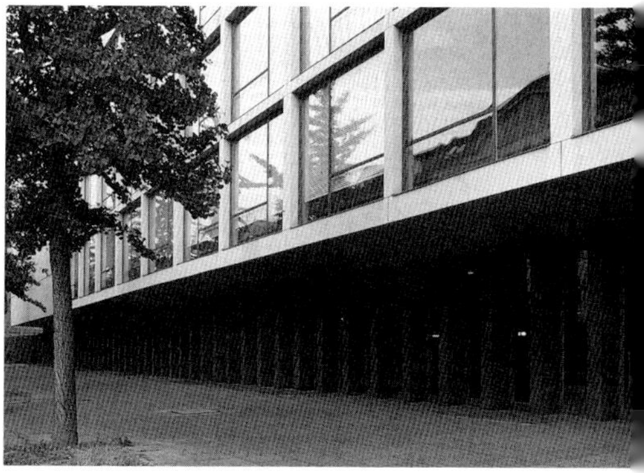

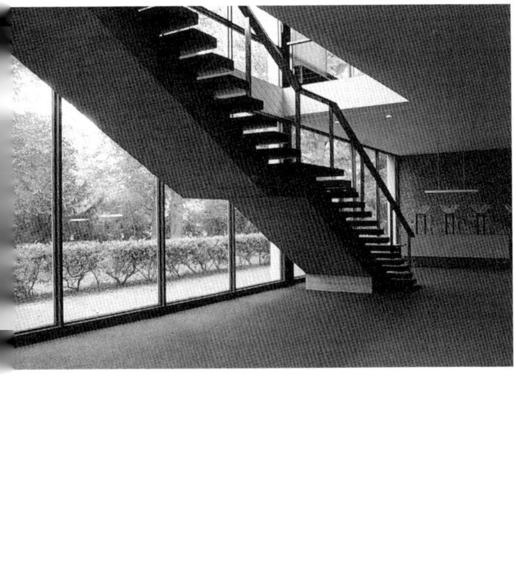

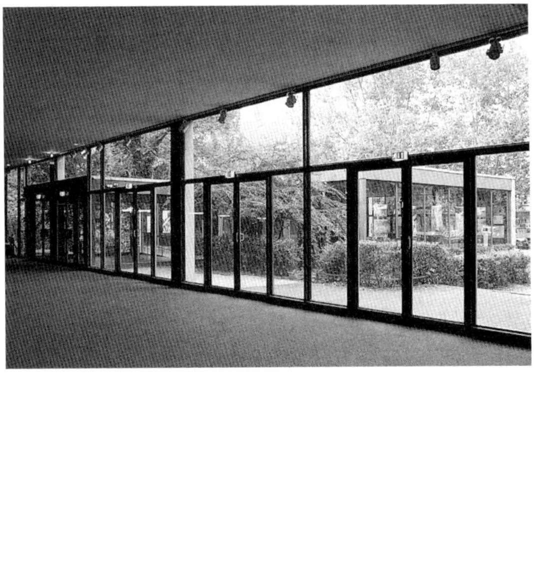

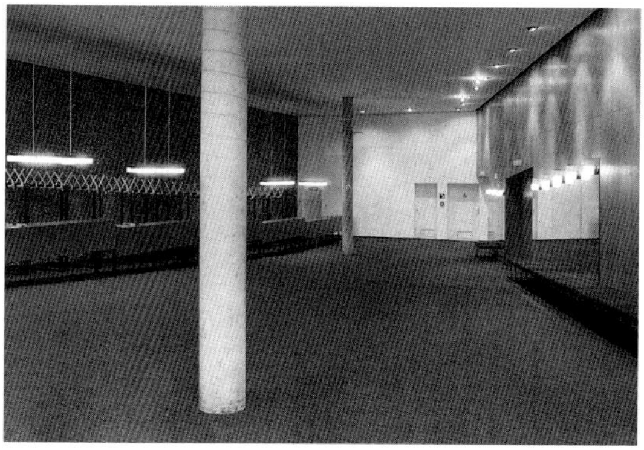

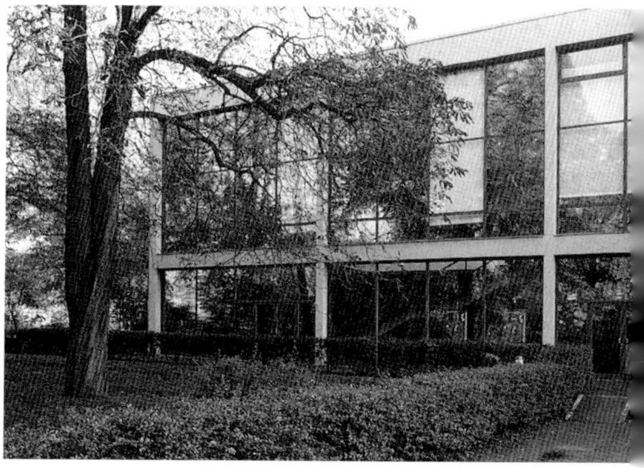

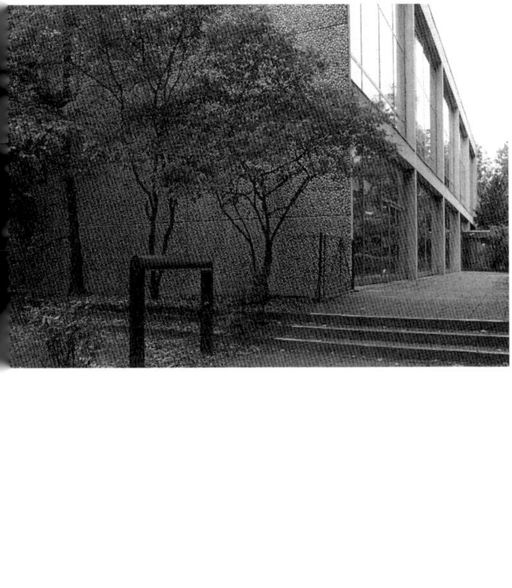

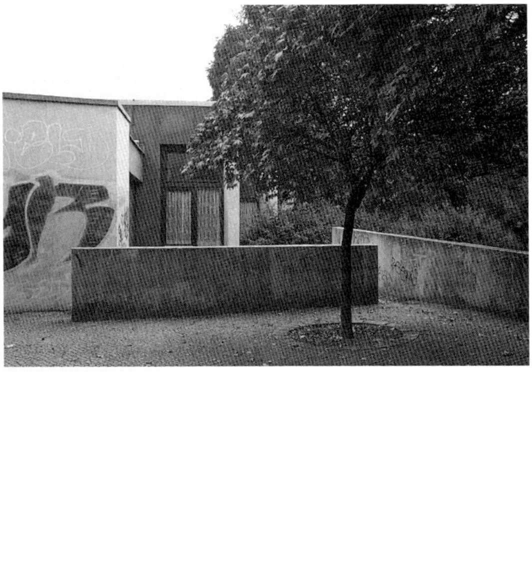

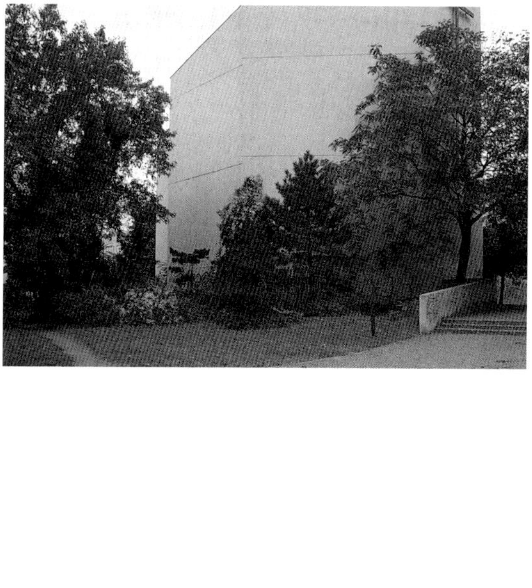

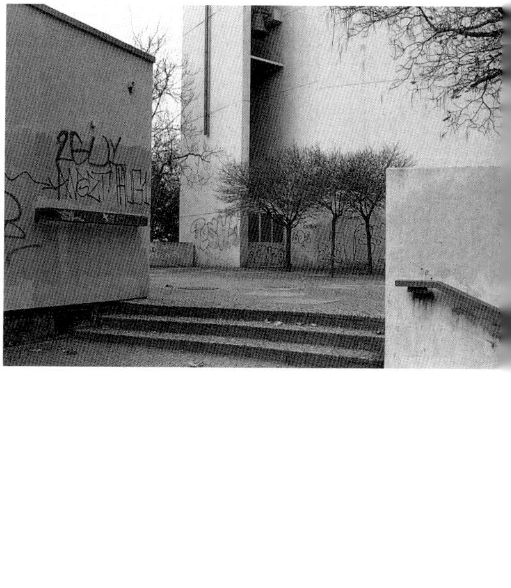

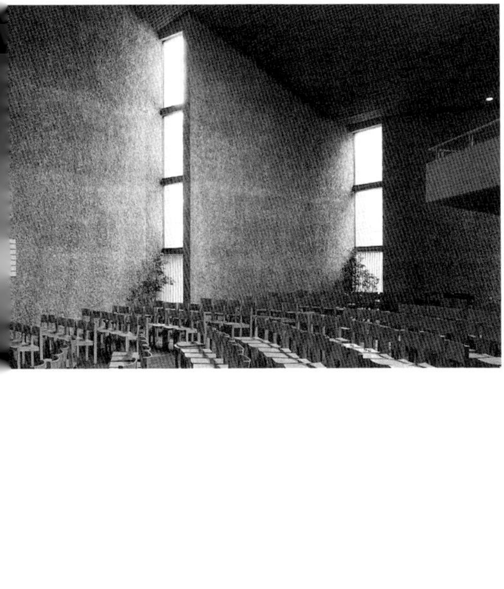

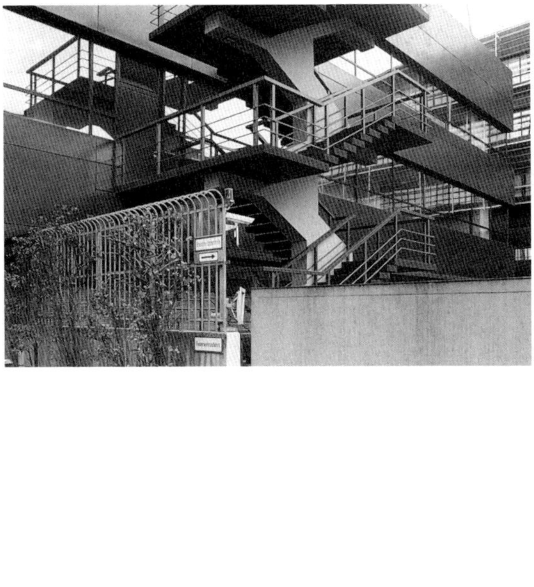

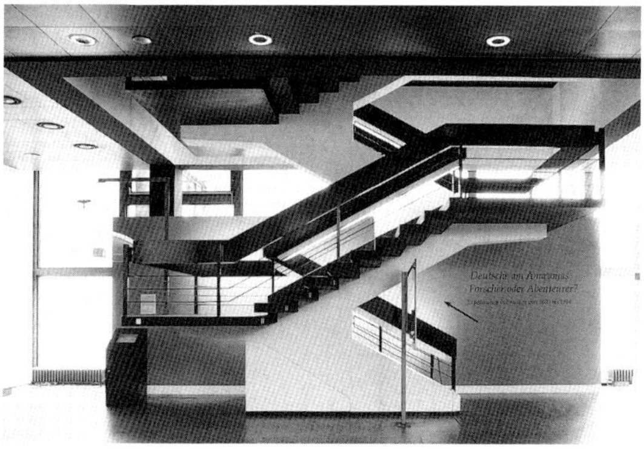
Deutsche am Amazonas
Forscher oder Abenteurer?

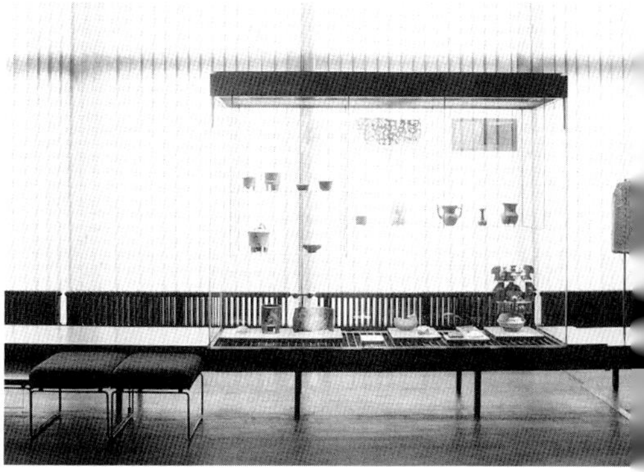

Amerika-Gedenkbibliothek Berlin
Rathaus Berlin-Wedding
Universitäts- und Landesbibliothek Bonn
Deutsche Oper Berlin
Theater der Freien Volksbühne Berlin
Dankeskirche Berlin
Zentrale Commerzbank Berlin
Museen Berlin-Dahlem

Expo Osaka 1970, Deutscher Pavillon: Innenansicht des Kugelauditoriums

PAUL SIGEL

Aktivierung des Publikums
FRITZ BORNEMANN ALS AUSSTELLUNGSARCHITEKT

„Ich meine die psychologisch weit aktivere Ansprache der Ausstellungsbesucher, als dies die bisher statische, vom Semantischen her konzipierte Form der Ausstellung sein konnte, eine Aktivierung des Publikums, das Hineinziehen der Besucher in eine ‚Inszenierung' wie beim Spiel des Theaters oder Happening."[1]

Inszenierung, Spiel, Aktivierung des Publikums: Mit dem Verweis auf die darstellenden Künste umschreibt Bornemann 1970 sein Konzept für den deutschen Pavillon auf der Weltausstellung 1970 in Osaka. Dessen unterirdische Ausstellungshallen, die im Kontrast zu einem hoch aufragenden Kugelauditorium standen, bilden bis heute Bornemanns spektakulärsten Beitrag zur Typologiegeschichte der Ausstellungsarchitektur. Die einzigartige und enge Kooperation des Architekten mit dem Komponisten Karlheinz Stockhausen, der maßgeblich an der Konzeption des Auditoriums mitgearbeitet hatte, faszinieren auch mehr als 30 Jahre danach durch ihren kompromisslosen künstlerischen Anspruch, durch die Verweigerung populistischer Strategien, aber auch als unkonventionelles Konzept staatlicher Selbstdarstellung. Die Einladung der Pariser „Cité de la Musique" an Bornemann, ab 2003 ein überarbeitetes Modell seines Auditoriumskonzeptes in die Sammlung der „Cité" zu integrieren, unterstreicht die Bedeutung, die dem Projekt international beigemessen wird. Mit der Unterordnung unter einen dramaturgisch aufgefassten Inhalt verweist der Bau auf Bornemanns Grundüberzeugung, Architektur sei weniger als Geste denn als „bergendes Gefäß" zu verstehen.

RÜCKBLICK
Bornemanns Arbeit an Ausstellungskonzepten reicht in die unmittelbare Nachkriegszeit zurück. Im Vordergrund standen hierbei vor allem Projekte, die von der US-amerikanischen Regierung im Zusammenhang mit dem Marshall-Plan für Deutschland konzipiert worden waren. Koordiniert von der United States Information Agency (USIA), wurden internationale Designer – von Peter G. Harnden, Chief der Mutual Security Agency (MSA) in Paris, über Herbert Bayer bis zu Peter Blake – mit der Konzeption der Ausstellungen betraut, die dann von ortsansässigen Bauleitern realisiert wurden. Als solcher arbeitete Bornemann in Berlin in den 1950er Jahren eng mit dem Grafiker Claus-Peter Groß, einem Schüler des Bauhaus-Grafikers Joost Schmidt, zusammen. Eine der ersten von ihnen gestalteten Ausstellungen diente der Propagierung der friedlichen Atomnutzung.

---

[1] Fritz Bornemann, „Der Ausstellungsbau", in: Süddeutsche Zeitung, 29.7.1970.

„Atom" wurde 1954 im Berliner Marshall-Haus und auf der Frankfurter Messe gezeigt und setzte das komplexe wissenschaftliche Thema anschaulich durch Zeichentrickfilmvorträge sowie durch einzelne, mit Hilfe von Farbe und Licht inszenierte Modelle und Grafiken um. Farbig gefasste Stellagen aus Mero-Konstruktionen akzentuierten neben grafischen Wand- und Glasflächengestaltungen die weiten und fließenden Räume.[2] Auch die zwei Jahre später realisierte Ausstellung „Unbegrenzter Raum" verband großzügige Inszenierungen, filigrane Einbauten und großflächige Grafik, um das US-amerikanische Raumfahrtprogramm zu propagieren.

An einer internationalen Ausstellung beteiligte sich Bornemann erstmals 1959, als die „American National Exhibition" für Moskau vorbereitet wurde. Diese umfassende Präsentation amerikanischer Kultur stellte den ersten offiziellen Kulturaustausch zwischen den beiden Staaten seit der Oktoberrevolution dar. Nach einem Entwurf von Welton Becket wurde ein flacher geodätischer Kuppelbau mit daran anschließendem Kreissegment gebaut, die Ausstellungsgestaltung übernahm George Nelson, der unter anderen die Designer Ray und Charles Eames hinzuzog. Die ursprünglich geplante Teilrealisierung der Ausstellung in West-Berlin wurde jedoch aufgrund des Chruschtschow-Ultimatums von 1958 gestoppt und nach Finnland und Italien vergeben. Lediglich die leicht zu transportierenden Beschriftungen und fotografischen Vorarbeiten konnten unter Bornemanns Leitung in West-Berlin angefertigt werden.[3] 1966 schließlich erhielt er den Auftrag zum Bau eines Messe-Pavillons in Zagreb. Zusammen mit dem Grafiker Herbert Siems plante er einen ca. 60 m mal 60 m großen Bau, dessen auskragendes Dach aus Mero-Raumfachwerk von vier dünnen Stützen getragen wurde. Wände aus Sichtbeton begrenzten mit dem Schriftzug „USA" als Relief in positiven und negativen Lettern den Raum.

Neben den Ausstellungen für die USA wurde Bornemann zu Beginn der 1960er Jahre auch zunehmend für Ausstellungen der Bundesrepublik Deutschland tätig. Die Erfahrung aus der Zusammenarbeit mit international tätigen Designern floss hier ein. Die 1962 im Rahmen der Deutschen Industrieausstellung auf dem Berliner Messegelände gezeigte Ausstellung „Partner des Fortschritts. Afrika" sowie zwei Jahre später die Ausstellung „Partner des Fortschritts. Lateinamerika" waren vom Entwicklungshilfeministerium und dem Berliner Senat initiiert worden. In den Messehallen realisierte Bornemann zur Deutschen Industrie-Ausstellung Binnenräume, die durch leichte Stellagen voneinander abgetrennt waren. Höhepunkt der „Afrika"-Ausstellung war ein amphitheaterartiges Heptagon, auf dessen Wände Diafolgen projiziert wurden, während der Boden eine drehbare Karte Afrikas zeigte, auf der elektronisch Informationen zum Kontinent zum Aufleuchten gebracht werden konnten. Zeitgleich war auf dem Messegelände die Ausstellung „US Industries" zu sehen, die Bornemann mit dem amerikanischen Designer Donovan Warland umgesetzt hatte: erleuchtete, transparente Kugeln, über einer Landkarte auf Stäben positioniert, erläuterten die Industrieproduktion der Vereinigten Staaten. Eine ähnliche Inszenierung wie „Partner für Afrika" wies die 1968 in der Ehrenhalle

---

2 Groß selbst verfasste eine Beschreibung der Ausstellungsgestaltung: „atom...eine Ausstellung des U.S. Informationsdienstes", in: Graphik 2, 1955, S. 74ff.

3 Darstellungen des Pavillons und von Teilen der Ausstellung finden sich in: Roberto Aloi, Esposizioni. Architetture – Allestimenti, Mailand 1960, S. 129–130.

Ausstellung „Atom", Marshall-Haus Berlin, 1954: Plakat; Modell; Innenraum

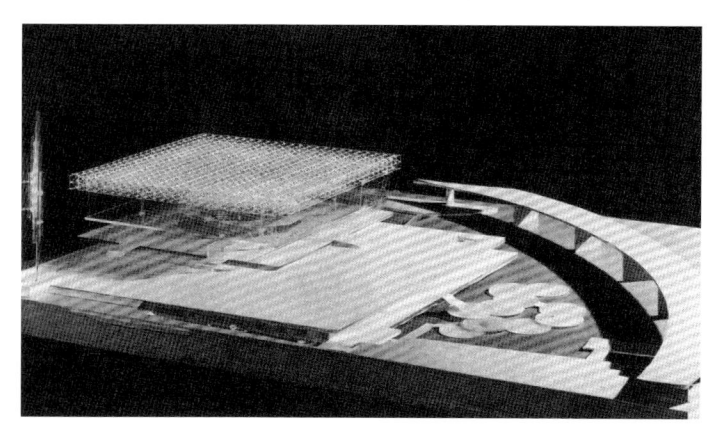

Ausstellung „US Industries", mit Donovan Worland, Innenansicht; Ausstellung „Partner des Fortschritts. Afrika", Innenansicht des Amphitheaters, beide auf der Deutschen Industrie-Ausstellung Berlin, 1962; Expo Montreal 1967, Wettbewerbsentwurf Deutscher Pavillon, 1965; US Pavillon Messe Zagreb, 1967

der Berliner Messe durchgeführte Ausstellung „Qualität durch Forschung und Entwicklung" auf, bei der Bornemann mehrere Amphitheater zu verschiedenen Themenbereichen einbaute und durch schwebende Akustiksegel akzentuierte.

NATIONALE DEUTSCHE REPRÄSENTATION

1964 begann Bornemanns Auseinandersetzung mit der Frage der nationalen Repräsentation auf Weltausstellungen. Seiner Reputation als Ausstellungsarchitekt wegen wurde er zum zweistufigen Wettbewerb für den bundesdeutschen Pavillon auf der Expo 1967 in Montreal eingeladen. Neben den Beiträgen von Wolfgang Rathke und Lyubo Mir-Szabo und von Fritz Augst, Klaus Brandstetter und Peter Faller wurde auch Bornemanns Projekt in die erste Preisgruppe gewählt und zur Überarbeitung aufgefordert. Jedoch wurden zur zweiten Wettbewerbstufe auch Rolf Gutbrod und Frei Otto geladen, deren faszinierendes Konzept eines Zeltpavillons letztlich einhellig überzeugte und zu einer Inkunabel der bundesdeutschen Architekturgeschichte wurde.[4] Bornemanns Beitrag dagegen erhielt in der entscheidenden Jurysitzung vom Juni 1965 lediglich den fünften Platz. Der streng orthogonale Entwurf stand in klarem Gegensatz zur bewegten Topographie des Ufergrundstücks am St. Lorenz-Strom. Der quadratische Pavillon sollte an die Nordseite des Areals gerückt werden und kontrastierte mit der geschwungenen Uferlinie und der begleitenden Expo-Hochbahntrasse. Filigrane Stützen trugen ein überstehendes Dach, das wieder als Mero-Raumfachwerk konzipiert war. Die strukturelle Klarheit sowie der Anspruch, einen universellen Raum zu schaffen, erinnern an Entwürfe Ludwig Mies van der Rohes, etwa an das Projekt der Chicago Convention Hall von 1952–54 oder an die Berliner Neue Nationalgalerie von 1962–68. Das Preisgericht lobte lapidar „die Einfachheit des Entwurfs, bezweifelt aber, daß die dem Ganzen zu Grunde liegende Ausstellungsidee für den beabsichtigten Zweck tauglich ist."[5] Im Vergleich zu der faszinierend innovativen Struktur des erfolgreichen Zeltprojektes von Gutbrod/Otto wirkte Bornemanns Vorschlag zwar solide, doch wenig aufregend.

Bereits zwei Jahre später bewarb sich Bornemann erneut mit einem Vorschlag für einen deutschen Weltausstellungspavillon. Im Mittelpunkt der Ausstellungsinszenierung für die Expo 1970 in Osaka sollte die Musik deutscher Komponisten stehen. Das musste Bornemann und seine spezifische Erfahrung im Theaterbau besonders herausfordern. Der Entwurf hatte sich einerseits mit dem zentralen japanischen Expo-Motto „Progress and Harmony" auseinander zu setzen und sollte andererseits als ein Ausdruck deutscher Kulturtradition verstanden werden. Erstmals in der Geschichte der deutschen Ausstellungsbeiträge nach der äußerst abstrakten Repräsentation im Barcelona-Pavillon 1929 wurde auf umfassende Informationen und Produktpräsentationen konsequent verzichtet, zugunsten eines primär kulturell ausgerichteten und spielerisch inszenierten Programms. Mit der Teilnahmezusage im Juni 1967 wurde festgelegt, den deutschen Beitrag durch die Schwerpunkte „Technik" und „Kultur" zu akzentuieren, mit dem Haupt-

---

4 „Niederschrift über den Verlauf des Preisgerichts der ersten Stufe für den Bau des Pavillons der Bundesrepublik Deutschland auf der Weltausstellung 1967 in Montreal", Bundesarchiv Koblenz, Akten des Wirtschaftsministeriums, Akte: B 102/95016.

5 Johannes Rossig, „Wettbewerb für den deutschen Pavillon auf der Weltausstellung 1967 in Montreal, Kanada", in: Die Bauverwaltung 9/1965, S. 547ff.; vgl. auch „Niederschrift über den Verlauf des Preisgerichts", a.a.O.

schwerpunkt „deutsche Musik". Ein erster offener Ideenwettbewerb trug trotz einer großen Bandbreite an Konzeptideen und „Happening"-Pavillons wenig dazu bei, diese Grundkonzeption zu konkretisieren. Bemerkenswert war indes Georg Lippsmeier aus Starnberg, der für seinen Themenvorschlag „Unsere Kinder…und morgen" einen zweiten Preis erhielt.[6] Im Hinblick auf die realisierte deutsche Pavillonkonzeption besonders aufschlussreich erscheint seine Überlegung, den größten Teil des eigentlichen Pavillonbaus unterirdisch anzulegen. Dadurch sollte das Publikum, so der Erläuterungstext, „bewußt vom Lärm und Rummel des Weltausstellungsbetriebes distanziert" und „ein Klima der Geborgenheit und Ruhe" geschaffen werden.[7]

Anfang April 1968 erging auf dieser Grundlage die Aufforderung an zwölf deutsche Architekturbüros, bis zum 20. Juni des Jahres Realisierungsentwürfe einzureichen. Neben Fritz Bornemann wurden die ebenfalls in West-Berlin ansässigen Büros Horst und Christiane Redlich, Wolfgang Gurski und Sergius Ruegenberg eingeladen, aus Düsseldorf Lyubo Mir-Szabo und die Arbeitsgemeinschaft Baumann-Karsten-Körber-Mack, der Essener Eckhard Schultze-Fielitz, aus Hamburg Karl Chr. Heuser, aus München die Arbeitsgemeinschaft Horst Döhnert und Ludwig Rase sowie Walter und Bea Betz, Georg Lippsmeier aus Starnberg, Faller und Schröder aus Stuttgart sowie Wolfgang Rathke aus Wuppertal-Elberfeld.[8] Lippsmeier verzichtete nun in seinem neuen – letztlich erfolglosen – Projektvorschlag auf das Konzept des unterirdischen Pavillons. An Fritz Bornemanns Vorschlag wurde hingegen eine, so der Beurteilungstext der Jury, „geistige Grundkonzeption" gewürdigt, die den gesamten Entwurf kennzeichne.[9] Bornemann war auch der einzige Wettbewerbsteilnehmer, der die ursprünglich prämierte Idee Lippsmeiers von einem unterirdischen Pavillon aufgenommen hatte. Dadurch konnte der Freiraum des deutschen Pavillons oberirdisch für Gartenanlagen genutzt werden. Eine spiralförmige Eingangsrampe führte zu vier ineinander übergehenden unterirdischen Ausstellungshallen. Als einzigen sichtbaren Bauteil konzipierte Bornemann ein Kugelsegment als Auditorium, das als architektonisches Gegenstück zu der Eingangsrampe angelegt war.

Darüber hinaus regte Bornemann eine theatralische Dramaturgie für die Präsentation der technisch-wissenschaftlichen Exponate an. Sein Projekt wurde einstimmig auf den ersten Rang gewählt und zur Ausführung empfohlen. Mit Blick auf die den Großteil des deutschen Geländes dominierenden gärtnerischen Anlagen wurde der Beitrag der BRD

---

6 Das Projekt Lippsmeiers wurde unter der Kennziffer 93939 eingeschickt und ist heute u.a. im Bundesarchiv Koblenz archiviert. Bundesarchiv Koblenz, Akte B 102/115032.
7 Ebenda.
8 Das Preisgericht, das am 28. und 29. Juni 1968 unter dem Vorsitz des Präsidenten der Bundesbaudirektion Carl Mertz in der Bonner Beethovenhalle tagte, setzte sich aus dem stellvertretenden Generalkommissar Kurt Daniel, Johannes Rossig vom Finanzministerium, Dr. Joachim Hietzig als Vetreter der IMAG-NOWEA, Gerhard Kramer vom Auswärtigen Amt, E.G. Pätzold vom Bundespresseamt und Heinrich von Roeder vom Wirtschaftsministerium zusammen. Als Fachpreisrichter waren der Bonner Architekt van Dorp, der Münchener Architekt E. M. Lang, Klaus Lange von der Bauabteilung des Finanzministeriums, der Präsident des BDA Konrad Sage und Egon Eiermann anwesend.
Zu Zusammensetzung und Verlauf des Preisgerichts vgl. das Wettbewerbsprotokoll: „Niederschrift über die Sitzung des Auswahlkomitees zur Prüfung der eingereichten Gutachterentwürfe für den Bau des Pavillons der Bundesrepublik Deutschland auf der Weltausstellung 1970 in Osaka/Japan". Bundesarchiv Koblenz, Akte B 102/115062.
Vgl. weiterhin: Hans Rossig, „Das Pavillongebäude der Bundesrepublik Deutschland auf der Weltausstellung in Osaka 1970"; in: Die Bauverwaltung 9/1968, S. 477–483.
9 Vgl. Ergebnisprotokoll der Sitzung des Preisgerichts für den Pavillon in Osaka. Bundesarchiv Koblenz, Akte B 102/115062.

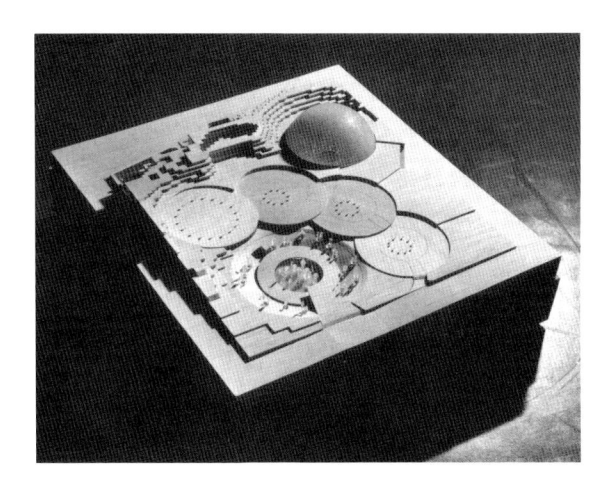

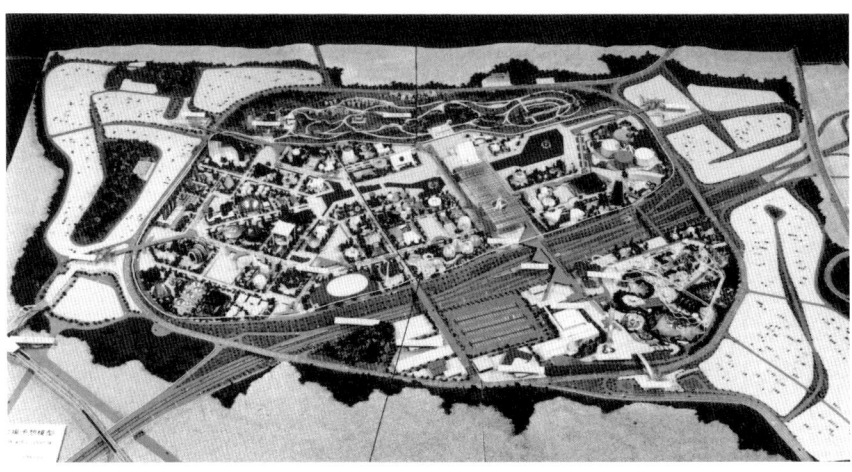

Expo Osaka 1970, Deutscher Pavillon: Preisgekrönter
Gutachterentwurf mit Amphitheater, 1968;
Überarbeiteter Entwurf mit Kugelauditorium, 1968;
Modellfoto des gesamten Ausstellungsgeländes

in Osaka schließlich unter dem offiziellen Motto „Gärten der Musik" angekündigt, als Gartenarchitekt wurde der Berliner Walter Rossow verpflichtet. Parallel zur Planung für den bundesdeutschen Pavillon gelang es Bornemann übrigens auch, an der Ausführungsplanung des Pavillons der EWG beteiligt zu werden, der von einem internationalen Team unter der Leitung des belgischen Architekten de Hoe entworfen worden war.[10] Der äußerst schlichte, teilweise ebenfalls unterirdisch angelegte rechteckige Bau wurde durch eine Stahlskulptur des italienischen Bildhauers Carlutti sowie durch eine Keramikwand des Franzosen Debré akzentuiert.

INHALT

Im Gegensatz zur architektonischen Planung kristallisierte sich im Zusammenhang mit der inhaltlichen Konzeption des deutschen Pavillons Konfliktpotential heraus. Klaus von Dohnanyi, damaliger Staatssekretär im Wirtschaftsministerium, koordinierte die verschiedenen Zuständigkeitsbereiche innerhalb der deutschen Expo-Planung und förderte entschieden die zeitgenössische deutsche Musik. Neben klassischer beziehungsweise klassisch-moderner Musik sollte vor allem Karlheinz Stockhausen als Protagonist der musikalischen Nachkriegs-Avantgarde in der Bundesrepublik zu einem Kern des deutschen Beitrags werden. Seine Konzerte sollten als audio-visuelle Inszenierungen, als raumkünstlerisches Ereignis und somit als Gesamtkunstwerk der Avantgarde ein Höhepunkt des deutschen Kulturbeitrages werden. Entsprechende Ziele wurden im Protokoll der Sitzung des „Arbeitskreises Kultur" vom 12.7.1968 festgehalten: „Es wird sich darum handeln müssen, die Musik mit Raumelementen architektonischer und kinetischer Art zu paaren, die zu einem Raumerlebnis führen, das nur denkbar ist als neu zu schaffendes einheitliches Kunstwerk. Die idealen Voraussetzungen für diese Vision des deutschen kulturellen Programms sind bei dem Teilprogramm Stockhausen gegeben."[11] Als künstlerischer Leiter der Gesamtgestaltung wurde auf einen Vorschlag von Dohnanyis hin der Professor an der Berliner Hochschule der Künste Herbert von Buttlar berufen. Dem Bremer Professor für Bühnenbild Wilfried Minks wurde zusammen mit Bornemann die Leitung der Innengestaltung und damit vor allem die Dramaturgie der Exponat-Präsentation übertragen. Die Zusammenarbeit von Minks und Bornemann sollte sich vor allem auf die Umsetzung des von Bornemann in Zusammenhang mit seinem Wettbewerbsprojekt vorgeschlagenen Drehbuchs für ein „Technisches Theater" konzentrieren.

Nachdem Stockhausen im Frühjahr1968 zur Mitarbeit am Programm des Auditoriums eingeladen worden war, begann nach einem ersten Treffen im Spätsommer 1968 anlässlich der „Internationalen Ferienkurse für Neue Musik Darmstadt" ein enger Austausch und später eine intensive Zusammenarbeit mit Bornemann.[12] Zu diesem Zeitpunkt ging Bornemann bei der Planung für das Auditorium noch von einem amphitheaterartigen Raumkonzept mit einem zentralen Orchesterpodium und umliegenden Zuhörerplätzen aus, so wie er es in Berlin verschiedentlich getestet hatte. Offensichtlich jedoch gelang

---

10 Vgl. die Aktenbestände des Politischen Archivs des Auswärtigen Amtes, Bestand 95/Band 1336, Aktennotiz vom 13.1.1970.
11 Bundesarchiv Koblenz, Akte B 102/115035.
12 Vgl. Fritz Bornemann, „Auditorium des deutschen Pavillons auf der EXPO 70"; in: Bauwelt 40/1970, S. 1494; Karlheinz Stockhausen, „Osaka-Projekt. Kugelauditorium EXPO 70"; in: Karlheinz Stockhausen, Texte zur Musik. Band 3. 1963–1970, Köln 1971, S. 153–187.

Expo Osaka 1970, Deutscher Pavillon: Außenansicht bei Nacht; Eingangsrampe zum Pavillon

es Stockhausen schnell, den Architekten von einer grundsätzlichen Umplanung nach seinen Vorstellungen zu überzeugen. Stockhausen hatte bereits 1958 die Idee eines Kugelauditoriums entwickelt. Im Gegensatz zu konventionellen Konzertsälen sollte es als ein Raum zur perfekten Manipulation und Kontrolle elektronischer Klangerzeugung und Klangbewegung dienen. In der Kugelmitte war eine schalldurchlässige, eingehängte Publikumsplattform gedacht, die eine allseitige Installation von Lautsprechern – auch unterhalb der Plattform – ermöglichen würde. Sein Auditorium stellte somit die Gegenthese zu Scharouns Berliner Philharmonie dar: Nicht mehr die Musik stand im Mittelpunkt der sie umgebenden Zuhörer, sondern die Zuhörer befanden sich im Mittelpunkt der sie umgebenden Musik. Die Einladung zur Mitarbeit in Osaka stellte für Stockhausen nun eine einzigartige Chance dar, in Zusammenarbeit mit Bornemann diese Vision eines völlig neuartigen Auditoriumstypus zu realisieren. Der Musiker begann, ein eigens für den Pavillon in Osaka und dessen spezifische Möglichkeiten konzipiertes musikalisches Programm zu erarbeiten. Im Sommer 1968 entwarf Stockhausen das Projekt „HINAB-HINAUF", das in Zusammenarbeit mit Otto Piene und mit Bornemann als, so der Komponist, „Licht-Raum-Musik" vorgesehen war.[13] Das Werk, programmatisch ein „Modell für musikalische, visuelle und raumplastische Integration", sollte allen voran die Raum-Klang-Installation von Edgar Varèse, Yannis Xenakis und Le Corbusier im Philips-Pavillon auf der Brüsseler Ausstellung von 1958 weiterentwickeln.[14] Die synchronisierte Steuerung von elektronischen Klängen, „Weltmusik" auf konventionellen Instrumenten, vielfältigen Lichteffekten sowie einer vertikal bewegbaren Publikumsplattform nutzten die technischen Möglichkeiten des Kugelauditoriums intensiv.

Doch aus Stockhausens intensiver Beeinflussung der Konstruktion und Ausstattung des Auditoriums resultierten bereits zu Beginn der Ausführungsplanung schwerwiegende Konflikte. Vor allem die lichttechnische Ausstattung drohte die finanziellen Vorgaben deutlich zu überschreiten. Nachdem auch die Idee einer Hebebühne für das Publikum rasch verworfen worden war,[15] wurden im Oktober 1968 weitere Möglichkeiten der Kostenreduzierung und sogar der Verzicht auf das Stockhausenprogramm diskutiert.[16] Stockhausen wiederum weigerte sich auf einer Besprechung über das Auditorium am 15.10.1968, sein Programm grundsätzlich zu modifizieren. Nachdem er sich im April 1969 sogar gänzlich aus der Planung für Osaka zurückgezogen hatte, konnte erst im August 1969 ein Kompromiss die Mitarbeit des Musikers sichern. Zwar wurde das Gesamtkunstwerk „HINAB-HINAUF" endgültig gestrichen, doch es sollten regelmäßige Live-Konzerte mit neuen Kompositionen Stockhausens stattfinden.

Das Grundstück des deutschen Pavillons lag am Südrand der internationalen Abteilung des Expo-Geländes unmittelbar neben einer Schnellstraße und war von dieser

---

13 Karlheinz Stockhausen, „HINAB-HINAUF"; in: Karlheinz Stockhausen, Texte zur Musik, Band 3, S. 155–169.
14 Ebenda, S. 155.
15 Vgl. Protokoll einer Ressortbesprechung bezüglich der deutschen Beteiligung in Osaka im Wirtschaftsministerium am 10.10.1968 unter Vorsitz von Klaus von Dohnanyi. Bundesarchiv Koblenz, Akte B 102/115033.
16 Vgl. Protokoll einer Sitzung am 10.10.1968 unter Vorsitz des stellvertretenden Generalkommissars Kurt Daniel. Bundesarchiv Koblenz, Akte B 102/115033.
17 Bezüglich allgemeiner Informationen zu Architektur und Ausstattung des deutschen Pavillons vgl.: Klaus Lange, „Der deutsche Pavillon auf der Weltausstellung in Osaka 1970", in: Die Bauverwaltung 4/1970, S. 196–203; Max Mengeringhausen/Karlheinz Stockhausen/Fritz Bornemann, „Auditorium des deutschen Pavillons auf der Expo 1970", in: Bauwelt 40/1970, S. 1492–1495; Fritz Winckel/E. Leip, „Osaka. Auditorium Stockhausen", in: Architecture d'aujourd'hui, Vol. 152, Oktober/November 1970, S. 57.

durch einen Erdwall abgeschirmt. Im Westen grenzte das Gelände an die Pavillons Australiens und der USA, im Osten an das französische Grundstück.[17] Die gesamte Grundfläche umfasste 9.704 Quadratmeter, von denen 1.309 Quadratmeter überbaut waren. Insgesamt hatte der Pavillon eine Nutzfläche von 6.399 Quadratmetern. Der Großteil des deutschen Geländes erschien an der Oberfläche als Gartenanlage, in der lediglich die vier kreisrunden, leicht erhöhten und sich teilweise überschneidenden Deckenplatten der Ausstellungshallen mit einem Durchmesser von jeweils 27 Metern auf die eigentliche unterirdische Ausstellungsarchitektur verwiesen. Auf dem Gelände waren von Gustav Stein ausgewählte Skulpturen aufgestellt. Die Künstler waren Rolf Szymanski, Emil Cimiotti, Jochen Hiltmann, Thomas Lenk, Ursula Sax, Brigitte Matschinsky-Denninghoff, Peter Brüning, Hans Kock, Erich Hauser, Günther Uecker, Uli Pohl und Günther Ferdinand Ris. Der einzige zu diesem Zeitpunkt auch international renommierte und ältere deutsche Künstler war Max Ernst. Zahlreiche, nach einem Entwurf von Heinz Mack entlang der Spiralrampe aufgestellte Spiegel sowie Lautsprecher vervollständigten das Eingangsszenario. Mit der Verbindung von gärtnerischen Anlagen und musikalischen Darbietungen sollte den Besuchern bereits beim Betreten des Grundstücks das zentrale Motto der deutschen Beteiligung, „Gärten der Musik", sinnlich vermittelt werden. Innerhalb der Hallen fand das von Bornemann initiierte und von ihm in Zusammenarbeit mit Herbert von Buttlar und Wilfried Minks inszenierte „Technische Theater" statt: In den vier Hallen wurden wenige, durch Licht und Spiegelhorizonte effektvoll inszenierte Exponate sowie Dia- und Film-Projektionen gezeigt. Musik zeitgenössischer deutscher Komponisten wie Boris Blacher, Herbert Eimert, Hans Ullrich Humpert, Heinz Martin Lonquich und Eberhard Schöner begleitete den Rundgang. Einzelne plastische Arbeiten, in Halle D etwa „Feuerwald" von Heinz Mack, markierten die Hallenmittelpunkte.

Seinen Höhepunkt fand der kulturell-musikalische Aspekt des deutschen Beitrags in Architektur und Programm des Auditoriums. Bornemann hatte das Auditorium in Zusammenarbeit mit Max Mengeringhausen geplant. Das 22,5 m hohe Kugelsegment war als Raumfachwerk aus Mero-Stahlrohren mit einem Außendurchmesser von 30 m realisiert worden und wurde nach außen leuchtend blau abgedeckt. Die Innenseite war schallabsorbierend verkleidet. Im unteren Drittel wurde eine teilweise perforierte und damit akustisch transparente Plattform eingebaut, auf der Publikum, Solisten und Dirigentenpult Platz fanden. Für das Publikum wurden Kissen ausgelegt, so dass es sich entspannen und der meditativen Konzentration hingeben konnte. Die doppelläufige Treppe, die den unterirdischen Vorraum mit dem Auditorium verband, führte direkt in das Zentrum der Plattform. Oberhalb der Treppe war ein Regiepult mit den Mischpulten für die Steuerung der Lautsprecher und der Raumbeleuchtung installiert. Insgesamt 650 Einzellautsprecher sowie zahlreiche Scheinwerfer waren, gleichmäßig verteilt auf 50 dreieckige „Lautsprecher-Schallwände", in das Stahlrohrgerüst eingehängt. Ein zentraler Tieftonlautsprecher unterhalb der Besucherplattform garantierte die angestrebte Universalakustik. Alle Lautsprecher und Lichtquellen waren zentral über das Mischpult steuerbar. Ein von Fritz Winckel eigens für das Auditorium in Osaka entwickeltes Steuerungssystem sollte es darüberhinaus ermöglichen, Klang und Licht – horizontal, diagonal und spiralig – beliebig in alle Richtungen zu lenken. Zwei Sensorenkugeln bildeten die Innenseite der Kuppel akustisch und optisch nach. Dabei entsprachen verschiedene sensorische Felder auf den Kugeln den Positionen der einzelnen Lautsprecher-Wände und Scheinwerfer. Durch Berühren der jeweiligen Felder sollten somit Lautstärke und Wanderung von Klängen und Lichteffekten kontrolliert beziehungsweise manipuliert werden.[18] Stockhausen selbst gab, mit kurzen Unterbrechungen, vom Tag der Eröffnung der Expo an bis zum 20. Juni täglich Konzerte mit eigenen Werken, unterstützt von verschiedenen Solisten. In der Nachmittagsaufführung wurden meist die Komposition „Spirall" sowie mit „Pole" und „Expo" zwei eigens für die Weltausstellung geschaffene Werke aufgeführt. Im Abendprogramm waren die bereits 1966 für den japanischen Rundfunk komponierte „Telemusik" sowie neben anderen die Stücke „Stimmung", „Hymnen", „Kurzwellen", „Kontakte", „Carré" und „Aus den sieben Tagen" zu hören.[19] Nach dem Ende der Ausstellung wurde der Pavillon wieder abgetragen. Obwohl sowohl in Japan als auch in Berlin wiederholt Interesse an einem Wiederaufbau des Auditoriums als Studiokonzertsaal oder – auf Vorschlag Stockhausens – für den WDR in Köln geäußert worden war, konnte keines dieser Wiederaufbauprojekte realisiert werden.

REZEPTION/BEWERTUNG
Die deutsche Presse kritisierte Konzeption und Pavillon scharf: Beiden wurde „intellektuelle Arroganz", „informationsarmer Ästhetizismus" vorgeworfen, der Pavillon als „Bunker-, Gruft- und Tiefgaragenarchitektur" verunglimpft.[20] Die Popularität der Architektur des deutschen Pavillons für die Expo 67 in Montreal von Rolf Gutbrod und Frei Otto hatte Maßstäbe gesetzt, die drei Jahre danach in Osaka kaum einzuholen oder gar zu überbieten waren. So war denn auch der Pavillon in Osaka von vornherein als Gegenthese zu Montreal gedacht. Entsprechend rechtfertigte Bornemann sein Konzept: „Bei der Weltausstellung in Montreal hat der zeltartige Pavillon im Vordergrund gestanden, der Inhalt hat zurücktreten müssen. Die jetzige Idee ist es, in Osaka die Architektur mehr in den Hintergrund treten zu lassen und dafür dem Inhalt ein starkes dramaturgisches Gewicht zu geben."[21] Bornemanns formaler Purismus und sein sachlicher Funktionalismus wiedersprachen einer, so der Architekt, „falschen Anbetung monumentaler Raumstrukturen". Der Pavillon in Osaka stelle, genauso wie seine Berliner Bauten für die Deutsche Oper, die Freie Volksbühne oder das Völkerkundemuseum, für ihn ein „dienendes Gefäß für räumliche Vorgänge und Ereignisse" dar.[22] Die Aufmerksamkeit des Besuchers sollte so weit wie möglich auf die inhaltliche Idee und deren dramaturgische Inszenierung gelenkt werden.

Der Verzicht auf eine aufsehenerregende architektonische Geste steht in Zusammenhang mit der grundsätzlichen Problematik von Ausstellungsarchitektur im Zeitalter multimedialer Informationstechnik. In Osaka wurde allenthalben versucht, der zunehmenden Infragestellung tradierter Ausstellungskonzepte dadurch zu begegnen, dass die

---

18 Vgl. Winckel/Leip, a.a.O., S. 57; Mengeringhausen/Stockhausen/Bornemann, a.a.O., S. 1495. Inwieweit dieses Steuerungssystem tatsächlich eingesetzt wurde, lässt sich nicht eindeutig klären.
19 Zum Liveprogramm vgl. die endgültige Programmaufstellung von Stockhausen, in: Stockhausen, Texte zur Musik, Bd. 3, S. 176–181.
20 Die Kritikpunkte werden zitiert nach dem Bericht des Haushaltsausschusses.
21 Bornemanns Ausführungen wurden publiziert in: Mengeringhausen/Stockhausen/Bornemann, a.a.O., hier S. 1494–1495.
22 Bornemanns grundsätzliche Position zur Ästhetik der architektonischen Konzeption des deutschen Pavillons geht unter anderem aus einem Protokoll über eine Besprechung der Planungen für Osaka am 8.2.1969 hervor. Vgl. Protokoll einer Besprechung über den Pavillon in Osaka bei Fritz Bornemann vom 8.2.1969 in Berlin; Bundesarchiv Koblenz Akte B 102/115034.

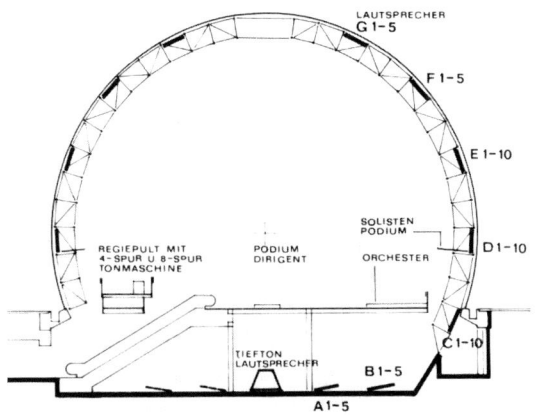

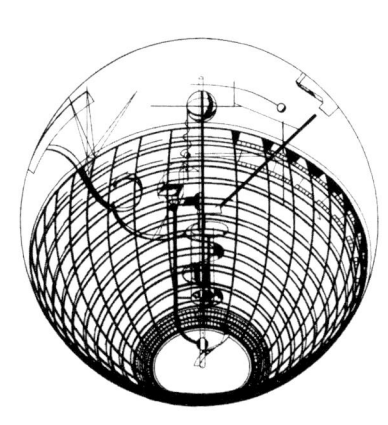

Expo Osaka 1970, Deutscher Pavillon: Panorama;
Außenansicht mit Gärten; Schnitt durch das Kugelauditorium; Innenansicht Ausstellungshalle im Untergeschoss; Andor Weininger, Kugeltheater, 1927

Pavillons entweder als rhetorisches Zeichen ohne konkrete funktionale Rückbindung oder aber als technische Installation für die Projektion elektronisch-medialer Informationen, unter Verzicht auf einen weitergehenden architektonischen Bedeutungsgehalt, konzipiert wurden. Bornemanns Kommentare zu einem Großteil der internationalen Ausstellungskonzepte in Osaka zeigen unmissverständlich seine Abneigung gegen plakative Vordergründigkeit und primär auf den medienwirksamen Unterhaltungswert bezogene Architektur- und Ausstellungs-Konzeptionen: „Es steigern sich die Ausstellungstechniken und der Aufwand, aber der Reiz der Erscheinungsformen und der Einsatz der Multi-Media auf diesem Gebiet nutzen sich ab. (...) Allein nur auf eine grandiose äußere Architekturform gestellte Ausstellungs-Bauwerke können, wenn sie die Kraft der Aussage vom Inhalt her vermissen lassen, m.E. auch nicht den komplexen Anspruch auf einen überzeugenden Ausstellungsbeitrag erheben, geschweige denn die auf wirkungsvolle Kuriosität der äußeren Formen ausgerichteten Bauten."[23] Der deutsche Pavillon zog einerseits durch den Verzicht auf spektakuläre architektonische Konzepte die Konsequenz aus dem skizzierten Dilemma der Ausstellungsarchitektur, verweigerte sich aber andererseits durch seinen zweifellos tatsächlich elitären kulturellen Anspruch der Forderung nach unmittelbarer Medienwirksamkeit und populärer Unterhaltung.

Vorbilder und ideeller Bezugspunkt für den dramaturgischen Impetus Bornemanns waren sicherlich die Bühnenexperimente des Bauhauses. Die Abkehr von der frontalen Konzentration auf die Guckkastenbühne sowie die Konzeption universell bespielbarer Theaterräume gehörte ab 1923 zu den zentralen Problemstellungen des Bauhauses. Neben Xanti Schawinskis Studien zu einem „Raumtheater" in einer schwerelosen Architektur von 1926/27 und Farkas Molnars Entwurf für ein „U-Theater" mit seiner zentralen Scenae von 1924/25 wurde vor allem Walter Gropius' Entwurf für ein „Totaltheater" für Erwin Piscator, mit seinen unterschiedlich verschaltbaren Spielflächen sowie dem geplanten Einsatz früher Multi-Media-Strategien, von 1927 bekannt. Das Theater-Experiment jedoch, das die größte Nähe zu Bornemanns Konzeption für Osaka aufwies, war Andor Weiningers utopisches Kugeltheater-Projekt von 1926. Hier war der moderne Prototyp eines universal bespielbaren Theaterraumes vorgedacht, dessen mobile und flexibel arrangierbare Raumbühne durch gezielten Einsatz optischer und akustischer Strategien ein Maximum an Inszenierungs-Intensität versprach.[24]

Auch die Verbindung von Musik und Architektur auf Weltausstellungen war nicht neu. Stockhausen selbst hatte wiederholt auf das Vorbild des Philips-Pavillons in Brüssel 1958 verwiesen. Vorläufer für die Verbindung von Kugelbau und musikalischen Inszenierungen hingegen war der „Große Himmelsglobus" des Architekten Paul Louis Albert Galeron auf der Pariser Weltausstellung von 1900. Dieser spektakuläre zweischalige Kugelbau in der Nähe des Eiffelturms hatte einen Durchmesser von 46 m und seine äußere Schale war mit Darstellung von Sternenbildern geschmückt. Eine innere Schale

---

23 Fritz Bornemann, „Der Ausstellungsbau", in: Süddeutsche Zeitung, 29.7.1970.
24 Andor Weininger, „Kugeltheater", in: bauhaus, Nr. 3, 1927 (Sonderheft Bühne), S. 2.
25 Vgl. eine Paraphrasierung von Stockhausens Kommentar zu den zahlreichen Multi-Media-Inszenierungen in Osaka: „Multi Media Shows..., he says, blow out consciousness and enhance confusion. Things must be stripped down and separated by concentration, he explains. ‚I am a religious man'." In: o.A., „Expo-ABC", in: Architectural Design, Juni 1970.
26 Ludwig Mies van der Rohe, „Zum Thema: Ausstellungen", in: Die Form, 3, 1928, Heft 4, S. 121.

zeigte Sternensysteme, während im Zentrum des Raumes eine dritte Kugel aufgehängt war, die die Erde darstellte. Besucher gelangten durch eine innere Treppe auf eine Plattform am „Nordpol" des Erdglobus, von wo aus das mechanisch bewegte kosmische Szenario betrachtet werden konnte. Orgelkonzerte von Camille Saint-Saëns begleiteten das universelle Panorama. Der Kuppelbau als national-repräsentativer Typus schließlich geht zweifellos auf das Vorbild der geodätischen Kuppel Richard Buckminster Fullers für den US-Pavillon in Montreal 1967 zurück. In seiner Nachfolge entstand in Osaka eine geradezu inflationäre Ansammlung von Kuppelpavillons, etwa der französische Pavillon oder der Bau des Pepsi-Cola-Konzerns mit seinen interaktiven Multi-Media-Spektakeln. Während jedoch der US-Pavillon von 1967 zwar als Pop Art inszeniert, aber durch den universellen Assoziationsgehalt seiner geometrischen Idealform deutlich national-repräsentative Züge trug, erschien das weitaus kleinere deutsche Kugelauditorium weniger von emblematischen Aspekten als von funktionellen Erwägungen bestimmt. Der Pavillon war weder außerordentlich medienwirksam noch erschloss er sich einem oberflächlichen Blick. Sowohl der Architekt als auch der Musiker lehnten eine Rezeption ihrer Arbeit als Medienattraktion ab.[25] Statt dessen forderte der Pavillon Konzentration, Entspannung und die Bereitschaft, sich auf unkonventionelle sinnliche Erfahrungen einzulassen.

In der Betonung von Konzentration und Intensität entsprach Bornemann einer bereits 1928 von Mies van der Rohe postulierten Definition von Ausstellungsgestaltungen: „Entscheidend für unsere Zeit ist die produktive Leistung einer Ausstellung, und ihr Wert kann sich nur an ihrer kulturellen Auswirkung beweisen. (...) Ihr Weg führt von der Quantität zur Qualität, vom Extensiven zum Intensiven. (...) Wir stehen mitten in einer Wandlung, die die Welt verändern wird. Diese Wandlung aufzuzeigen und sie zu fördern wird die Aufgabe der kommenden Ausstellungen sein."[26] Mit seiner Abneigung gegen die reine Vordergründigkeit des technisch Machbaren, gegen die sinnliche Reizüberflutung von Multi-Media-Spektakeln stellte sich Bornemann gegen einen Inszenierungstrend, der bis heute die Dramaturgie zahlreicher Ausstellungen bestimmt. An die Stelle plakativer Strategien setzt Bornemann eine Ästhetik asketischer Klarheit.

Museum für Indische Kunst, Berlin–Dahlem, 1972,
Skulpturenhalle. Abgebaut 1998.

NIKOLAUS BERNAU

Dunkle Magie der Aura
FRITZ BORNEMANNS INSZENIERUNGEN VON KUNST- UND VÖLKERKUNDEMUSEEN IN DAHLEM

DAHLEM ALS LEBENSWELT

Über drei Jahrzehnte waren die Museumsinszenierungen Fritz Bornemanns in den Museen für islamische, ostasiatische und indische Kunst sowie in der Südsee-, der Alt-Amerika- und der Südasienabteilung des Museums für Völkerkunde Teil der West-Berliner Lebenswelt.[1] Tausende von Schülern sind über die Rekonstruktion des Tonga-Katamarans und in das wiederaufgebaute Männerhaus von den Palau-Inseln geklettert, haben schaudernd die aztekische „*kostbare Opferblutschale aus Stein, selten*" gesehen,[2] nach Schrumpfköpfen gesucht und sich scheinbar verlaufen im Labyrinth der Fresken aus Turfan. Doch sind die Dahlemer Museen nicht voraussetzungslos entstanden. Sie gingen sowohl in der Wahl des Standortes als auch in den Inszenierungen Bornemanns zurück auf Entscheidungen, die bereits in der Kaiserzeit und in der Weimarer Republik gefällt wurden.

WIESO DAHLEM?

Im Februar 1907 legte der neu berufene Generaldirektor der Königlichen Museen, Wilhelm von Bode, dem preußischen Abgeordnetenhaus eine „*Denkschrift betreffend Erweiterungs- und Neubauten bei den Königlichen Museen in Berlin*" vor.[3] Im Zentrum von Bodes Überlegungen stand die Errichtung des späteren Pergamonmuseums als Ort für die altorientalische, die römische und griechische Antike sowie die deutsche Kunst, die Gründung eines „Asiatischen Museums" für ostasiatische und islamische Kunst sowie die Verlegung des Völkerkundemuseums an die Peripherie Berlins auf die Domäne Dahlem.[4] Vor allem dieses klagte über akute Platznot: 1907 drohte die baupolizeiliche Sperrung wegen der durch die vielen Objekte verstellten Fluchtwege,[5] alleine die Abteilung Afrika stellte etwa 23 000 Objekte in nur vier Sälen aus![6]

Die Grundlage für die Trennung von Kunstmuseen und vornehmlich kulturhistorisch ausgerichteten ethnologischen Sammlungen hatte Bode bereits früher gelegt. 1904 wurde im neuen Kaiser-Friedrich-Museum, dem heutigen Bode-Museum, die „Islamische Kunst-Abteilung" gegründet. 1906 hob Bode die „Ostasiatische Kunstsammlung"

---

1 Nachweise zu den Museumsbauten in Dahlem, zur Geschichte der Einzelsammlungen und der Inszenierungen Bornemanns vgl. Werkverzeichnis.
2 Einleitungsblatt Führungsblätter Museum für Völkerkunde, Abteilung Alt-Amerika, Berlin (West) 1970.
3 Wilhelm von Bode, Denkschrift betreffend Erweiterungs- und Neubauten bei den Königlichen Museen in Berlin, Sonderdruck Februar 1907, wieder in Wilhelm von Bode, Mein Leben, Berlin 1930, Bd. 2, S. 239–248.
4 Der Autor schließt derzeit seine Dissertation über das Pergamonmuseum an der TU Berlin ab. Darin wird die Bode'sche Neukonzeption der Berliner Museen ausführlich abgehandelt.
5 Nach Museum für Völkerkunde Berlin 1973, a.a.O., S. 29.
6 Nach Kurt Krieger, Abteilung Afrika, in Museum für Völkerkunde 1973, a.a.O., S. 110.

aus der Taufe, die allerdings vorerst Teil des Völkerkundemuseums blieb. Beide Abteilungen erlebten durch reiche Spenden von Mäzenen einen Aufstieg ohnegleichen und galten vor dem Zweiten Weltkrieg als die besten Europas. Aus ihren Beständen sowie den indischen Kunstwerken des Völkerkundemuseums wollte Bode 1907 das „Asiatische Museum" formen.[7] Die südlich der Sahara ansässigen Völker Afrikas, der Pazifikinseln oder die indigenen Völker Amerikas hingegen fanden keine Berücksichtigung; befangen im zeitgenössischen Rassismus sah auch Bode ihre Kulturen als naturabhängig und damit nicht kunstfähig an. Sie sollten ein neues Völkerkundemuseum in Dahlem erhalten.

1911 beauftragte Bode den Reformarchitekten Bruno Paul mit dem Entwurf eines neuen Museumszentrums in Dahlem, in dem einerseits das Völkerkundemuseum, andererseits das geplante Asiatische Museum Platz finden sollten. Doch nur mit dem Bau des Asiatischen Museums wurde vor dem Ersten Weltkrieg begonnen. Nach dem kriegsbedingten Baustopp 1916 entschieden in den frühen zwanziger Jahren der preußische Kulturminister Carl Heinrich Becker und sein Staatssekretär Ernst Gall dann gegen den erbitterten Widerstand Bodes,[8] die halb fertig gestellte Anlage für Dienstwohnungen,[9] vor allem aber als Magazin des Völkerkundemuseums auszubauen.

Becker war im Gegensatz zu Bode der Meinung, dass der Islam ein Teil der westlichmittelmeerischen und nicht der östlich-asiatischen Kulturen sei. Deswegen wünschte er die Islamische Kunst-Abteilung als Teil der europäischen Kunstmuseen auf der Museumsinsel zu sehen. 1932 eröffnete sie im Südflügel des Pergamonmuseums in einer Inszenierung von Ludwig Hoffmann.[10] Die Ostasiatische Kunstsammlung hingegen wurde bereits 1923 im zweiten Obergeschoss des heutigen Martin-Gropius-Baus neu von dem Architekten Wilhelm Wille eingerichtet,[11] der 1926 auch das benachbarte Völkerkundemuseum neu inszenierte.[12] Grundlage dieser Ausstellung war die von Ernst Gall gegen die Museumsdirektoren durchgesetzte strikte Trennung zwischen einer „Schausammlung" herausragender Einzelobjekte und der nach Dahlem verlagerten „Studiensammlung". Das neue System brach radikal mit der Idee einer Universalenzyklopädie

---

7 Bode 1907, a.a.O., S. 244–246; vgl. Woldemar von Seidlitz, Ein Deutsches Museum für Asiatische Kunst, in Museumskunde 1, 1905, S. 181–197, Berlin, 1905.
8 Bode 1997, a.a.O., S. 427–436.
9 Akten Archiv Ethnologisches Museum I/5,1 (Wohnungen in Dahlem 1923–1938).
10 Führer durch die Islamische Kunstabteilung, H. 0–5, Berlin 1932/37; Ernst Kühnel u.a., Die Islamische Kunst-Abteilung in ihren neuen Räumen, in Amtliche Berichte 54, 1933, S. 2–20.
11 Otto Kümmel, Die Abteilung für ostasiatische Kunst in den Berliner Museen, in Amtliche Berichte 45, H. 2., 1924, S. 50–58, Berlin 1924.
12 Vgl. Generaldirektor der Staatlichen Museen (Hrsg.), Vorläufiger Führer durch das Museum für Völkerkunde, Berlin 1926; Akten u.a.: Archiv Ethnologisches Museum I/3.1., I/3.2, Ic/16, Ic 17 (Umzug und Aufstellung der Sammlungen 1924–1925).
13 Vgl. Karl Scheffler, Das umgebaute Museum für Völkerkunde, in: Kunst und Künstler 24,1926, S. 384–388, Berlin 1926.
14 Vgl. Bode 1997, a.a.O., S. 451–452; Adolf Donath, Das Museum für Völkerkunde. Umbau und Wiedereröffnung, in: Berliner Tageblatt 26.6.1926, 1.
15 Vgl. Peter Bolz, Hans-Ulrich Sanner, Indianer Nordamerikas. Die Sammlungen des Etnologischen Museums Berlin, Berlin 1999, S. 23–50.
16 Vgl. Irene Kühnel-Kunze, Bergung – Evakuierung – Rückführung. Die Berliner Museen in den Jahren 1939–1959, in Jhb. SPK, Sonderband 2, Berlin (West) 1984.
17 Vgl. Irene Kühnel-Kunze, Museumszeile Prinz-Albrecht-Straße: Ein Versäumnis?, in Jhb. SPK 23, 1986, S. 239–257, Berlin (West), 1986. Das ehem. Kunstgewerbemuseum, der heutige Martin-Gropius-Bau, wurde Ausstellungshaus der Stadt Berlin, das wiederaufbaufähige Völkerkundemuseum 1961 abgerissen.
18 Vgl. Berlin und seine Bauten Teil V, Bd. A, Bauten für die Kunst, Berlin (West) 1983, S. 37.
19 Vgl. Peter Metz, Das neue Skulpturenmuseum Berlin-Dahlem, eröffnet 1966, in Jhb. SPK 3, 1966, S. 3–72, Berlin (West); Berlin und seine Bauten 1983, S. 38–40; Arnold Bauer, Glas und Licht als schönster Rahmen der Skulpturen in Dahlem, in Berliner Bilderbogen 7.5.1966.
20 Vgl. Modell Archiv Kunstbibliothek Staatliche Museen Preußischer Kulturbesitz, Vorschlag 1, 1958; Vorschlag 2, 1963; Vorschlag III, o.D.

außereuropäischer Kulturen, wie sie seit den Gründungszeiten des Völkerkundemuseums gegolten hatte. Das wurde teils als notwendige Modernisierung gefeiert,[13] teils aber auch als Zerstörung des bis dahin sichtbaren kulturellen Gesamtbildes der Menschheit verurteilt.[14]

Die Sammlungen der 1939 bei Kriegsausbruch geschlossenen Berliner Museen waren 1945 ausgelagert und verstreut, nur Teilbestände waren noch in Berlin vorhanden. Diese wurden von der Roten Armee als Beutegut in die Sowjetunion gebracht. Erst 1957 kamen sie im Zusammenhang mit der Entstalinisierung zum größten Teil nach Ost-Berlin zurück. Allerdings blieb etwa die Ostasiatische Kunstsammlung bis heute in den Depots der Eremitage in St. Petersburg verborgen, und auch die DDR hielt Bestände des Völkerkundemuseums bis 1989 in den Depots des Leipziger Völkerkundemuseums geheim.[15]

Die von den Westalliierten sichergestellten Sammlungen gelangten hingegen in den fünfziger Jahren nach West-Berlin. Der einzig funktionsfähige Museumsbau war hier aber das einstige Asiatische Museum in Dahlem:[16] Die Museumsinsel lag im sowjetischen Sektor, und die Museumsbauten an der Stresemannstraße waren schwer beschädigt. 1961 beschloss die Stiftung Preußischer Kulturbesitz als neuer Träger der Staatlichen Museen, diesen Standort endgültig aufzugeben.[17] Um Dahlem als neuen Hauptstandort der Museen auszubauen, entstanden 1957 erste Ausbaupläne von Bruno Grimmek und Otto Bartning.[18] Lediglich die Skulpturensammlung erhielt nach Grimmeks Plänen neue Räume mit weitgehend verglasten Außenwänden.[19] Bei diesem Projekt war auch der einstige Bauhausschüler und Professor an der HfbK Wils Ebert beteiligt, der schließlich ein neues Gesamtkonzept für Dahlem entwickelte.

DIE ARCHITEKTUR DER MUSEEN IN DAHLEM
Wils Ebert plante seit 1958 eine Anlage, welche die Rückseite des Bruno-Paul-Baues nach Westen erweitern sollte.[20] Er dachte ein – wenigstens im Modell – vergleichsweise locker wirkendes Ensemble: Zwei kubische Großpavillons sind mit einem lang gestreckten Riegel verbunden, auf den wiederum asymmetrisch der Trakt mit den weiten Foyers und der Sonderausstellungshalle stößt. Wie viele Architekten seiner Zeit versuchte auch Ebert, jede Erinnerung an die Monumentalarchitektur früherer Zeiten, insbesondere der Nazi-Zeit, zu verhindern. Selbst der Eingang ist aus der Achse der zum U-Bahnhof führenden Iltisstraße gerückt und der von den Bauten gerahmte Vorplatz wird nicht etwa als äußere Erweiterung des Museums genutzt, sondern als Parkareal für Autos.

In den erhaltenen Arbeitsmodellen Eberts sind die Fassaden durch vertikale Streben gegliedert und fast völlig verglast, Innenhöfe hätten zusätzliches Licht in die Räume gebracht. Möglicherweise wollte Ebert mit dieser „leichten" Glasarchitektur und dem zergliederten Gebäudevolumen zwischen der gewaltigen Baumasse der Museen und der kleinteiligen Bebauung des Villenviertels Dahlem vermitteln. Das konnte nicht gelingen, zumal die Museen zunächst der Gemälde- und der Skulpturensammlung dienen sollten. Deren Direktoren und noch weniger die Leiter der aus empfindlichen Naturmaterialien bestehenden ethnologischen Sammlungen hätten aber die Lichtintensität der großen Fenster nicht akzeptieren können.

Spätestens 1964 zur Einweihung von Grimmeks neuer, an den Bruno-Paul-Bau angebauten Skulpturengalerie, traten die konservatorischen Probleme einer auf solch üppigen natürlichen Lichteinfall konzipierten Architektur zu Tage. Außerdem wurde 1963 entschieden, ein Museum für Indische Kunst aus der Indischen Abteilung des Völkerkundemuseums herauszulösen. Zusammen mit der Ostasiatischen Kunstsammlung und dem Museum für Islamische Kunst sollte es im nördlichen Großpavillon an der Taku-Straße das neue „Haus der Asiatischen Kunst" bilden. Die Bode'sche Konzeption von 1907 erlebte also eine Renaissance. Wohl über die Vermittlung von Grimmek oder die des „Kunstpapstes" Will Grohmann wurde Fritz Bornemann 1965 als Architekt hinzugezogen,[21] im Juni des Jahres stellte er sich den Direktoren vor.[22] In der gleichen Sitzung schlug Ebert vor, auch die Innenhöfe für Ausstellungszwecke zu benutzen. Offenbar dachte er an Glasdächer, denn der Direktor der Abteilung Südsee Gerd Koch forderte beim Botanischen Museum kurz vorher Toro, Yams, Bananen, Kokospalmen und Brotfruchtbäume an.[23] Ein Memorandum von Walter Gropius unterstützte Eberts Projekt dezidiert, forderte ebenfalls große, flexible Hallen und die Mischung von Naturlicht aus Fenstern und Oberlichtern mit Kunstlicht.[24] Dennoch übernahm Bornemann schnell die Federführung in Dahlem, Wils Ebert konnte seinem Elan – und wohl auch seinen guten Kontakten zur ausführenden Bundesbaudirektion – nichts entgegensetzen.

Zwar stand der Rohbau bereits mit den vorgestellten Pfeilerfronten und den fast stützenfrei eingehängten Decken, die maximale Freiheit der Ausstellungsgestaltung garantieren sollten. Bornemann eliminierte jedoch soweit möglich alle darüber hinausgehenden architektonischen Elemente von Eberts Entwurf: die Innenhöfe und die verglasten Fassaden. Die Fassaden der Großpavillons wurden nun vollständig mit Steinplatten verkleidet. Lediglich der Verbindungsriegel und der Foyertrakt blieben verglast, wobei der Ausstellungssaal im ersten Obergeschoss des Foyertrakts wiederum geschlossen wurde. Dieses Prinzip kontrastierender Fassadenflächen hatte Bornemann bereits an der Deutschen Oper eingesetzt. Doch während dort die Foyerfenster den Bau spannungsreich in die Stadt öffnen, vereitelte hier die Baumasse und ihre städtebauliche Komposition jeden Bezug zum umgebenden Villenviertel. Selbst Bornemann distanziert sich heute von der Außenarchitektur: „Ebert wollte Höfe haben und überall Tageslicht rein! Der leuchtende Marmor war schon bestellt! Das wurde alles geändert. Ich finde die Fassaden auch jetzt nicht besonders. Aber ich hab mir gesagt, da kannst du nur noch innen was machen."[25]

DIE INSZENIERUNG DER MUSEEN IN DAHLEM

Im Gegensatz zur äußeren Gestaltung war Bornemanns Inszenierung der Sammlungen eine Revolution der deutschen Museumskultur. Seit 1967 entwickelte er die Konzeption in enger Zusammenarbeit mit den jeweiligen Abteilungs- und Museumsdirektoren: 1970 eröffnete das Völkerkundemuseum im Verbindungsriegel die bis heute erhaltene Schausammlung für amerikanische Archäologie (Alt-Amerika, mit Dieter Eisleb), die 1998 aufgelöste Ausstellung für Indien, Hinterindien und Indonesien (Südasien, mit Gerd Höppner)

---

21 Interview Fritz Bornemann, 12.12.2001 (Nikolaus Bernau/Susanne Schindler).
22 Protokoll Besprechung 30.6.1965, Archiv Ethnologisches Museum, Museumgebäude Dahlem: Ausbau, Umbau 1965–1968, o.P.
23 Gerd Koch an Thomas Raadts, Botanisches Museum, 30.6.1965, Archiv Ethnologisches Museum, Museumgebäude Dahlem: Ausbau, Umbau 1965–1968, o.P.
24 Wils Ebert an Kurt Krieger, 15.10.1965, Manuskript Walter Gropius, Archiv Ethnologisches Museum, Museumgebäude Dahlem: Ausbau, Umbau 1965–1968, o.P.
25 Interview Fritz Bornemann, a.a.O.

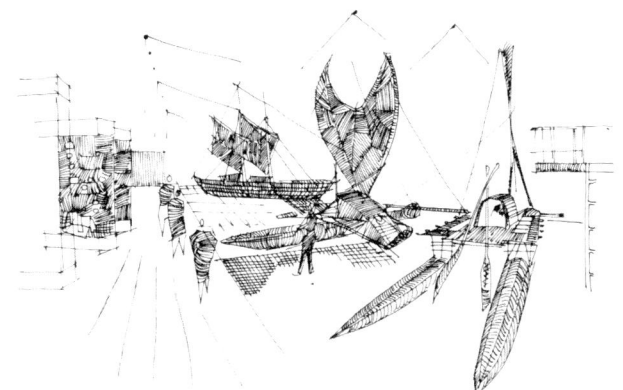

Vorgänger- und vergleichbare Inszenierungen: Abteilung Südsee im alten Völkerkundemuseum Berlin, 1926; Ost-Asiatische Kunstsammlung im heutigen Martin-Gropius-Bau, 1924; Abteilung Afrika im alten Völkerkundemuseum, 1926; Anthropologisches Nationalmuseum, Mexiko Stadt, 1963; Vergleichende Skizze der Museen in Mexiko und Berlin (Abteilung Südsee, Bootshalle) von 1971 sowie im südlichen Großpavillon die bisher nur in Details veränderte Abteilung pazifischer Kulturen (Südsee, mit Gerd Koch). 1971/72 übergab die Bundesbaudirektion im nördlichen Großpavillon das Museum für Indische Kunst (MIK, mit Herbert Härtel), das Museum für Islamische Kunst (ISL, mit Klaus Brisch) und das Museum für Ostasiatische Kunst (OAK, mit Beatrix von Raqué); sie alle wurden 1998 zugunsten von Neuinszenierungen durch Helge Sypereck abgebaut.

Das Neue der Inszenierungen Bornemanns waren die dramaturgischen Mittel: die Konzentration auf Kunstlicht in meist völlig vom wechselhaften Naturlicht abgesperrten Ausstellungssälen, die Verwendung nur zweier Vitrinentypen sowie der Einsatz weniger Materialien wie dunkles Gabun-Holz, Stahl, Glas an den Vitrinen, afrikanische Eiche im Stabparkett oder dunkelgrauer Nadelfilz auf dem Fußboden. Diese konsequent reduzierte Architektursprache dient vor allem einem Ziel: der Auratisierung der Objekte zu autonomen Kunstwerken.

Bis auf die Ausstellungen im Verbindungsflügel sind um 1970 alle Säle der neu errichteten Dahlemer Museen ausschließlich künstlich beleuchtet. Allerdings gab es kein gleichmäßiges Raumlicht, sondern nur solches, das aus den großen Standvitrinen und zierlichen Schienenvitrinen in die sonst dunklen Gänge fiel. Außerdem wurden einzelne Objekte durch Punktstrahler hervorgehoben; sie konnten frei im Raum stehen oder auch auf hölzernen Podesten montiert werden. Um die Wirkung zu erhöhen, waren die Wände der Säle meist mit schwarzen Aluminiumplatten verkleidet, hinter denen sich die gesamte technische Infrastruktur verbirgt. Auch die Decken waren schwarz verkleidet. Die Besucher befanden sich also im relativen Dunkel und sahen immer in das Licht um die Objekte hinein. Dadurch wurde einerseits die Spiegelung der Vitrinengläser verhindert. Andererseits steigerte sich durch diese Beleuchtung die Nähe zwischen Betrachtern und Objekten, denn das Glas ist weitgehend entmaterialisiert: *"Das gesamte für Dahlem entwickelte Ausstellungssystem ... [wird] wohl am besten dadurch beschreibbar sein, dass man es mit einer begehbaren Bühne vergleicht, auf der die Objekte wie – zwar unbewegliche – Schauspieler beleuchtet werden und die Zuschauer – allerdings ambulante – in relativer Dunkelheit zwischen ihnen verbleiben."*[26] Die Strategie hatte aber nicht nur eine theatralische, sondern auch eine museale Tradition etwa in dem Dioramengang des 1906 eröffneten Hessischen Landesmuseums in Darmstadt, in der ebenfalls die Vitrinen heller beleuchtet waren als die Gänge vor ihnen.

Zwei Vitrinentypen entwickelte der Architekt, um die Ausstellungen zu gliedern: die große Standvitrine mit geschlossenen Seiten- und Rückwänden und die transparente Schienenvitrine. Prägend sind die frei stehenden, etwa 3,40 Meter hohen Standvitrinen in der Südseeabteilung des Völkerkundemuseums, die ebenso frei stehenden, aber nur ungefähr 2,50 Meter hohen Schienenvitrinen in dessen Alt-Amerika-Abteilung, im Museum für Indische und in dem für Islamische Kunst. Nur in der Südasien-Abteilung und im Museum für Ostasiatische Kunst fanden sich beide Typen nebeneinander.

Die Wände der Standvitrinen sind meist aus dunklem Gabun-Holz gefertigt, die Vorderfronten verglast, der geschlossene Sockel von einer frei vor den Vitrinenkörper montierten Leiste in den Schatten gestellt. Hinter dem flachen Deckelprofil verbirgt sich

---

[26] Klaus Brisch in Jb. SPK 9, 1971, S. 203.

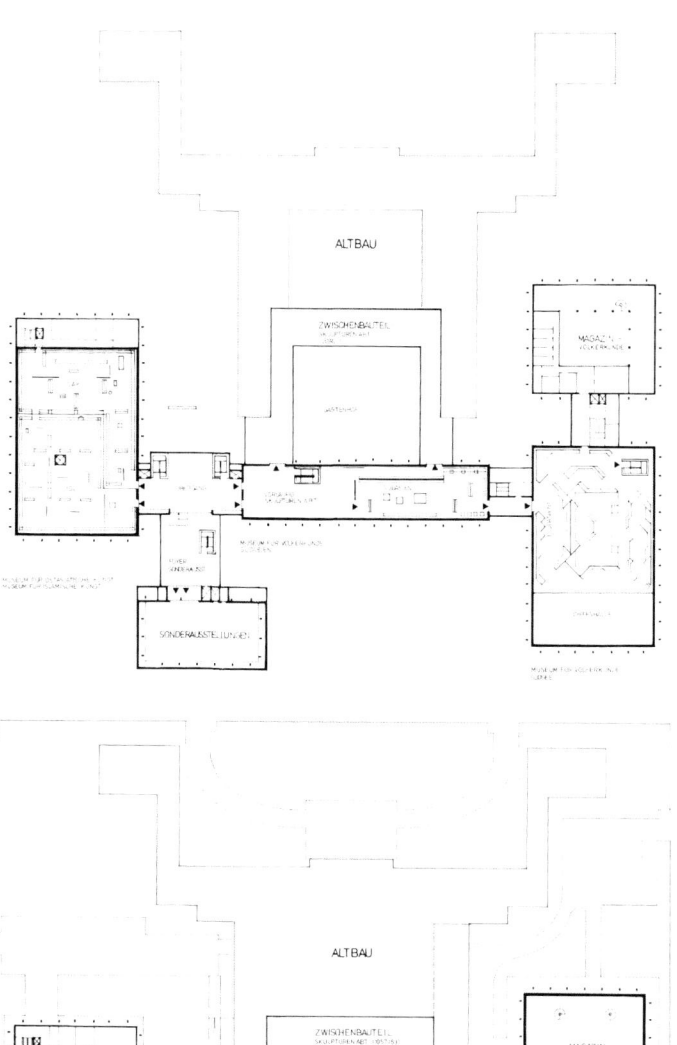

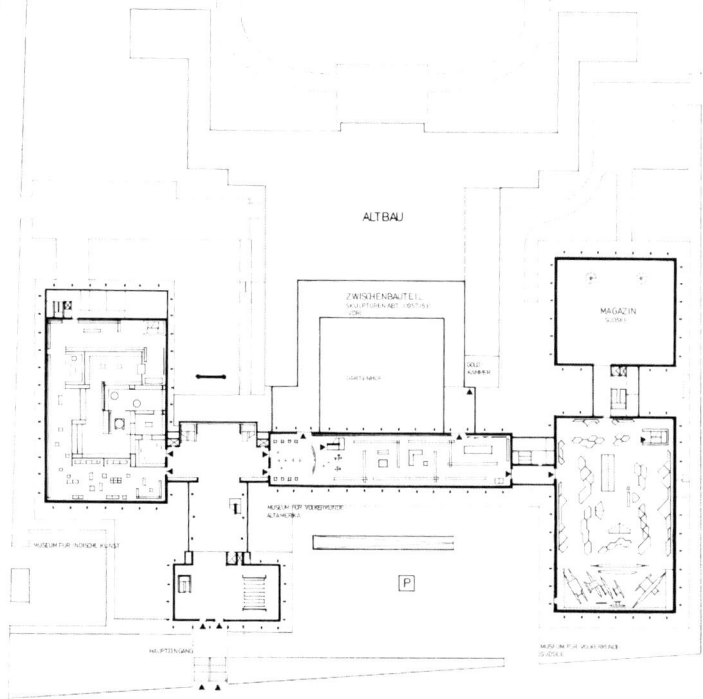

Museen Dahlem, 1965–72: Grundrisse Obergeschoss, Hauptgeschoss

die Beleuchtungstechnik, der Boden ist mit hellem Quarzsand ausgelegt, der das Licht reflektiert. Die Rückwände sind oft mit Großfotos von Landschaften oder Lebenssituationen der Menschen tapeziert, aus deren Kulturbereich die ausgestellten Objekte stammen. Diese werden an durchsichtigen Nylonfäden aufgehängt, vor den Wänden oder über dem Quarzsand befestigt. Zur Erläuterung des Vitrineninhaltes sind vor der Glaswand an der Sockelleiste schwarze Tafeln befestigt, auf denen weiß Vitrinenschemata, Landkarten und vor allem Erläuterungen verzeichnet wurden. Auch Fächer für die Führungsblätter der Sammlung sind hier integriert.

In jeder Hinsicht als Gegensatz zu den Standvitrinen gestaltete Bornemann die Schienenvitrinen, deren Erfindung er patentieren ließ. Wo die Standvitrinen als Raumwände wirken können, sind die Schienenvitrinen auf möglichst große Transparenz hin angelegt. Ihr Glaskörper schwebt auf einem schlanken Unterbau aus Stahl mit dünnen, kantigen Beinen. An zarten Stahlstangen hängen innen Glasböden für die Präsentation der Objekte, die teilweise auf Plexiglashalterungen liegen. Eine an der Seite hängende Plexiglastafel nimmt die Informationen zu den mit Nummern versehenen Objekten auf, während die Führungsblätter in separaten Ständern stehen. Hinter dem flachen Stahldeckel auf den Glaswänden verbirgt sich die Beleuchtungstechnik. Die Glashauben sind auf dem schienenartigen Unterbau verschiebbar, so dass die Scheiben leicht gereinigt und die Objekte einfach ausgetauscht werden können. Erst als die Museen in den achtziger Jahren ihr technisches Personal reduzierten, wurde dies bis dahin hochgelobte System als unflexibel und zu teuer in der Bedienung kritisiert.

Diese wenigen Inszenierungsmittel wurden in den jeweiligen Ausstellungen genau auf die Botschaft abgestimmt, die vermittelt werden sollte. Im Hauptgeschoss des Verbindungsriegels zwischen den Großpavillons inszenierte Bornemann die mesoamerikanischen Bestände der Alt-Amerika-Abteilung mit Objekten etwa der Maya, der Huxateken und der Azteken. Die westliche Seitenwand des weiten, rechteckigen Saals mit seiner einheitlich flachen Decke ist fast vollständig verglast. Doch wird das eher blaue Naturlicht durch Lamellenstores stark gefiltert. Deswegen reflektieren die golden schimmernden Schienenvitrinen nicht, sondern wirken ganz im Gegenteil ungemein entmaterialisiert. In ihrer Anordnung geben sie dem Besucher einen mäandernden Weg durch die aus Keramiken bestehende Schausammlung vor. Die Transparenz der leichten Glaskästen verhüllt die streng orthogonale Anordnung dieser Anlage, die Abstände zwischen ihnen gestatten lange Diagonalblicke durch den Raum. Zwischen den Vitrinen stehen flache Podeste aus Hirnholz, auf denen locker weitere Steinobjekte präsentiert werden. An der geschlossenen Innenwand der Halle sind große Fotos von mittelamerikanischen Pyramidentempeln montiert, die mit Plexiglasmodellen auf den Vitrinenschienen einen Eindruck der Monumentalarchitektur Mexikos vermitteln. Die Ausstellung ist konzentriert auf die archäologischen Artefakte früherer und untergegangener Kulturen, die heutige Lebenskultur der Indios spielt keine Rolle mit Ausnahme eines kleinen Madonnenbildes aus Federn. Die Durchsichtigkeit der Schienenvitrinen betont zwar einerseits die Masse der archäologischen Objekte, andererseits wird aber auch jedes einzelne Objekt möglichst von allen Seiten zugänglich, als individuelles Kunstwerk erlebbar gemacht.

Eine vor der Wand freigestellte Treppe – deren Ähnlichkeit zu jenen in der Deutschen Oper auffällig ist – führte bis 1998 in die vergleichsweise kleine Südasien-Abteilung im Obergeschoss des Verbindungsflügels. Um den Saal auf die kleinen Objekte abzustimmen,

Völkerkundemuseum Berlin-Dahlem, 1970: Abteilung Südsee (Bootshalle, Männerhaus aus Palau, Vitrinengang); Abteilung Alt-Amerika; Abteilung Südasien (abgebaut 1998)

hängte Bornemann eine aus schmalen Lamellen bestehende Decke ein, deren schwarzweißer Druck an die Dschungel Indiens, Hinterindiens und Indonesiens erinnerte.[27] Durch die Höhe der den Raum ringsum einfassenden Standvitrinen wurde das natürliche Seitenlicht weitgehend abgeblendet. Sie waren mit hinterleuchteten Rückwänden versehen, vor denen Schattenspielfiguren aus Thailand und Indien sowie die Masken aus Sri Lanka zur Wirkung kamen. In Schienenvitrinen wurden Marionetten aus Myanmar (Birma) sowie Plastiken, Waffen, gewebte und gebatikte Sarongstoffe aus Bali, Java und Sumatra ausgestellt, während an der Innenwand locker gereiht und offen Schattenspielfiguren des Wayang Kulit und des Wayang Kilikit aus Java hingen. Später kam zu diesen ein passendes Gamelan-Orchester hinzu. Nach der Abspaltung des Museums für Indische Kunst 1963 konzentrierte sich die Ausstellung der Südasien-Abteilung also auf die darstellende Kunst des Theaters und Schattenspieles hinduistischer und buddhistischer Prägung. Da diese bis in die Gegenwart intensiv gepflegt werden, ergab sich hier, im Gegensatz zu den archäologischen Kulturen Alt-Amerikas, ein Einblick in die gegenwärtige Kultur – die Inszenierung konzentrierte sich jedoch auch hier auf die Ästhetik des einzelnen Objekts.

Im Obergeschoss des südlichen Großpavillons der Südsee-Ausstellung sind – ursprünglich thematisch anschließend an die Südasien-Ausstellung – die Kulturen der Inselwelt Polynesiens und Mikronesiens zu sehen,[28] in dessen Hauptgeschoss die Kulturen Neuguineas, Australiens, Melanesiens und Mikronesiens. Die Halle erhält ausschließlich Kunstlicht, das im Wesentlichen aus den Standvitrinen in die Gänge fällt. Diese sind ab und zu um 45 Grad gegeneinander versetzt und zu Vitrinenwänden gereiht. Durch die sonst völlig abgedunkelte Halle werden die Vitrinen mit den im Kunstlicht schimmernden Federobjekten, Flecht- und Knüpfarbeiten, Waffen und Masken zu luftigen Schaufenstern in die Welt der Tropen, zumal, wenn sie im spitzem Winkel in den Raum vorstoßen und damit von zwei Seiten durchblickbar sind. Nur wenige Großobjekte wurden in den Gängen frei aufgestellt. Im Zentrum des Hauptgeschosses entstand ein abstrakter „Dorfplatz" mit einem wiederaufgebauten Männerhaus von Palau und Häuserfronten der Abelam aus Neu-Guinea sowie der Maori aus Neuseeland. Das eigentliche Herz der Ausstellung aber ist die große Bootshalle. Während sonst der Fußboden mit afrikanischer Eiche als Schiffsparkett gebildet ist, wurde hier blauschwarzer Sisal gespannt, der einem Vulkansandstrand gleicht, auf dem die Boote liegen. Aus dem nachtschwarzen Dunkel der Wände blitzen schwache Spots gleich Sternen. Neben den originalen Schiffen ist hier auch die Rekonstruktion eines besteigbaren Katamarans von Tonga ausgestellt, die sich größter Beliebtheit bei Kindern erfreut.

Die Ausstellung der Südsee nach den Großregionen Neuguinea, Melanesien, Australien, Mikronesien und Polynesien zu gliedern, entsprach der bereits im alten Völkerkundemuseum gebräuchlichen Konvention. Während dort aber 1926 von Wilhelm Wille die Regionen durch Wandfarben der Räume unterschieden wurden,[29] sind sie in Dahlem in jeder äußeren Hinsicht durch die Inszenierung vereinheitlicht. Selbst herausragende Einzelobjekte wie der Königsmantel aus Hawaii werden kaum hervorgehoben. Bei aller

---

27 Freundlicher Hinweis von Dr. Christian Theuerkauff.
28 Gerd Höpfner in Jb. SPK 11, 1973, S. 336.
29 Vorläufiger Führer 1926, a.a.O., S. 146.
30 Freundliche Mitteilung von Fritz Bornemann.

31 Zur Konzeption der Stilräume vgl. Sven Kuhrau, Claudia Rückert (Hrsg.), Renaissance der Kulturgeschichte? Die Wiederentdeckung des Märkischen Museums aus einer europäischen Perspektive, Basel/Dresden 2001.

Betonung der Individualität jedes Einzelobjektes wird auch in der Südsee-Abteilung – wie in den anderen Völkerkunde-Abteilungen – jeder „Meisterwerkskult" tunlichst vermieden.

Diese Zurückhaltung dürfte nicht zuletzt die Folge der Herauslösung des Museums für Indische Kunst aus der Indischen Abteilung des Museums für Völkerkunde 1963 gewesen sein. Wie bereits dargestellt, geht diese Idee letztlich auf Woldemar von Seidlitz und Wilhelm von Bode zurück. Doch erst in der Konstituierungsphase der Stiftung Preußischer Kulturbesitz seit 1957 konnte eine so tiefgreifende Reform eingeleitet werden. Denn die Direktoren der Völkerkundeabteilungen hatten schon zu Bodes Zeiten darauf bestanden, dass der europäische Begriff der Kunst nicht ohne weiteres auf außereuropäische Kulturen übertragen werden kann. Tatsächlich folgte die Auswahl der indischen Objekte aus den Sammlungen des Völkerkundemuseums nicht indischen Traditionen, sondern europäischen Schemata, nach denen Kunst nur sein kann, was als Gemälde, Skulptur oder wenigstens Bauschmuck entstanden ist.

So umstritten bis heute die Herauslösung von „Kunst" aus den außereuropäisch-ethnologischen Sammlungen ist: Die Inszenierung des Museums für Indische Kunst im Hauptgeschoss des nördlichen Großpavillons durch Fritz Bornemann gab dieser Entscheidung eine ästhetische Legitimation. Denn sie stilisierte auch einfache Alltagsgegenstände zu erhabenen Kunstwerken, indem sie ihre Wirkung radikal auf die Gestaltebene reduzierte und jede Erinnerung an den historischen Gebrauch ignorierte. Auch diese Ausstellung war nur mit Kunstlicht aus den Vitrinen und scharfen Spotlights erhellt: In der einleitenden Skulpturengalerie erhielten jedoch selbst vollplastische Objekte aus Rajastan durch die scharfen Spotlights tiefschwarze Schlagschatten, die einerseits das Material, andererseits die Dreidimensionalität der Objekte überdeckten. Die Fresken von Turfan wurden in einem labyrinthisch angelegten Bereich gezeigt. Diese einzigartigen Denkmäler der buddhistischen Kunst Zentralasiens waren zwischen 1902 und 1914 während mehrere Expeditionen erworben worden. Einer Anregung des Direktors Herbert Härtel folgend,[30] hatte Bornemann die Fragmente nicht in die Wände eingelassen, sondern als jeder materiellen Schwere beraubte Bilder wie schwebend auf Sperrholztafeln montiert. Ein schmaler Graben sorgte für den Abstand der Besucher. Lediglich die Düsternis der Ausstellung und ihre matte Akustik – hervorgerufen vornehmlich durch den Fußbodenbelag aus dunkelgrauem Nadelfilz – erinnerte noch an die Herkunft der Turfan-Fresken aus lehmigen Höhlen.

Ganz allerdings konnte diese ahistorische, rein auf den ästhetischen Wert einzelner Objekte abzielende Konzeption nicht durchgesetzt werden. So blieb die Sammlung nach Gattungen getrennt, wurde nicht – wie es typisch ist für Museen europäischer Kunst – chronologisch aufgestellt. Auch wurden etwa Holztüren oder ein kleiner, äußerst populärer Holztempel des 18. Jahrhunderts aus Gujarat ausgestellt, die ohne Weiteres auch in einer ethnografischen Ausstellung stehen könnten. Die grandiose Präsentation von Reliefabgüssen aus Angkor Vat, die seit 1986 auf der ebenfalls von Bornemann gestalteten Galerie gezeigt wurden, die Inszenierung eines „Tempelraumes" in der Turfan-Sammlung als so genannter Stilraum,[31] die Einleitung der Turfansammlung mit einem großen Wandfoto und schließlich die Konzeption des auswegslosen Rundganges zwischen Ein- und Ausgang griff letztlich auf Inszenierungstraditionen der kulturhistorischen Museen zurück. Die Gestaltung markiert also den Übergang von der kulturhistorischen zur Kunstsammlung. Insofern ist ironischerweise ihre Zerstörung 1998 ein Zeichen des

Erfolges von Bornemanns Versuch, mit einer gezielt ästhetisierenden Inszenierung die einstige „Indische Abteilung" zum Kunstmuseum umzuformen. Denn in der Neugestaltung wurden fast alle Erinnerungen an kulturhistorische Museen wie der Stilraum, die Abgüsse oder der strenge Rundgang beseitigt. Die von Bornemann eingeführte ausschließliche Verwendung von Kunstlicht hingegen, mit der am deutlichsten die Entfremdung der Objekte von Geschichte und Natur und damit der Charakter des Museums als Kunstinstitution ausgedrückt wird, blieb charakteristischerweise ebenso erhalten.

Das 1904 gegründete Museum für Islamische Kunst und das 1906 gegründete Museum für Ostasiatische Kunst im Obergeschoss des nördlichen Großpavillons hatten solche ästhetischen Nobilitierungsstrategien nicht nötig. Sie waren um 1970 als kunsthistorische Sammlungen bereits voll etabliert. Entsprechend boten sie wie jedes klassische Kunstmuseum keinen strengen Rundgang an, sondern überließen den Besuchern die Wahl, wie sie sich die Exponate aneigneten. Rekonstruktionen historischer Räume wurden nicht einmal angedeutet. Selbst die Inszenierung eines monumentalen persischen Mihrab wurde auf eine Weise in die Ausstellung integriert, dass keinerlei Assoziation zu einer Moschee und ihrer Gebetsnische entstehen konnte.

Das Museum für Islamische Kunst hatte als einziges Dahlemer Museum eine tatsächliche Konkurrenz in Ost-Berlin. Das Islamische Museum im Südflügel des Pergamonmuseums besaß zudem mit der Mschatta-Fassade das berühmteste Objekt der Vorkriegssammlung. Die Inszenierung in Dahlem, wohin vor allem die kleinformatigen Objekte und ein großer Teil der Teppichsammlung gelangt waren, versuchte also in fast jeder Hinsicht, sich von dieser Konkurrenz zu distanzieren: Architekturobjekte spielten nur am Rande eine Rolle, Kunstgewerbe und erlesene Einzelobjekte wurden stattdessen herausgehoben. Während das Islamische Museum aus einer Folge von abgeschlossenen Räumen besteht, inszenierte Bornemann das Dahlemer Museum betont locker und offen. Die Teppiche wurden auf flache, nur fast bis zum Boden und zur Decke reichende, mit Rupfen bespannte Holzscheiben genäht. Diese lockerten durch ihre Höhe die strenge Orthogonalität der an den Wänden und im Raum stehenden Schienenvitrinen auf, schufen Kontrapunkte und Sichtachsen. Mit der Alt-Amerika-Ausstellung war das Museum für Islamische Kunst die gelungenste Ausstellung Bornemanns.

Das Museum für Ostasiatische Kunst hatte seine Sammlung 1945 durch die Überführung nach Leningrad fast vollständig verloren. Lediglich die wertvollen chinesischen und japanischen Rollbilder und Teile der Keramiksammlung blieben erhalten. Nur mühsam konnte auf dieser Grundlage eine neue Sammlung aufgebaut werden. Im Gegensatz zu seinem Nachbarn war das Museum für Ostasiatische Kunst von großen Standvitrinen für die chinesischen und japanischen Rollbilder sowie Schienenvitrinen geprägt, die entlang der Wände standen. Lediglich einige frei auf Podesten aufgestellte Stellschirme und flache Tischvitrinen lockerten den Raum auf. Diese Inszenierung Bornemanns war die am wenigsten spektakuläre, schon in der hellen Wandfarbe und der gleichmäßigen Ausleuchtung einem traditionellen Kunstmuseum am ähnlichsten.

---

32 Brisch 1971, a.a.O., S. 204.
33 Gerd Koch in Jb. SPK 11, 1973, S. 158, S. 164.
34 Alexis Joachimides, Die Museumsreformbewegung in Deutschland und die Entstehung des modernen Museums, Dresden/Basel 2001.

DIE AURA DES AUTONOMEN OBJEKTS

In den Inszenierungen Bornemanns wurden die Exponate radikal neu interpretiert: als autonome Objekte ohne Geschichte, nur in ihrer Materialität lebend. Das entsprach der Kunstideologie der Nachkriegszeit, der Idee der l'art pour l'art, hatte aber durchaus ungeahnte Folgen: *„Dieses Ausstellungssystem [ist] aber auch eine ganz und gar nicht karitative Qualtätsprüfung für jedes Objekt und erzwingt eine besondere Auswahl..."*[32]

Durch das Kunstlicht wird die äußere Welt beim Besuch der Museen konsequent ausgeschlossen, die Besucher haben lediglich in den weiten Foyers – deren Aufenthaltsqualität allerdings minimal ist – die Möglichkeit, sich abzulenken, den erfrischenden Anblick von Himmel und Natur aufzunehmen. Den Objekten wird jedes unbeeinflussbare Eigenleben genommen, jede Vielfalt der Interpretationsmöglichkeit. Am originalen Ort und auch noch in den alten, von Naturlicht abhängigen Museen hing ihre Wirkung etwa ab vom Wechsel des Tages- und Jahreszeitenlaufes. In Dahlem – und in jedem Kunstlichtmuseum – bestimmt hingegen Konstanz die Wirkung der Objekte, es ist immer nur die eine, von den Kuratoren und Architekten voraus gewählte Interpretation möglich.

Letztlich ist die Abdunkelung der Museen konsequenter Ausdruck des Zugriffs der Europäer auf die Welt insgesamt. Objekte egal welcher natürlicher und kultureller Umgebung werden einem einheitlichen Inszenierungsschema unterworfen. Selbst die Differenzierungen ergeben sich nicht etwa aus den dargestellten Kulturen, sondern sind letztlich in der historisch gewachsenen Zusammensetzung der Sammlungen begründet: In der Alt-Amerika-Sammlung sieht man die archäologische Fülle, in den Kunstmuseen die Auratisierung des Meisterwerkes, in der assoziativ-exotischen Südsee-Abteilung die Naturwelt und ihre Magie.

Offenbar ging der Wunsch zum Ausschluss des Naturlichtes wesentlich von den Museumsdirektoren aus, die unter anderem bezweifelten, dass das trübe Berliner Licht Objekte aus den Subtropen und Tropen angemessen erhellen könne.[33] Sie trafen sich mit der berufsbedingten Neigung des Architekten, die Welt aus einem, seinem Guss zu schaffen. Beide konnten so ihre Herrschaft über die Objekte vollendet ausleben: Kein Betrachter kann sich der Lichtregie Bornemanns und der Museumsdirektoren entziehen, sie erst macht aus einem indischen Haustempel ein Kunstwerk im europäischen Sinn.

Dieser Versuch war nicht voraussetzungslos: Bereits in den Inszenierungen der zwanziger und frühen dreißiger Jahre von Wilhelm Wille und Ludwig Hoffmann wurde der behauptete Kunstcharakter der Objekte herausgestellt und über deren historische oder funktionale Bedeutung gesetzt.[34] Andererseits war aber, das darf bei aller Kritik dieser Entfremdung nicht vergessen werden, die Inszenierung der Dahlemer Museen geprägt vom Gedanken der Aufklärung: Sie sollte die Grenzen zwischen außereuropäischen Objekten und europäischen Betrachtern überwinden, indem an deren tradierte Vorstellungen angeknüpft wurde, dass wichtige Kulturen sich mittels der Kunst repräsentieren und diese im Museum ohne historischen Kontext präsentiert wird. Ergänzt wurde dies Vorgehen durch die ausgefeilte Didaktik mit illustrativen Vitrinenerläuterungen, knappen Objekttexten, ausführlichen – unsinnigerweise heute in vielen Abteilungen abgeschafften – Führungsblättern und wissenschaftlichen Katalogen. Es waren sogar Anlagen eingebaut worden, um stündliche Funkführungen senden zu können – Vorläufer der heutigen Audio-Guides. Diese Vielfalt des didaktischen Angebots spiegelt das Ethos der

Bildungsreformen der sechziger Jahre, das Bemühen, mit den Museen nicht mehr nur die bildungsbürgerlichen Kreise zu erreichen.

NICHT ALLEIN DAHLEM

Auch die Berliner Museen wollten nach der Nazizeit den demokratischen Neuanfang wagen, die Trennung vom Ballast der imperialen Ambitionen Deutschlands. Fritz Bornemann gab diesem Anspruch, die Museen durch die Gestaltung ihrer Ausstellungen neu zu orientieren, wie kein anderer Architekt seiner Zeit ein Gesicht. Er nutzte dabei vor allem die Erfahrungen als Theater- und Ausstellungsgestalter. Die Grundlage für seinen Erfolg war die Tätigkeit für die amerikanische Besatzungsmacht seit 1950. Durch sie lernte er die seit der Weltausstellung in New York 1940 entwickelten, stark dramatisierenden amerikanischen Inszenierungsmethoden kennen, kam nicht zuletzt in teilweise sogar persönlichen Kontakt mit Gestaltern wie Peter G. Harnden, Herbert Bayer, Peter Blake und Ray und Charles Eames. In Deutschland hingegen herrschte in den fünfziger Jahren ein ästhetisch geradezu ausgedörrter Ausstellungsstil, der die emotionalen Bedürfnisse der Betrachter so wenig berücksichtigte wie neuere Erkenntnisse über Didaktik und Massenwirksamkeit von Objekten. Diese Reduktionsästhetik war nicht nur Folge ökonomischer Beschränkungen nach dem Krieg, sondern auch ein Versuch der Ausstellungsmacher, mit weißen Wänden und einfachen Vitrinen sowie undramatischer Beleuchtung jedem Vergleich mit den pathetischen, aber inszenatorisch einfallsreichen Propagandaausstellungen der Nazi-Zeit oder denen der stalinistischen Sowjetunion auszuweichen. In den USA erlaubte die Kundenorientierung der amerikanischen Kulturpolitik kein solches Zurückweichen in die Kargheit, eine Erfahrung, die Bornemann tief geprägt haben muss.

Ähnlich prägend für die Dahlemer Museen war die Inszenierung des Archäologischen National-Museum in Mexiko Stadt. Es entstand 1963–64 nach Plänen von Pedro Ramíres Vázquez, Rafael Mijares und Jorge Campuzano. Auch hier strahlen in tiefschattigen, nur von indirektem und von scharf gebündeltem Kunstlicht erhellten Räumen die Objekte wie in einem Juwelengeschäft, sind die Räume nur scheinbar locker angeordnet, tatsächlich aber streng orthogonal. In beiden Museen war die magische Dunkelheit das ästhetische Mittel, um Objekte, die bis dahin nicht im Zentrum des europäischen Blickes standen, zu Zeugen einer hoch stehenden Kultur zu erheben. Der Schutz der Objekte vor der Sonne – heute immer wieder als Grund für die Entwicklung des „Dunkelmuseums" angegeben – spielte in den zeitgenössischen Texten hingegen keinerlei Rolle.

Die Auratisierung der Einzelobjekte durch das Kunstlicht gehört heute zum unkritisch akzeptierten Alltag der Ausstellungs- und Museumskultur. In Dahlem wurde sie erstmals in großem Maßstab in Europa angewandt. Inzwischen ist Bornemanns Inszenierung der Kunstmuseen zerstört worden, den völkerkundlichen Inszenierungen droht spätestens der Abbruch, wenn der beschlossene Umzug des Museums auf den Schlossplatz Wirklichkeit wird. Spätestens dann wird man sich nur noch anhand der Fotos erinnern, dass diese Inszenierungen selbst auch Kunstwerke waren. Dann wird sich auch herausstellen, ob die von den Direktoren Eisleb, Höppner, Koch, Härtel, Brisch und Raqué in Zusammenarbeit mit Fritz Bornemann eingeleitete radikale und ahistorische Ästhetisierung auch der außereuropäischen Sammlungen Bestand haben kann.

Haus der Asiatischen Kunst, 1972: Museum für Islamische Kunst; Museum für Indische Kunst (Turfan-Sammlung); Museum für Ost-Asiatische Kunst. Alle 1998 abgebaut

Teilfassade der Deutschen Oper Berlin mit der Skulptur
von Hans Uhlmann; Teilfassade der Universitäts- und
Landesbibliothek Bonn mit der Plastik von Hans Arp

PETER STAUDER

Formalismus und Abstraktion
BORNEMANNS BAUTEN UND DER SINN DER MODERNE

Die Architektur Fritz Bornemanns ist gekennzeichnet durch Formalismus und Abstraktion. Mit Formalismus ist hier ein auf die Form *allein* ausgerichteter Gestaltungswille gemeint und mit Abstraktion das Absehen vom Inhalt und auch vom Zweck. Der Inhalt beschreibt dabei die in vorindustriellen Zeiten allgemein verbindliche Bedeutung, die eine Form trug und vermitteln sollte, während der Zweck sich ergibt aus der einst eindeutig ablesbaren Gebrauchszuweisung des Bauwerks. Inhalt und Zweck sind als vorrangige Absichten architektonischer Formgestaltung seit der Moderne verschwunden. In dieser Tradition stehen auch die Bauten der deutschen Architektur nach 1945.

Alle Überlegung zur Ursache für den Verlust von Inhalt und Zweck muss sich also die Form zunächst vergegenwärtigen als eine historische Variante. Nicht ihre ästhetische Vielfalt ist hierbei entscheidend, sondern die unterschiedliche gesellschaftliche Rolle, die sie in den einzelnen Epochen spielt. Erreichte sie einst den hohen Status eines Ausdrucksmittels von Inhalten, eines Trägers verbindlicher Bedeutungen, so bricht die Moderne mit dieser Tradition radikal. Nicht länger ist der Schöpfer einer bestimmten Form interessiert an einem gemeinschaftlichen Einverständnis, das seine Formung leiten und ihre Vollendung ausdrücken soll. Sinn und Bestimmung einer Form werden ihr nicht mehr von Außen, aus dem Reservoir des Gesellschaftlichen zugetragen, sie liegen fortan in ihr selbst. Ihre Rolle erscheint im Status der Autonomie, einer Art „Eigensinn" des Ästhetischen. Das Charakteristische der Architektur des 20. Jahrhunderts liegt folglich nicht in der Variation der Form nach Inhalt und Zweck, sondern in der Form als Form. Aus dieser gesellschaftlichen Rollenzuweisung ist kein Entkommen. Zwingend und lückenlos bestimmt sie die Funktion von Kunst und Architekturästhetik. Seit mehr als einhundert Jahren ist die Form immer abstrakt und der Zweck obsolet. Das macht Fritz Bornemann mit Walter Gropius, Ludwig Mies van der Rohe, Alvar Aalto, mit Frank O. Gehry und auch Daniel Libeskind vergleichbar. Die Unterschiede zwischen ihren Bauformen sind vor diesem Hintergrund nur marginale Vielfalt, Modifikation des Gleichen.

Formalismus und Abstraktion lassen die Formen klar und rein hervortreten. Zugleich aber werden sie abweisend und unverständlich, verlieren den Tonfall des Menschlichen. Warum aber bringt der Mensch abweisende Bau- und unverständliche Kunstwerke hervor? Auf diese Frage kann uns die autonome Form selbst keine Antwort geben. Die Analyse ihrer strukturellen Bedingungen, etwa die formaler Harmonie, auf die sich die Moderne beruft, kann den Verlust gesellschaftlich vermittelnder Inhalte nicht erklären. Diese Ursachen sind nur zu finden in den tieferen Zusammenhängen gesellschaftlicher Vermittlung, deren Wirkung an den Bau- und Kunstwerken zwangsweise hervortritt.

Als anschauliche Beispiele werden im Folgenden die Deutsche Oper Berlin und die Universitäts- und Landesbibliothek Bonn genommen, deren Architekt Fritz Bornemann war. Warum Bornemann? Seine Bauformen einer inszenierten Moderne sind zweifellos typisch für die deutsche Nachkriegsarchitektur, einer Phase, die heute erscheint als „verträgliche Moderne mit risikoloser Schlichtheit (...) – eine Moderne ohne Experiment."[1] Sein Beispiel zeigt, dass die folgende Analyse nicht nur das Extrem verhandelt, sondern Allgemeingültigkeit beansprucht.

I.

Versetzen wir uns zunächst einen Augenblick lang in die Lage eines Passanten. Was sieht er? In der Deutschen Oper Berlin sieht er einen kastenförmigen Bau mit weitgehend geschlossener Fassadenwand, davor eine dominierende, hoch aufragende Stahlskulptur. Ganz ähnlich zeigt sich die Universitäts- und Landesbibliothek Bonn: Ein flacher, glatter Kubus, auf vorgelagerter Freifläche kontrastierend eine rundliche Marmorplastik. Die puristische Geste der kargen Formgebung ist dem Betrachter geläufig und seit der Moderne nicht mehr anstößig. Er nimmt diese Bauten zuallererst nicht als Bauten wahr, sondern als abstrakte Formen mit strenger Geometrie. Bei den ihnen kongenial beigeordneten Kunstwerken verwandter Formensprache ist sein Zugang entsprechend. Von aller gegenstandstreuen Bildhaftigkeit abstrahierend, vermitteln Architektur und bildende Kunst keine inhaltlichen Sinnzusammenhänge, keine Bedeutung, die er verstehen könnte.

OHNE INHALT

Es gibt also gute Gründe für das oft negative Urteil der Öffentlichkeit zu den Bauten aus der Tradition der Moderne und auch dem schillernden Angebot professioneller Deutung durch Kunst- und Architekturhistoriker oder -kritiker zu misstrauen. Einem spezialisierten Publikum aus Feuilleton und Kunstkritik mögen sie etwas sagen, doch deren Äußerungen sind oft kryptische Selbstbezüglichkeiten, sinnvoll nur zu lesen mit dem Wissen um ihre Vorbestimmtheit. Vor diesem Hintergrund betrachtet, wären erkennbare Inhalte auch nur hinderlich. Gerade möglichst unverbindliche, jeder Umgebung problemlos sich anpassende Werke sind gefragt. Zum ersten Mal in der Gattungsgeschichte finden wir einen Zustand vor, und zwar in Vollendung, in dem vom Adressaten nicht verstanden und angenommen wird, was als Bauform und als Kunstwerk auf dem gesellschaftlichen Grund hervorgebracht wird. Mehr noch: Wie selbstverständlich ist diese Einschätzung für viele gleich der Bedeutung und gesellschaftlichen Rolle gegenwärtiger Kunst und Architektur und der Pleonasmus des *rätselhaften* Kunstwerks ihre allgemeinste Maxime. Kunst und Bauformen sind eben rätselhaft. Der Befund des gemeinschaftlichen Unverständnisses entspricht so einer für alle verbindlichen Konvention. Deshalb ist er auch nicht anstößig. Wer Aufklärung verlangt über diese verwirrende Sachlage, muss seine Überlegungen beginnen beim Umstand der historisch wandelbaren Funktion von Kunst und Architekturästhetik.

---

[1] Thilo Hilpert, „Phantomschmerz Mies. Revision eines Klischees", in: 161 ARCH+, Juni 2002, S. 70.

[2] Theodor W. Adorno, Funktionalismus heute. GS 10.I., Frankfurt/M 1970, S. 388.

OHNE GESELLSCHAFTLICHE FUNKTION

Die Art und Weise der Kunst ist stets analog zur Verfassung ihrer Epoche. Sie wird bestimmt von ihrer gesellschaftlichen Funktion, die begründet, wozu eine Gesellschaft so etwas wie „Kunst" produziert, vor allem aber welche Rolle die Form zu spielen hat. Von dieser jeweils historisch spezifischen gesellschaftlichen Funktion hängt ab, ob die Form einen Inhalt zu transportieren hat, wie vom frühen Mittelalter bis zur Moderne. In der Darstellung des Inhalts mittels bearbeiteter Form gründete die eigentliche Aufgabe der Bau- und Kunstformen. Die Form als Vehikel, als Träger gemeinschaftlicher Bedeutung, verweist uns auf den generellen Zweck von Kunst und Architekturästhetik, Garanten und Statthalter kultureller Identität zu sein. Im Zusammenfall von Form und Inhalt lag die für alle verständliche Botschaft: der bildhafte Ausdruck des gesellschaftlich Allgemeinen, die Versicherung eines gemeinschaftlichen Einverständnisses.

Ende des 19. Jahrhunderts wurde dieses über die Einheit von Form und Inhalt hergestellte Einverständnis insgesamt zum Verschwinden gebracht. Das Interesse an der Kunst verschob sich bedeutungsvoll auf die Form allein. Als objektiver Zug des Gesellschaftlichen verlor sich die Notwendigkeit, in den Bau- und Kunstformen gesellschaftlich bindende Inhalte anschaulich zu machen. Auch als gestalterische, schöpferische Intention blieb nur die Thematisierung der Form selbst. Auch die Architektur hegt seither Leidenschaft nur für ihre architektonischen Mittel. Auch ihr geht es nicht mehr um die Form als Bedeutungsträger, als Ausdrucksmittel eines Inhalts. Mit dem Verschwinden des Allgemeinverständlichen, des für den alltäglichen Betrachter offenen Sinns, geht aber einher der Verlust allen lebendigen Interesses. Zugleich verliert sich die vorrangige Stellung der Künste, ihre zentrale Geltung in der Gesellschaft.

DIE STELLUNG DER ARCHITEKTUR

Zweck und Entstehungsgründe aller Kunst liegen in der Einübung des Menschen in seine Weltverhältnisse und deren Bewusstwerdung. Die Architektur nimmt jedoch eine Sonderstellung ein unter den Spielarten der Kunst, weil sie entscheidend von einem zweiten Aspekt des Zwecks geleitet wird. Die Umsetzung des Inhalts ist wesentlich auch an die Erfüllung der Gebrauchsfunktion geknüpft. Während der Zweck in den bildenden Künsten sich allein in der Anschauung des ästhetischen Gegenstands vollzieht, das Kunstwerk dazu da ist und nur dazu da ist, angeschaut zu werden um die Funktion gesellschaftlicher Einheitsstiftung umzusetzen, ist das spezifische Anliegen der Architektur: „wie (…) ein bestimmter Zweck Raum werden (kann), in welchen Formen und in welchem Material",[2] in der Anschauung nicht erschöpft.

Zum generellen Zweck, Medium der Einheitsstiftung zu sein, kommt in der Baukunst die praktisch-nützliche Aufgabe hinzu, Schutz zu gewähren und Geborgenheit. Integrales Medium des Gemeinschaftlichen ist sie allerdings auch hier. Doch selbst wenn sie dem praktisch-nützlichen Aspekt des Zwecks folgt, als Wohnstätte, Sakralraum, Theaterbau, Bibliothek usf., geht sie niemals auf im bloß vordergründig Nützlichen. Ihre andere Seite fragt immer nach der Verbindlichkeit der Form, nach deren gesellschaftlicher Bedeutung. Erst die Moderne bricht mit dieser Tradition radikal, hält nur die Frage nach ausgewogener Gestalt und nach Schönheit aufrecht.

Der Zwang zur Verselbständigung der Form drückt sich in der Baukunst des 20. Jahrhunderts aus in der Entstehung zweier vergleichbarer Konzeptionen. Das ist zum einen der Internationale Stil, dem es in erster Linie um die ästhetische Seite der Architektur zu tun ist. Zum anderen ist das der Funktionalismus, der seinen Schwerpunkt auf die gebrauchsfunktionale Seite legt. Beide Richtungen sind Kehrseiten der gleichen Medaille. Dass auf der einen Seite die Form, auf der anderen der Gebrauch als *allein* maßgeblich inthronisiert wird, ermöglicht es, das eine Kalkül mit dem anderen zu legitimieren, den einen Kurs als architekturtheoretische Argumentationshilfe zu nutzen, um die Schwächen des anderen zu verteidigen.

DER INTERNATIONALE STIL

Der Internationale Stil ist die zentrale architekturästhetische Richtung der Nachkriegsarchitektur, fußend auf den rein formalen Analysen der europäischen Klassischen Moderne in den zwanziger Jahren, die Henry-Russell Hitchcock und Philip Johnson in der epocheschreibenden Ausstellung „The International Style" 1932 im Museum of Modern Art in New York vorgenommen hatten. Allgemein folgt er dem ästhetischen Eigensinn reiner Form und im besonderen den künstlerischen Maximen des Konstruktivismus, deren Avantgarde-Stellung in der Malerei auch auf die Architektur übertragen wird. Allen gemeinsam ist die Vorstellung, Bauen als ästhetisches Unterfangen folge nicht nur der Vielschichtigkeit der Kunst, sondern sei rational wie die Wissenschaft.

Wie zuerst die Malerei, so ging auch die Architektur der Moderne entlang der Logik ästhetischen Eigensinns. Dabei folgte die Architektur der Tendenz zum Formalismus und zur inhaltlichen Entleerung mit bemerkenswerter Arglosigkeit. Sie forcierte das rationale Moment und gab sich zugleich und in ernsthafter Absicht der gegensätzlichen Hoffnung hin, Kunst und Leben zu versöhnen, Rationalität und Empfindung vereinen zu können.

Ein wesentlicher Teil der Avantgarde richtete sich dabei gegen alle ästhetisch-ornamentalen Ausdrucksmittel. Architektur sollte sich „als Vollendung der Form-Ästhetik durch Liquidation des Inhalts" beschränken auf die elementarste Form, die sich architektonisch denken lässt: auf die äußere Gestalt des schlichten Kubus und eines von ihm umschlossenen „reinen" Raums im Innern. „Die ‚architektonische Kiste' (...) ist der eine abstrakt-gleichförmige, an jedem Punkt gleich strukturierte, keinerlei Präferenzen und Differenzen zulassende Raum; die serielle Kompositionsweise will die Komposition von allem Subjektiv-Ausdrucksmäßigen und Zufälligen befreien und die allgemein gültige, quantitativ definierte Objektivität des Werkes mathematisch garantieren."[3]

Auch wenn diese ästhetischen Charakterzüge nur strengstem Rationalismus folgen wollen, wird dennoch Schönheit als Ziel der Gestaltung in höchstem Maße angestrebt. Allerdings, und das ist das Bindeglied zwischen Internationalem Stil und Funktionalismus, wird sie im Gebrauchsaspekt gesucht. Folgt man der Logik dieses Zwecks, soll Schönheit gerade hierin sich zeigen. Was in höchstem Grad brauchbar ist, soll idealerweise zusammenfallen mit der Schönheit aus strengster Reduktion. Die Vollendung der Schönheit inhaltsleerer Form ist dann der reine Kubus.

---

[3] Günter Seubold, Das Ende der Kunst, München 1998, S. 274ff.
[4] Regine Prange, Das Kristalline als Kunstsymbol. Bruno Taut und Paul Klee. Zur Reflexion des Abstrakten in Kunst und Kunsttheorie der Moderne, Hildesheim 1991, S. 65.
[5] Kurt Glaser, Amerika baut auf, Berlin 1932, S. 103/37.
[6] Walter Gropius, Neue Arbeiten aus der Bauhauswerkstatt, Weimar 1925, S. 14.

Diese Form, die keinen Inhalt zu formen hat, wird sich selbst zum Inhalt. Für einen so eigenartigen neuen „Inhalt" sucht die Architekturtheorie der Moderne Rechtsgründe im Gesellschaftlichen, dem angestammten Reservoir der Inhaltsbindung, das gänzlich aufzugeben auch dem Neuen Bauen allzu befremdlich erscheint. Gefunden werden sie im Gebrauchszusammenhang – „was gut funktioniert, sieht gut aus", sagte Bruno Taut – und in den *strukturellen Bedingungen* der Form selbst, entweder in überzeitlichen Größen – etwa die formaler Harmonie – oder, wie im Expressionismus, mythisch entrückt, was nur einen graduellen Unterschied macht. Denn beide Rückversicherungsstrategien fußen auf bloßer Behauptung. Die Architekturtheorie bringt hier die reine Form als eine gesellschaftsunabhängige Konstante ins Spiel, die ihre Entsprechung haben soll in einem überzeitlichen urmenschlichen Anliegen. Weder aber die ins Geistige überhöhte Formstrukturen, noch die „mystizistischen Formeln"[4] bieten hierfür eine ernstzunehmende Legitimation. Als im Gesellschaftlichen verankerte, von dort abgeleitete Rechtsgründe fallen sie jedenfalls aus.

Ohnehin sind die Bauwerke nicht deshalb nüchtern und verzichten auf alles Ornamentale, worüber einst Allgemeinverbindlichkeit sich herstellte, weil eine vermeintlich gesellschaftlich unabhängige, gleichsam freischwebende Architekturkonzeption dies theoretisch vorgibt. Die Bevorrechtung der reinen Form tritt mit zwingender historischer Konsequenz hervor.

DER ARCHITEKTONISCHE FUNKTIONALISMUS
Der funktionalistische Architekt plant von Innen nach Außen. Das ist ihm wenigstens in der Theorie Grundsatz und Programm. Ästhetische Überlegungen zur Gestalt der äußeren Form sollen zweitrangig bleiben, dem Gebrauch nachgeordnet. Der Zweck erhält hier eine doppelte Bedeutung, die den Aspekt des praktisch-nützlichen Gebrauchs gleichsetzt mit dem Aspekt ökonomischer Imperative. Doch letztlich verdeckte diese Suggestion die Übermacht des ökonomischen Aspekts wie er im rein bauwirtschaftlichen Funktionalismus der 1960er und 1970er Jahre kenntlich wurde. Allerdings stehen schon am Aufbruch der Moderne, hinter dem propagierten Primat des Praktisch-Nützlichen, die Züge industrieller Fertigung: Standardisierung, Normierung, Rationalisierung, die anderen Weisungen folgen als dem menschlichen Maß. Ausnahmslos alle Bauten, auch den Wohnungsbau, begriff der Funktionalismus am entscheidenden Punkt ökonomisch-rationalistisch als Industrieprodukt. Erinnert sei hier an sein offen abgelegtes „Glaubensbekenntnis (...), die ehrliche Gesinnung eines Bauwerks äußere sich in der Rentabilität (, und) Kunst gehör(e) in die Abteilung Reklame."[5]

Wie der Internationale Stil, so sucht auch der Funktionalismus eine höhere Legitimation. Auch er findet sie in überzeitlichen und überpersönlichen Universalien. Bereits Walter Gropius nahm die *„Standardformen"* als unwandelbare Größen, immer schon „Zeichen einer wohlgeordneten, zivilisierten Gesellschaft."[6] Gerade die Standardformen aber waren es, die in ihrer konsequentesten Anwendung jene tote Welt sich durchsetzender Abstraktion herbeiführten, deren harte Ordnung und erbarmungslose Direktiven in der Nachkriegszeit alle Architekturformen prägt. Der rationalistische Raum verursacht auch eine rationalistische Lebenswelt. Bedingungslose ökonomische Zweckrationalität formiert nun die Bedürfnisse. Dabei soll doch von ihnen die Gestaltung der Lebenswelt ursächlich betrieben werden. Am Ende wirken die Prinzipien dieser Vorgaben nicht mehr nur von Außen, sondern durchdringen sie, schlagen durch alle Schichten der Persönlichkeit und wirken am Ende ersatzweise als diese.

Besonders verheerend wirkte sich dies im Bereich des öffentlichen Wohnungsbaus aus. Die konsequenteste Durchsetzung des Funktionalismus in den „Wohnmaschinen", der „industriellen Stadt" usf., straft dann auch jenen Gebrauchszweck Lügen, dem er formal dient. Über der zerstörerischen Gleichgültigkeit gegenüber städtebaulicher Wüstenbildung wird allzu leicht vergessen, dass die „in den Funktionalismus und in die Stadtzerstörung entglittene Moderne (...)"[7] auch die Bauten kultureller Anbindung nicht ausnahm. Auch die Bereiche exklusiver Architektur erhalten von dort in der Nachkriegszeit ihre wesentliche Prägung.

ZWECKFREIER GEBRAUCH

Aus dem gleichen Grund, aus dem der Funktionalismus Bauwerken und Werken der bildenden Kunst keine inhaltliche Aussage mehr abverlangt, verschwindet in der Architektur aber auch die notwendige Zuweisung einer ästhetisch eindeutigen Gebrauchsbestimmung. Im einseitigen Formstreben hat der gebrauchsfunktionale Zweck am Ende an den Bauformen nichts Bestimmtes mehr auszurichten. Er „laboriert am funktionslosen Funktionieren".[8] Zweck und Form verlaufen sich am Ende im Beliebigen. Die Synthese zwischen ästhetischem Eigensinn und spezifischer Zweckgebundenheit, die manch einer in der Architekturmoderne als gelungen ansieht,[9] hat es von daher nie gegeben, wie etwa das Beispiel der Neuen Nationalgalerie von Ludwig Mies van der Rohe zeigt. Ursprünglich gedacht als Pavillon für die Rumfirma Bacardi, erklärte der Architekt diesen Entwurf zum Museumsbau, ohne dass er dies als Bruch empfand. Auf diese Weise konnte er zumindest die Idee der offenen, tempelartigen Halle vom kommerziellen Zweck auf den der Kunstanbetung übertragen. Dass der Zweck längst verschwunden ist, zeigt diese radikalste Vorstellung vom Bauwerk als Hülle des *Universalraums*. Sie spricht den Abschied vom Zweck freimütig aus, macht ihn offen zum Programm. *Inhaltleere* Form und *zweckfreier* Gebrauch fallen hier zusammen. Wenn aber der Zweck des handgreiflichen Gebrauchs so vollkommen gleichgültig ist, dann kann er auch nicht einstehen als Grundlage der funktionalistischen Formästhetik.

DAS ORNAMENTALE

Wie der Zweck ausfällt als ästhetische Grundlage, so auch das Ornament. Das Ornamentale kann dem Formalismus kein inhalts- und bedeutungstragendes Moment sein. Auch wird es ja vorsätzlich gemieden. Das hieraus entstehende Defizit nötigt den Internationalen Stil zum Ersatz. Der Verlust von Inhalt und gesellschaftlicher Bedeutung der Form

---

7 Heinrich Klotz, Moderne und Postmoderne, Braunschweig 1985, S. 14.
8 Theodor W. Adorno, Ästhetische Theorie, Frankfurt/M 1970, S. 97.
9 Siehe hierzu auch: Jürgen Habermas, „Moderne und Postmoderne Architektur", in: 61 ARCH+, 1982, S. 59.
10 Persönliches Gespräch des Verfassers mit dem Architekten am 27.1.2002.
11 Walter Gropius (Hrsg.), Internationale Architektur (Bauhausbücher 1), München 1925, S. 5.
12 In vielen Fällen entscheidet hierüber freilich nicht der Architekt, sondern eine Kommission aus Verwaltungsbeamten der Sektion „Kunst am Bau". Was das bedeutet, liegt auf der Hand. Näheres hierzu: Ingeborg Flagge, „Die überforderte Kunst am Bau", in: Architektur des Staates. Eine kritische Bilanz staatlichen Bauens in Nordrhein-Westfalen von 1949 bis heute, Kleve 1984.

soll wettgemacht werden im Bemühen um den außen nicht sichtbaren Teil der Gebäude. Die Anstrengungen gelten dabei in erster Linie der formalästhetischen Durchgliederung des Innenraums. Auch Fritz Bornemann erstrebt bei seinen Bauten die konsequente Ausbildung ausgedehnter Raumeinheiten, meist von Glaswänden geschieden, den Eindruck hallenförmiger Einheit, deren großteils gläserne Außenwände auch den Blick über deren Grenzen hinaus erweitern sollen. Aufgrund seines Bekenntnisses zum Primat der Gebrauchsbestimmung behauptet Bornemann wenigstens in seiner Rhetorik das Äußere sogar als vollkommen zweitrangig, als bloße Hülle.[10] Die formale Harmonie im Innern, auch mittels Durchdringung von Innen und Außen, soll nicht nur die Gebrauchsbestimmung des Baus und den Arbeitsablauf des Betriebs unmittelbar sichtbar machen, so seine erklärte Absicht, sondern zugleich einer Ästhetik der Transparenz und Weite folgen. Gewiss, beim Durchschreiten des Inneren, in den Veränderungen der Perspektiven und Durchblicke, mögen sich vielerlei Qualitäten, auch Schönheit offenbaren – in der Universitäts- und Landesbibliothek Bonn etwa ist dieser Aspekt von höchster Bedeutung. Auch Statik, Proportion, Rhythmus, die nie nur rationale Momente sind, erfassen auf mittelbarem Wege viele Dimensionen, auch die emotional tiefsten: Lichtes wird als Leichtes, Düsteres als Schweres empfunden. All diese Momente aber bleiben formale Umstände, die mit dem bedeutungsvoll-inhaltlichen des Ornamentalen nicht gleichgesetzt werden können. Zudem verbergen sie ihr Spiel im Innern. Nicht das Innere aber, sondern das Äußere trägt in der architektonischen Tradition wie in der Moderne die ästhetische Aussage und begründet den Bau ästhetisch als autonomes Werk. Nicht zufällig hat Walter Gropius als Herausgeber der „Bauhausbücher" zur internationalen Architektur sich ausdrücklich „auf Abbilder äußerer Bauerscheinungen" beschränken wollen, um die wesentlichen Merkmale des „Neuen Bauens" zu demonstrieren.[11]

Diesem Gewicht des Äußeren kann auch Bornemann nicht entrinnen, folgen doch auch die äußeren Bauformen der Deutschen Oper Berlin und der Universitäts- und Landesbibliothek Bonn getreulich dem vom Internationalen Stil stilistisch vorgegeben einfachen kubischen Baukörper. Dass gerade eine nicht-emblematische Architektur mit den architektonischen Mitteln virtuos umgeht, in besonderem Maße über das Spezificum der *formstrukturellen* Möglichkeiten der Innenraumgestaltung ästhetisch vielsagende Verhältnisse entwickelt, verdeckt das grundsätzliche Problem. Doch vor allem an der äußeren Großform tritt die Eigenart aller modernen Architektur offen zu Tage: die Bedeutungslosigkeit ornamentloser Leere. Deswegen entsteht die Notwendigkeit, das Ornamentale außen an die Bauten heranzutragen: mittels der bildenden Kunst.

II.

Um die Kargheit, Monotonie und Ausdruckslosigkeit seiner Bauten auszugleichen, bisweilen auch um sie zu verdecken, macht der Architekt Anleihen bei den übrigen Künsten.[12] Dabei liegt es besonders nahe, sich eines plastischen Werks zu bedienen, denn wie der Architektur, so ist es auch der Bildhauerei um Raum- und Formfragen zu tun. Fritz Bornemann hat diese Variante den Möglichkeiten einer direkten bildnerischen Gestaltung der Hauptfassaden vorgezogen, die er, wie Entwurf und Planungsverlauf zeigen, sowohl in Bonn als auch in Berlin erwogen hatte.

DIE ABSTRAKTE PLASTIK

Der Wunsch des modernen Architekten, dem vorhandenen Bauwerk mittels Beifügung eines ästhetischen Gegenstands Qualität zu verleihen, folgt letztlich dem Geist vergangener, inhaltlich aussagekräftiger Architektur. Er bedient sich in strengem Wortsinn Funktion und Auftrag des Ornaments. Doch in der Umsetzung seines Wunsches, die ästhetische Leere der reinen Zweckform ornamental aufzufüllen, kündigt er die Treue zur Reinheit seines eigenen Stils, betreibt er doch die „falsche (...) Auferstehung des von der neuen Architektur Kritisierten, Schmückenden".[13] Die Figur, die erst im nachhinein, als Zier, zur bereits fertig ausgebildeten und abgeschlossenen Bauform hinzukommt, hat allerdings ihre gesonderte, ursprünglich nicht auf die Bauform bezogene Entstehungsgeschichte, steht für sich selbst. Dass sie andererseits einen eigenen ästhetischen Wert besitzt, ist die Vorraussetzung für die zusätzliche Ausdrucksschöpfung. Gerade dadurch aber bringt die Figur die ornamentale Absicht in eine, bereits im formalen Kontext entstehende Notlage. Denn „je weniger das Ornament bereits von vorneherein in der Formung des Gegenstands mitgedacht wird, je mehr es nachträglich ‚appliziert' ist, desto fragwürdiger wird seine Berechtigung, desto weniger schlüssig ist der formale Zusammenhang von Substanz und Dekor."[14]

Dieses Problem könnte umgangen werden durch die Wahl eines entsprechenden Kunstwerks. Der Wunsch, mit seinen Bauten dem Minimalismus des Internationalen Stils die Treue zu halten, zwingt Bornemann zur Wahl eines stilistisch adäquaten, zeitnahen, folglich streng formalistischen Kunstwerks. Die ornamentale Beifügung muss seiner Bauästhetik wesensverwandt und ihr historisch gleichzeitig sein, soll die Gesamtkonzeption weder ins Kunstgewerbe abgleiten, noch in die Sphären von Kitsch und Gartenzwergromantik. Folgen darf sie auch nicht dem Eklektizismus eines „kulturellen Rückfall(s) in geschichtlich abgetane Inhalte,"[15] einer Position, die später von der „Postmoderne" vorsätzlich und durchaus oft ironisch reflektiert eingenommen werden sollte. Fritz Bornemann entschied sich folgerichtig für Figuren abstrakter Formensprache, für die Kunstrichtung, die in der Zeit der Planung beider Bauten den Höhepunkt ihres Ansehens und ihrer staatlichen Förderung in der alten Bundesrepublik erreichte.[16]

Wie in der Kunstgeschichte niemals zuvor ist das, was diese Kunstwerke uns sagen wollen, weder Ausdruck erfahrbarer Sinnzusammenhänge, noch Abbildung oder Ausprägung der bildhaften Welt. Auch wenn uns im Bonner Fall der Künstler mit seiner Bezeichnung „Wolkenschale"[17] auf eine trügerische Fährte lockt, ist es von Grund auf falsch, einen wie auch immer gearteten gegenständlichen Sinn in den Kunstwerken zu vermuten. Von vorneherein geht der Betrachter in die Irre, will er in diesen Kunstwerken etwas sehen, was sie gar nicht sein wollen. Suchen darf er nicht – bei aller Nähe gerade des Standbilds, auch des abstraktesten, zur menschlichen Gestalt – eine irgend geartete

---

13 Theodor W. Adorno, Ohne Leitbild. Parva Aesthetica, Frankfurt/M 1975, S. 114.
14 Hans Heinz Holz, Der Zerfall der Bedeutungen. Philosophische Theorie der bildenden Künste III, Bielefeld 1997, S. 186.
15 Klotz, a.a.O., S. 13.
16 Zu den rein geometrischen Raumkompositionen zählt auch die Plastik „Raumschichtungen" von Otto Herbert Hajek, zur gleichen Zeit aufgestellt im großen Atrium der Bonner Bibliothek, der jedoch keine unmittelbar architekturbezogene Aufgabe zugedacht ist.
17 Dass Arp die Bezeichnung „la danse" in einem anderen Zusammenhang passender schien, macht deutlich, wie er selber die Frage von Inhalt und Bedeutung sieht.
18 Heinrich Lützeler, 150 Jahre Rheinische Friedrich-Wilhelms-Universität zu Bonn. 1818–1968, Bonn 1968, S. 262.

figürliche Anbindung. Dies trifft auch zu auf mögliche Symbolzusammenhänge, auch auf vermeintliche Mitteilungen aus gesellschaftsfunktionalen Quellen, wider alle Wunschvorstellung, Kunst im öffentlichen Raum könnte diese Aufgabe noch erfüllen. Jede allegorische Auslegung, jede Deutung in diese Richtung – Heinrich Lützeler etwa wollte die in den Raum greifende Bonner Skulptur Hans Arps als Entsprechung der nach allen Richtungen offenen geistigen Arbeit gedeutet wissen[18] – ist willkürlich.

Wenn aber die ästhetische Absicht auch der Figuren nur gründet in reinem Formstreben, dann können sie dem Suchen des Architekten nach darstellender Bedeutung gar nicht folgen. Seine Anstrengung geht also von Anfang an ins Leere. Andererseits ist eine architektonische Komposition aus Bau und Plastik im ästhetischen Kontext seit der Moderne nur auf diese Weise überhaupt möglich. Sie kann und darf nicht verstanden werden, weil sie keine gesellschaftsfunktionale Bedeutung transportiert, auf die ein Verstehen sich richten könnte.

Angesichts dieser Lage wäre nun gerade dort nach Abhilfe zu suchen, worin das Kunstwerk der Moderne überhaupt sich legitimiert: in den Formzusammenhängen. Ein Vorschlag, der uns ähnlich bei den Bauwerken begegnet. Wenn das beigefügte Kunstwerk schon keine Bedeutung verkörpert, keinen verbindlichen Sinn transportiert, so kommt ihm in der Tat noch eine andere Funktion zu, die möglicherweise Ersatz sein könnte für die verlorene, die Vehikel war eines verbindlichen Inhalts. Baubezogene Plastiken beeinflussen die von den Bauten vorgegebenen Raumverhältnisse. Hinsichtlich der Konstitution des Raums ist der Architektur die Indienstnahme der gestaltfunktionalen Möglichkeiten der Figur willkommen. Das beginnt in unseren Fällen bereits bei der Kontrastwirkung, die Plastik und Skulptur zur Flächigkeit und Farbgebung der Hauptfassade entfalten. Vor die dunkle Steinverkleidung der Eingangsebene wurde in Bonn eine weiße Marmorplastik, in Berlin vor die helle Betonfassade eine schwarze Metallskulptur gebracht. In erster Linie aber wird die Gestaltungs- und Gliederungsfähigkeit der Figuren genutzt im Hinblick auf eine ästhetisch ausgewogenen Anordnung, der Herstellung formaler Harmonie.

RAUMVERHÄLTNISSE

Dem Berliner Bau diktiert die Großstadtlage in jeder Hinsicht eine erhebliche Beschränkung. Sein Entwurf ordnet das Gebäude ein in die enge Bebauung der Umgebung. Hauptfassade und zentraler Eingang sind ohne distanzschaffenden Raum fast bündig mit dem Straßenrand. Trotz erheblicher Abstandsräume zu den gegenüberliegenden Gebäuden bestimmt diese Bündigkeit vor dem Hintergrund der großflächigen Hauptfassade die architektonische Aussage des Gesamtkomplexes Deutsche Oper Berlin.

Der Bonner Entwurfsplanung steht erheblich mehr Platz zur Verfügung. Eine allseitige Sicht auf das Gebäude bleibt allerdings von vornherein der landschaftlichen Gegebenheiten wegen eingeschränkt. Von den zwei für den Betrachter einsehbaren Seiten kommt die zum Rheinufer hin gelegene als Hauptfassade nicht in Frage. Allzu ungünstig ist hier die Betrachterposition. Bornemann verlagerte deshalb die Hauptvolumina an die Fluchtlinie des Rheinufers und eröffnete so zur Adenauerallee hin die Repräsentationsseite der Bibliothek. Der so entstandene große freie Raum vor dieser Seite des Gebäudes vermittelt jedoch vornehmlich eine ausgeprägte Leere. Verstärkt wird diese Empfindung durch die streng kubische Bauform des Gebäudes im Hintergrund. In Bonn entspringt so die Notwendigkeit einer Synthese zwischen Plastik und Fassade aus dem freien, in Berlin dagegen aus dem fehlenden Raum. In beiden Fällen bliebe die ganzheitliche Anmutung der Bauten negativ bestimmt durch disharmonische Raumverhältnisse, könnten nicht deren gestalterische Mängel formal ausgeglichen werden durch die beigefügten Kunstwerke.

RAUMSTRUKTUR

Raum ist, wie wir wissen, nicht *vor* materiellem Dasein, sondern entsteht *mit* ihm. Er wird definiert durch einen Körper, auch durch dessen „Gestaltenergie". Das Verhältnis des Körpers zum Raum lässt sich ablesen an der Kontur seiner Oberfläche. In Berlin wie in Bonn bestimmt die weitgehend glatte Oberfläche der geometrisch exakten Baukörper den Raum nach einer Seite hin. Im gleichen Maß wie bei den Baukörpern gibt auch die Oberfläche der beigefügten Figuren dem Raum Gestalt. Dies wird über ihre Form geleistet, über bestimmte Strukturmerkmale ihrer Form.

Geht man zurück auf die Basisstrukturen eines jeden dreidimensionalen ästhetischen Gegenstands, wird man feststellen, dass es zwei Richtungstypen von Figuren gibt: die nach außen und die nach innen gerichteten. „Der plastische Körper stellt eine Art Kraftfeld dar, das in den Raum ausstrahlt oder den Raum in sich einsaugt. Je nach der Dominanz der einen oder der anderen Strahlungsrichtung organisiert sich vom plastischen Werk her der Raum als ein geordnetes Feld von Bewegungslinien, in dem Gegenstände platziert werden und vor allem, in dem sich Menschen bewegen können; oder er legt sich wie eine Schale um die Figur, auf die sich alles ausrichtet."[19] Beide von Bornemann mitausgewählten Kunstwerke definieren den Raum, den die Baukörper eröffnen oder auch nicht eröffnen, indem ihre elementarsten Körperstrukturen ihm Gestalt geben. Im ersten Fall geschieht dies über den Eindruck des Auseinander-Seins von Orten, im zweiten Fall über den des Enthalten-Seins im Gefäß. Die Gestaltung der Räume erfolgt so über die zwei Grundtypen des Raums: Mal und Höhle.[20]

Im Berliner Fall handelt es sich um eine hoch aufgerichtete Stahlskulptur, deren Größe sich imposant abhebt vom Hintergrund der großen leeren Fläche aus Waschbeton. Ihre gestalterisch produktive Funktion erfüllt sie bereits darin, diese Fläche aufgrund ihres zweidimensionalen Schattenrisses zu gliedern, ihre visuelle Eintönigkeit durch ihr simultan gesehenes Planbild abzuschwächen. Der einzig probate Weg, den Ausdruck einer so ausgedehnten Betonwand auszugleichen, für deren hermetische Geschlossenheit es laut Bornemann auch ökologische Gründe gab,[21] verläuft über eine visuell vorsätzlich herbeigeführte Eröffnung zu einem Raum nach oben und nach vorne. Sie wird ermöglicht über die energetisch wirksamen formalen Mittel der Skulptur. Als Stele folgt sie den drei Raumachsen Höhe, Breite, Tiefe auf eine sehr betonte Weise. Aufgrund der bildhaften Präsenz der Raumachsen eröffnet sich der Raum vor dem Gebäude für den Betrachter nicht nur beiläufig, sondern energetisch signifikant. Die Öffnung nach vorne und nach oben wird gelenkt und vollzieht sich mit Nachdruck. Die Figur vermag mittels Betonung

---

19 Hans Heinz Holz, Strukturen der Darstellung. Philosophische Theorie der bildenden Künste II, Bielefeld 1997, S. 107ff.
20 Hans Heinz Holz, Le strutture della visualità, Milano 1984, S. 17ff.
21 Persönliches Gespräch des Verfassers mit dem Architekten am 27.1.2002.

der Raumachsen die Fassadenfläche gleichsam aufzuklappen in die dritte Dimension. Durch diesen Effekt, den die Skulptur infolge ihres visuellen „Anschubs" hervorbringt, kann das ästhetische Defizit der Straßenbündigkeit wettgemacht werden.

Die Bewegungsrichtung, die von Arps Plastik vorgegeben wird, verläuft im umgekehrten Sinne. Ihre spezifischen Strukturmerkmale bewirken das Gegenteil. Die abgeschlossene, gewölbte Masse vermag infolge der in sie zurückgeführten Kurve des glatten polierten Steins und aufgrund der nach einer Seite sich öffnenden Form den Raum „einzuziehen", ihn auf eine Höhle hin konzentriert zu definieren. Die Gestalt schließt sich ab, zieht sich zurück in sich selbst. Aufgrund dieser in sich rückgebundenen energetischen Rundungen wird alle Gestaltenergie in den „Schoß" der Figur zurückgeleitet. Sie fokussiert den vorgelagerten Raum auf diese Mitte hin. Dadurch wird die Größe des Raums zurückgenommen. Das Verhältnis von Bau, Raum und Plastik wird auf ein harmonisches Maß gebracht.

III.

Der zwingenden Logik von Formalismus und Abstraktion als dem historischen Standort der Architektur entspricht es sowohl, dass ästhetische Botschaften allein in der Form gesucht werden, als auch, dass mit den in der Form verborgenen überzeitlichen Grundstrukturen ein Allgemeines inthronisiert werden soll, das gesellschaftlich Bindendes heischt. Auch die Seit an Seit mit dem Reduktionismus in der Architektur Schritt haltende Theorie suggeriert ein gesellschaftlich Verpflichtendes gleich dem, das mit dem Verlust der Inhalte schwand. Diesen Verlust jedoch vermag der Rekurs auf ein *formal* Allgemeines, das fraglos enthalten ist in der Form und ihren visuell allgemeingültigen Strukturelementen, keinesfalls wettzumachen. Denn das bloß Formale erklärt und legitimiert nicht, weswegen Kunst überhaupt ist. Es erklärt auch nicht die aktuelle Rolle der abstrakten Form und ihre gesellschaftliche Funktion. Die ehemals inhaltliche Bedeutung der Form können die Strukturelemente der Form schon deshalb nicht ersetzen, weil sich ihre Wirkung beiläufig, an jedem gesellschaftsfunktionalen Zusammenhang vorbei, auch ohne eine *inhaltliche* Anbindung der Form durchsetzt. Dadurch ist sie nicht notwendig an ein Kunstwerk gebunden. Formstrukturen sind eben nichts anderes als Gestaltungsbedingungen, für den Raum oder auch für Inhalte und gesellschaftsfunktionale Bedeutungen.

Ist aber die Form in der Architektur als Vehikel des Gesellschaftlichen nicht mehr interessant, bestenfalls noch hinsichtlich der Strukturgebung des Raums, dann muss nachgedacht werden über den *gesellschaftlichen* Grund dieser veränderten Rollenzuweisung. Aufgrund ihrer lebendigen Bindung an den Gebrauch zeigt die Architektur unverstellt, was von den „zweckfreien" Künsten nur verschoben vermittelt werden kann: „Weil die Architektur tatsächlich nicht nur autonom, sondern zugleich zweckgebunden ist, kann sie die Menschen, wie sie sind, nicht einfach negieren, obwohl sie das, als autonome, ebenfalls muss."[22] Der Kluft und dem Widerspruch zwischen der auf die Formstruktur reduzierten Kunst und Architektur auf der einen und den inhalts- und zweckorientierten Bedürfnissen des Menschen auf der anderen Seite entspringt die weitgehende öffentliche Ablehnung, von der eingangs die Rede war. Bindet nicht der Zweck – weder als nützliche Gebrauchszuweisung noch als gesellschaftliche Einheitsstiftung – das formästhetische Interesse der Architekten und Bildenden Künstler, werden die Bauten abweisend und Kunstwerke uninteressant.

GESELLSCHAFTLICHE VERMITTLUNG

Jedoch ist an der *Form* und an ihrer jeweils epochalen Rollenzuweisung die elementarste Beschaffenheit der Gesellschaft abzulesen, ihr historischer Standort. Auch jetzt noch, am vorläufigen Endpunkt der reduktiven Genesis der Kunst und Architekturästhetik, ist sie ganz wesentlich Ausdruck und auch Instanz zur Vergegenwärtigung von Weltverhältnissen. Deshalb dürfen wir uns nicht mit Strukturanalysen der Form begnügen, um etwa auf diese Weise das Unverständliche der Moderne an den Werken und Bauten selbst „wegzuerklären". Auch erzwingen Fragwürdigkeiten der vorliegenden Art einen erweiterten Bezugsrahmen als nur denjenigen ästhetischer Theorie.

Warum also bringt der Mensch abweisende Bau- und unverständliche Kunstwerke hervor? Die Antwort auf diesen Tatbestand kann nur gefunden werden im Gesellschaftlichen, durch das er historisch hervorgebracht wurde. Ornament und Symbol sind nicht willkürlich und nach Gutdünken zu erzeugen. Inhaltliche Aussagen stellen sich her in einem langen Prozess, sind tief verwurzelt im Gefüge kultureller Identität, ergeben sich nicht beliebig. Vor diesem Hintergrund sehen wir den historischen Verlauf an einem Punkt angekommen, an dem es weder Inhalte gibt, die durch gegenwärtige Architekturästhetik auf traditionelle Weise anschaulich gemacht, noch Gebrauchsbestimmungen, die von ihr herkömmlich umgesetzt werden könnten. Bauwerke dieser Epoche können gar nichts Gesellschaftsfunktionales in greifbarer Anschauung symbolisieren, weil das, was sie als gesellschaftlichen Grund symbolisieren könnten, faktisch nur im Status einer spezifischen Art der Abwesenheit auftritt und auftreten kann. Bau- und Kunstwerk machen zwar eine ästhetische Aussage, aber, und das ist ganz entscheidend, ihr Inhalt wird nicht abgebildet. „Die Aussage ist gleichzeitig nicht sichtbar und nicht verborgen."[23] Formalistische Architektur und abstrakte Kunst der Moderne mühen sich ab, getreu ihrem verdeckten gesellschaftlichen Grund, dem sie zwanghaft folgen, zur Anschauung zu bringen, was nicht anschaulich zu machen ist.

In den beiden Konzeptionen Fritz Bornemanns werden wir zum Betrachter eines Paradoxons. Bildhaft offenbar nämlich wird hier etwas, was eigentlich nicht bildhaft werden kann. Ein Abstraktum, bar aller sinnlichen Qualitäten, eine Figur, die aller Logik nach nicht anschaulich werden kann, erscheint dennoch, ist zu erfahren, zu erschließen. In den übrig gebliebenen nackten Formen teilt es sich mit, rein in diesem Sachverhalt. Dass die Werke, ihrer eigenen erklärten Intention zufolge, nur sich selber zum Thema haben, über nichts weiter etwas auszusagen in der Lage sind, als über sich selbst, ihre eigenen formalen Bedingungen, Strukturen, Mittel, sie ausschließlich ihre Art und Weise, die Form, die Farbe, den Raum, den Produktionsakt usf. thematisieren, diese Tatsache gibt kund und zwar als *Indiz,* die Rolle der Form und die besondere Weise der gesellschaftlichen Funktion von Kunst in dieser Epoche.

---

22 Adorno, GS. 10.I, a.a.O., S. 390.
23 Michel Foucault, Archäologie des Wissens, Frankfurt/M 1973, S. 158.

Wenn wir davon ausgehen können, dass für alle Kunst- und Architekturästhetik wesentlich ist ihr gesellschaftlicher Grund, dann trifft auch die zur Konvention gewordene Sichtweise nicht zu, die Moderne sprenge das Kontinuum. Es ist in der Tat nicht so, dass Kunst keine gesellschaftliche Funktion mehr hätte, ihre Funktion erscheint recht eigentlich darin, keine Funktion zu haben. Das eben *ist* ihre Funktion. Darin bleibt sie dem Kontinuum des tradierten Bedeutungszusammenhangs weiter verpflichtet. Neu und in der Tat äußerst befremdlich ist nur ihr „Inhalt", der besondere Aggregatzustand gleichsam ihres „Inhalts". Im „inhaltslosen Inhalt" und „zwecklosen Zweck" zeigt sich die Beschaffenheit des gesellschaftlichen Grunds, dessen Verfassung als leibhaftig gewordene Paradoxie in der Kunst und Architekturästhetik instrumentiert wird. Bedeutungsvollstes Indiz ist hierbei der materialisierte Scheincharakter der autonomen Form. In ihm tritt der ästhetische Gegenstand als gänzlich eigenständig auf, gleichwohl er doch von Menschen hervorgebracht ist und von gesellschaftlichen und historischen Bewegungen abhängt. Die ausschlaggebende Triebkraft auf die seine paradoxe Erscheinung hinweist ist die historisch besondere Weise gesellschaftlicher Vermittlung. Zwangsweise tritt deren spezifische Wirkweise in den Bildern hervor, die sich das Gemeinwesen in den Bau- und Kunstwerken von sich selbst macht. Darin erscheinen Formalismus und Abstraktion als die verbindlichen Folgen eines bestimmten und historisch bestimmbaren gesellschaftlichen Grunds, der selbst Grund hat, so und nicht anders hervorzutreten.

Zug um Zug bringt die Architekturavantgarde dies in der ersten Jahrhunderthälfte zum Vorschein. Die Position der Moderne (am radikalsten ist wohl Mies van der Rohe), die strikte Reduktion der Architektur auf ihre Formstrukturen, hatte nicht nur für die deutsche Nachkriegsarchitektur Vorbildcharakter. Sie ist wirksam in der Architektur insgesamt, maßgeblich für ihre unterschiedlichsten Richtungen. Extremer Minimalismus des Äußeren, im endgültigen Fall ist das der reine (Glas-, Beton-, Metall-) Kubus, die vollkommene Reduktion des Inneren, dessen angestrebt Letztes seine Entgrenzung ist, sowie die vollkommene Aufgabe eindeutiger Zweckbestimmung, aus der sich das Konzept des „Universalraums" ergibt. Von der Radikalität dieses Standpunkts aus gesehen sind die Formbestrebungen aller auf die Moderne folgenden Architektur entweder Rückfall oder Modifikation. Ihre Variationen erscheinen darin als im bloßen Spiel begriffen mit der autonomen Form, bisweilen in bloßer Bastelei. Nicht im mangelnden Raffinement, im minderen architektonischen Gestaltungsvermögen, in der fehlenden ästhetischen Kraft gegenwärtiger Architekten hat dies seine Ursache, sondern in der Position, für die reduzierte Architektur unbewusst einsteht. Darin vermittelt sie ihre signifikante Übereinkunft mit dem verdeckten Beweggrund des Gesellschaftlichen. Es mag dahingestellt sein, ob es sich leben lässt mit dem architektonischen Formalismus und seiner Abstraktion. Bereits seine Schärfe indes und die forcierte Kälte seiner Formen reizen zum klaren Blick aufs Bestehende überhaupt, auf die Fragwürdigkeit des Gesellschaftlichen, aus dem er doch hervorgeht und vor dessen Hintergrund er so erfolgreich Bestand und Ansehen hat.

Die Architekturästhetik der bloßen Form, und darin liegt ein Verdienstvolles der abstrakten Moderne, wagt den unverstellten Blick ins Gegebene. Deshalb ist sie glaubwürdig, und das vergebliche ornamentale Mühen postmoderner Architekturästhetik erscheint dann nur als Beweis für die von der Moderne in aller Radikalität festgehaltene gesellschaftliche Wahrheit.

Bornemann lässt grüßen. Amerika-Gedenkbibliothek, Deutsche Oper und Rathaus Wedding auf Ansichtskarten der fünfziger und sechziger Jahre

SUSANNE SCHINDLER

Werkverzeichnis

1946–2003

„Diese Liste soll auf keinen Fall als ‚Architekten-Akquisitions-Liste' aufgefasst werden. Mit gebotener Bescheidenheit und Selbstkritik muss ich laufend feststellen, dass es gerade in dieser von Architektenwettbewerben geprägten Zeit eine große Anzahl von Kollegen gab, gibt und geben wird, hinter deren großen Erfolgen und Leistungen ich mich zu verstecken habe."
Fritz Bornemann im Juli 1999

Fritz Bornemann, damals 87-jährig, hatte schon im März des Jahres 1999 ein Verzeichnis seines ein halbes Jahrhundert überspannenden Werkes zusammengestellt. In der überarbeiteten, auf den Juli 1999 datierten Fassung ergänzte er jedoch zwei Informationen: Neben den chronologisch geordneten „wichtigen Planungen und Bauten aufgrund gewonnener Wettbewerbe bzw. Gutachten bzw. Wettbewerbserfolge" fügte er eine Spalte ein, in der die Kürzel „UR" und gegebenfalls „DS" den Status „Urheberschutz" oder „Unter Denkmalschutz" der jeweiligen Arbeit klären. Ans Ende der sechs Seiten, vor Datum, Unterschrift und Stempel seines Büros, setzte er dann, als zweite Ergänzung, die oben zitierte „gebotenene Bescheidenheits"-Klausel, aus der Angst heraus, der Absicht bezichtigt zu werden, den eigenen „Architekten-DAX" (Bornemann) mit dem Erstellen eines Werkverzeichnisses in die Höhe treiben zu wollen. Im Spannungsfeld zwischen „UR/DS" und „gebotener Bescheidenheit" liegt das Selbstverständnis dieses Architekten, dessen Bauten einst die West-Berliner Halbstadt mit prägten, die aber besonders nach dem Mauerfall in Frage gestellt worden sind.

Das folgende Werkverzeichnis zeigt das Schaffen von Fritz Bornemann in seinem zeitlichen Zusammenhang auf. Die Quellen werden mit den hier angegebenen Kürzeln angezeigt: Die Grundlage bilden die beiden 1999 von Bornemann erstellten Fassungen seines Werkverzeichnisses (WV). Durch die Personalakte des Bundes Deutscher Architekten (BDA), die 1973 angelegt und 1985 erweitert wurde, konnte diese Liste ergänzt werden. Vor allem fehlten in ihr die frühen, nicht preisgekrönten Wettbewerbsentwürfe. Hinzu kamen die Mitteilungen ehemaliger Mitarbeiter und Kollegen: Joachim Rothe (JR), der von 1957 bis 1969 bei Bornemann arbeitete, konnte aus dem Gedächtnis vor allem die Ausstellungen der sechziger Jahre präzise aufführen. Winfried Neumann (WN), zwischen 1963 und 1980 bei Bornemann tätig, verfügte über ein Arbeitszeugnis. Vor allem aber Rolf Curt (RC), der seit 1960 bis heute mit Bornemann zusammenarbeitet, hat viele der einst im Büro entstandenen Modelle fotografisch dokumentiert. Rudolf J. Schmitt (RS) war überaus hilfreich, die Arbeiten der frühen fünfziger Jahre zu rekonstruieren, als er mit Claus-Peter Groß und Bornemann an Ausstellungen für die USIA zusammenarbeite. Über diese Zeit gab auch der Nachlass von Claus-Peter Groß (CPG) Aufschluss. Dieser ist im Institut für Museumskunde Staatliche Museen Berlin und im Haus der Geschichte Bonn verwahrt, verwaltet von Bernhard Graf und Petra Seemann in Berlin, Dorothee Dennert und Dietmar Preißler in Bonn. Ihnen allen sei nochmals gedankt für die Mitarbeit.

Neben diesen Auskünften war die Materiallage dünn. Bornemann löste 1995 sein Büro an der Bozener Straße 13–14 in Berlin-Wilmersdorf auf und warf dabei fast alle Unterlagen weg. Vereinzelte Modelle lagern bei den einstigen Bauherren, in deren Archiven sich meist auch Ausführungspläne befinden. Der Großteil der Abbildungen und des Planmaterials stammt folglich aus Fachzeitschriften. Auch die Dokumentation vieler Wettbewerbe ist verloren. Die Wettbewerbe um die Deutsche Oper oder die Amerika-Gedenkbibliothek beispielsweise wurden 1966 von der Wettbewerbsabteilung des Berliner Senats im Rahmen einer Archivrevision zerstört. Die wenigen Reste gelangten in die Berlinische Galerie. Ebenso gab es bis 2000 noch die kompletten Wettbewerbsbeiträge des Max-Planck-Institutes für Bildungsforschung in Berlin. Die Bauabteilung entsorgte diese jedoch im Rahmen eines Umzuges.

Das Werkverzeichnis zeigt Bornemanns geplante und realisierte Bauten sowie seine geplanten und realisierten Ausstellungen. Bei einem Bau wird zwischen Wettbewerb und Ausführungsplanung bzw. Ausführung differenziert. Es folgen die Angabe zum Ort (Berlin-Charlottenburg), zum Jahr (2003), der erzielte Wettbewerbspreis (Ankauf) oder der Umfang der Arbeit (Ausführung). Falls die Planung nicht ausgeführt wurde oder das realisierte Gebäude abgerissen wurde, ist dies vermerkt (Abgerissen 1998). Gleichberechtigte Mitarbeiter (mit Pierre Vago) sowie die Auftraggeber (Magistrat von Berlin) werden aufgeführt. Ausstellungen werden auch dann aufgeführt, wenn Bornemann nicht als Urheber, sondern als ausführender Bauleiter beteiligt war. Soweit bekannt, werden die Urheber der Ausstellungskonzeption (Herbert Bayer), gleichberechtigte Mitarbeiter (Rudolf Schmitt), die Ausstellungsorte (Halle 17, Berliner Messe) sowie die Auftraggeber (USIA) aufgeführt. Abbildungen dienen – soweit überhaupt vorhanden – der Dokumentation des Projekts.

Zur Beschreibung des Projekts und zu seiner Einordnung folgt ein Zitat aus der zeitgenössischen Presse, dem Erläuterungstext oder dem Preisgerichtsprotokoll. Dies wird gegebenfalls ergänzt durch ein Zitat aus den von Nikolaus Bernau (FB) und/oder Susanne Schindler (SS) mit Bornemann seit Herbst 2000 geführten Interviews. Falls notwendig – und auf Grund der Materiallage überhaupt möglich – erläutert ein kurzer Text die Rahmenbedingungen des Entwurfs. Quellen aus Fachpresse und -literatur dienen dem Weiterlesen, Angaben über eine heute gegebenfalls andere Nutzung, Adresse und Verkehrsverbindung der eigenen Erkundung. Diese Angaben werden auch dann angeführt, wenn das Projekt nicht von Bornemann realisiert wurde – Rathaus Kreuzberg, Staatsbibliothek Berlin, Oper Essen sind Beispiele –, um vor Ort gegebenfalls festzustellen: Es könnte alles auch ganz anders sein.

SINGAKADEMIE
1946

Berlin-Mitte
Wiederaufbau, Entwurf und Bauleitung des Bühnenturms
Sowjetische Militäradministration

Das Haus wurde 1825–27 für die 1793 gegründete Chorvereinigung „Singakademie" nach Entwürfen Schinkels errichtet. Nach starken Bombenschäden wurde es im Innern umgebaut und diente ab 1946 dem „Haus der Kultur der Sowjetunion" als Theatersaal.

„Als ich nach dem Krieg zurückkam, hatte ich als Architekt überhaupt keine Berufserfahrung. Die lernst du aber ganz schnell, in dem Moment, wo du eine Bauaufgabe hast. Und die Russen ließen bauen. In der Singakademie wollten sie ein Theater haben, und da ich Theaterkenner war, kannte ich die Bühnentechnik. Nach Arbeiten am Admiralspalast und an einem Freilufttheater in Karlshorst mit Herta Hammerbacher haben wir an der Singakademie das Bühnenhaus wieder aufgebaut. Die Singakademie war ja ursprünglich quer, ich hab' sie dann auf Achse gebracht. Das Material haben wir aus den Trümmern bekommen: Marmor aus der Reichskanzlei, Geländer aus Goebbels' Ministerium und die Theatertechnik aus Görings Haus der Flieger. Der hatte sich ja auch ein Theater machen lassen, dort wo die Klara Zylinder hätte singen sollen. Das habe ich alles ausgebaut und rübergebracht."
FB, 24.10.2001 (NB/SS)

Werner Durth/Jörn Düwel/Niels Gutschow, Architektur und Städtebau der DDR. Bd. 1. Ostkreuz: Personen, Pläne, Perspektiven, Campus, Frankfurt/Main 1999, S. 86

Heute: Maxim Gorki Theater
Am Festungsgraben 2
U- und S-Bahn: Friedrichstraße/Hackescher Markt

SOWJETISCHE BOTSCHAFT
1947

Berlin-Mitte
Vorschlag Fassaden-Gestaltung
Sowjetische Militäradministration

Als erster Staat nach Ende des Zweiten Weltkriegs, als die politische Zukunft Deutschlands noch ungeklärt war, begann die Sowjetunion 1947 mit Planungen für den Neubau ihrer Botschaft in Berlin. Dies erfolgte am Standort des 1943 stark beschädigten, im 18. Jahrhundert errichteten Botschaftsgebäudes. Laut Durth/Düwel/Gutschow begannen deutsche Architekten, die im Planungsstab sowjetische Befehlsbauten beschäftigt waren, also auch Bornemann, im Dezember 1947 mit ersten Entwürfen. Laut Bornemann ist die hier gezeigte Skizze jedoch als Überarbeitung eines aus Moskau gelieferten Entwurfs zu verstehen. Bornemann schied Anfang 1948 aus Krankheitsgründen aus dem Planungsstab aus. Das Gebäude wurde 1949–51 vom Kollektiv A. J. Strischewski, Lebedinskij, Sichert und F. Skujin errichtet.

„Der Russe kam aus Moskau mit einem fertigen Projekt, sicher von oben abgesegnet. Wir wollten dagegenhalten, aber Scharoun hatte nicht die Macht. Wir saßen da, ich als Kleiner dabei. Ich hatte die Modellchen gemacht und sagte zu dem Entwurf: ‚So geht das doch gar nicht, der Hof ist zu eng. Wenn schon, dann machen wir das großzügiger oder bauen die alte russische Botschaft gleich wieder auf!' Die war im Schinkel-Stil, war sehr, sehr schön gewesen. Das wollten sie aber nicht, sie wollten ihren Prachtbau haben."
FB, 24.10.2001 (NB/SS)

Nikolaus Bernau, Die russische Botschaft, Berlin 2001
Werner Durth/Jörn Düwel/Niels Gutschow, Architektur und Städtebau der DDR. Bd. 2. Aufbau: Städte, Themen, Dokumente, Campus, Frankfurt/Main 1999, S. 225

Heute: Botschaft der Russischen Föderation
Unter den Linden 55/65
S-Bahn Unter den Linden

SCHILLER-THEATER
1948

Berlin-Charlottenburg
Wettbewerb, mit Bruno Grimmek
Magistrat von Berlin

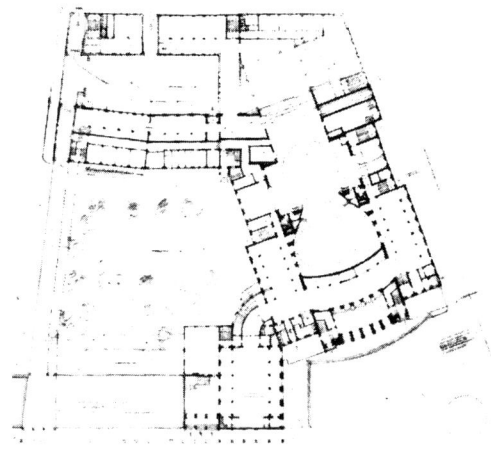

Als Reaktion auf den durch die Sowjetische Zentralkommandantur angeregten Wettbewerb für den Wiederaufbau der Volksbühne am Rosa-Luxemburg-Platz im Ostteil der Stadt wurden elf Architekten zu einem Wettbewerb für den Wiederaufbau des Schiller-Theaters im Westteil geladen. Gefordert war, wie bei der Volksbühne, nicht nur die innere Neugestaltung des Theaters, also eine Antwort auf die Frage Guckkasten- oder Raumbühne, sondern ebenso die städtebauliche Neuordnung der Ecke Bismarckstraße/Grolmannstraße. Der Entwurf von Grimmek/Bornemann wurde in städtebaulicher Hinsicht bemängelt, als „beachtlich" wurde jedoch „der Versuch der Einbeziehung des Bühnengeschehens in den Zuschauerraum" gewertet (Karl Bonatz). 1950/51 wurde der Neubau durch die Preisträger Heinz Völker und Rudolf Grosse errichtet.

Neue Bauwelt 42/1948, S. 662–667

Heute: Musical- und Gastspiel-Theater
Bismarckstraße 110
U-Bahn Ernst-Reuter-Platz

NEGUS-PALAST
1949–1950

Addis-Abeba, Äthiopien
Wettbewerb, Ankauf, mit Bruno Grimmek
UNESCO

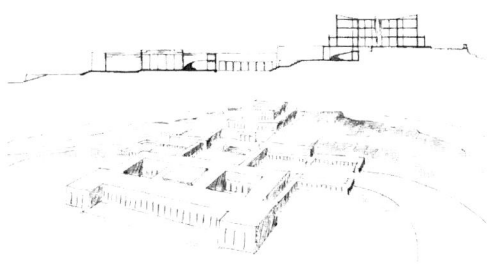

„Als (...) der Wettbewerb für den Neubau des Negus-Palastes in Addis-Abeba ausgeschrieben wurde, gab es manches Scherzwort unter den Architekten zu hören. Und doch hat die Augabe viele gereizt, auch viele Deutsche, die, so sollte man wenigstens meinen, doch wirklich andere Aufgaben in Hülle und Fülle haben. (...) Hier wird die Repräsentation verkörpert, die in den Ausschreibungsunterlagen unter Hinweis auf die Königin von Saba und den König Salomon als den Ursprung der äthiopischen Dynastie gefordert wurde. Ein wenig von dieser Repräsentation atmet auch der Entwurf von Bornemann und Grimmek mit seinen Anklängen an das assyrische Ziggurat."
Aus: Bauwelt 31/1951, S. 510

„Addis Abeba haben wir noch während der Luftbrücke gemacht, bei Kerzen, die Pläne haben wir über die grüne Grenze geschickt. Der Wettbewerb war von der UNESCO ausgelobt worden. Man wollte dem König, da die Italiener damals auch gemordet hatten, etwas zurückgeben. Und der hat gesagt: ‚Ich will erst mal einen Palast haben, einen Kaiserpalast.' Wir hatten eine schöne Innenraumskizze, aber in Sachen Architektur, na ja."
FB, 18.9.2002 (SS)

(BDA)
Bauwelt 31/1951, S. 510

PAVILLONS FÜR GROSSBRITANNIEN UND FRANKREICH
1950

Berlin-Charlottenburg, Messegelände
Wettbewerb, Ankauf
Berliner Ausstellungsgesellschaft

(BDA)
Ortwin Rave (Hrsg.), Die Bauwerke und Kunstdenkmäler von Berlin. Stadt und Bezirk Charlottenburg, Bd. 2, Berlin 1961, S. 541–452

RATHAUS KREUZBERG
1950

Berlin-Kreuzberg
Wettbewerb, 2. Preis
Bezirksamt Kreuzberg

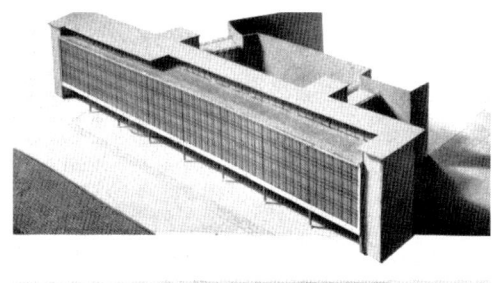

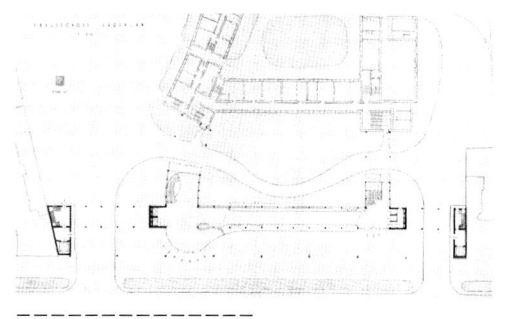

Die Verwaltung des Bezirks Kreuzberg war seit seiner Gründung 1920 in einem ehemaligen Schulgebäude untergebracht. Das Projekt eines Rathaus-Neubaus am Blücherplatz, Standort der heutigen Amerika-Gedenkbibliothek, wurde in den 1930er Jahren lanciert, jedoch auf Grund des Kriegs nicht weiterverfolgt. 1950 entschied man sich für eine Erweiterung des Provisoriums in zwei durch Kriegsschäden frei gewordenen Parzellen entlang der Yorckstraße. Der Wettbewerb richtete sich an die freien Architekten West-Berlins. 180 holten die Unterlagen ab, 145 Arbeiten wurden eingereicht. Mit seinen „klaren Baukörpern von überzeugender Einfachheit" (Preisgericht) ragte Bornemanns Beitrag heraus, erhielt jedoch nur den zweiten Preis. Auch Paul Baumgartens „eindeutige und klare Lösung" wurde gewürdigt, doch da er „nichtstadteigenes Gelände" in Anspruch genommen hatte, lediglich mit einen Ankauf bedacht. Sergius Ruegenberg sowie Müller, Rausch und Wewerka reichten weitere, außergewöhliche Projekte ein. Der 1. Preis ging an den Entwurf von Willy Kreuer und Hartmut Wille, der 1952–57 ausgeführt wurde.

„Das Rathaus Kreuzberg war mein erster Wettbewerb. Es war überhaupt der erste große Wettbewerb nach dem Krieg. Und es war der Donnerschlag. Da sind sie alle auf mich aufmerksam geworden. Ich hatte einen ganz kargen Körper und eigentlich sollte ich den Preis kriegen. Aber sie haben ihn an Kreuer gegeben. Die Ausstellung der Wettbewerbsbeiträge war eine Schreckenskammer. Die Freiheit, die man bekommen hatte, wenn man aus dem Krieg mit dem Leben davongekommen war, und die Erkenntnis, dass die faschistische Architektur ein ganz schlimmes Zeichen war, das hatten die meisten einfach nicht begriffen. Die meisten machten immer noch faschistische Architektur. Säulchen, Gesimse."
FB, 18.9.2002 (SS)

(WV, BDA)
Neue Bauwelt 21/1951, S. 330; Architekturteil S. 82–89; 25/1951, S. 396–397

Heute: Bezirksamt Friedrichshain-Kreuzberg
Yorckstraße 4–11
U-Bahn Mehringdamm

THEATER IM MANNHEIMER SCHLOSS
1950

Mannheim
Wettbewerb, Ankauf
Stadt Mannheim

(BDA)

STADTHALLE KOBLENZ
1951

Koblenz
Wettbewerb
Stadt Koblenz

(BDA)

MARSHALL-PLAN EUROPA-ZUG
1951–1953

Ausstellung zum Marshall-Plan in Bahnwagons
Konzept: Peter G. Harnden
Mit Claus-Peter Groß
United States Information Agency (USIA)

„Zwischen 1951 und 1953 erläuterte die Zug-Ausstellung den Marshall-Plan in (...) acht der 18 Länder, die am Europäischen Wiederaufbauprogramm ERP teilnahmen. (...) Der Anstoß (...) kam von der der amerikanischen Marshall Plan-Administration in Paris. Der Architekt Peter G. Harnden leitete die Durchführung. Amerikaner sowie französische, holländische, italienische, schweizerische und deutsche Gestalter entwarfen die Ausstellung. Sie ließen die Wagen in Nürnberg umbauen, die Wandtafeln und Modelle enstanden in Großbritannien und Frankreich. (...) Es galt, die Vorteile des Marshall-Plans, der wirtschaftlichen Zusammenarbeit und der transatlantischen Partnerschaft zu vermitteln. Ohne direkt gegen den sowjetischen Block Stellung zu nehmen, schlug die Ausstellung Klänge des Kalten Kriegs an: Die gemeinsamen Anstrengungen Westeuropas führen zu Frieden, Freiheit und Wohlstand..."
Stefan Leonards, in: „Der Europa-Zug – Informationen über den Marshall-Plan", in: Haus der Geschiche der Bundesrepublik Deutschland (Hrsg.), Markt oder Plan: Wirtschaftsordnungen in Deutschland 1945–1962, Campus, Frankfurt/Main 1997

(CPG, RS)

NEUES HAUSGERÄT IN DEN USA
1951

Ausstellung über neue Möbel und Hausgeräte
Konzept: Museum of Modern Art, New York
Mit Claus-Peter Groß
United States High Commissioner for Germany (HICOG)

„Was haben wir, die im ‚European Recovery Program' in Europa engagierten Amerikaner, uns in den fünfziger Jahren gedacht? (...) Es gab zwei Hauptziele: erstens, die europäische Nachkriegswirtschaft anzukurbeln, den Lebensstandard zu verbessern und den Vormarsch des Kommunismus aufzuhalten, zweitens, die Demokratie in Deutschland, Italien und Frankreich zu fördern. (...) Das hieß natürlich auch Einmischung in gewisse Aktivitäten, die uns von den Betroffenen schnell als US-Imperialismus angekreidet wurden. Besonders in unseren deutschen Informationsausstellungen bemühten wir uns daher, auch das Leben der Durschschnittsamerikaner zu zeigen. Wir wollten den Deutschen Amerika und seine Einstellung zur Welt näher bringen."
Toby E. Rodes, in: Haus der Geschichte der Bundesrepublik Deutschland (Hrsg.), Museums-Fragen. Kultur des Gestaltens, Podiumsdiskussion aus Anlass des 75. Geburtstages von Claus-Peter Groß, Bonn 1998, S. 12

(CPG, RS)
Neue Bauwelt, 41/1951, S. 160

AMERIKA-GEDENKBIBLIOTHEK
1951

Berlin-Kreuzberg
Wettbewerb, Sonderpreis
Senat Berlin/Luftbrückengedenkstiftung

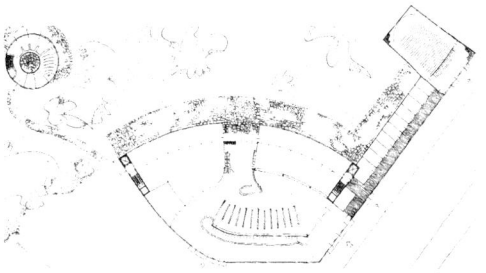

Als Erinnerung an die Berlin-Blockade von 1948–1949 stifteten die Vereinigten Staaten eine Volksbibliothek. Der Blücherplatz galt als verkehrstechnisch ideal gelegener Ort und in der Sichtachse der Friedrichstraße symbolisch bedeutend. Ein offener Wettbewerb richtete sich an Architekten aus West-Berlin und der Bundesrepublik. 538 Architekten forderten die Unterlagen an, 193 Arbeiten wurden abgegeben. Die Fachpresse zeigte sich von den Resultaten jedoch enttäuscht und machte dafür nicht zuletzt die widersprüchliche Ausschreibung verantwortlich.

„Leider ist die in den angelsächsischen Ländern gewonnene Erfahrung der ‚offenen Bibliotheken', mit freiem Zugang zu den Buchbeständen für jedermann, von den ausschreibenden Stellen des Senats ignoriert worden. Bornemann hat als einziger sich über diese Bedingungen hinweggesetzt und mit seiner Arbeit trotzdem einen Ankauf erzielt. Wir wollen annehmen, daß diese Tatsache es war, die ihm, zusammen mit den Preisträgern der ersten Gruppe, Jobst, Kreuer und Wille, den Auftrag zu einem neuen Entwurf eingetragen hat."
Aus: Neue Bauwelt, 51/1951

(WV, BDA)
Neue Bauwelt 47/1951, S. 760–761, 772; 51/1951, S. 826–828

AMERIKA-GEDENKBIBLIOTHEK
1951–1955

Berlin-Kreuzberg
Ausführung mit den Preisträgern Jobst, Kreuer & Wille
Stadt Berlin/Luftbrückengedenkstiftung

Kinderbibliothek, 1957
Planung und Ausführung ohne Jobst, Kreuer & Wille

(BDA, WV)
Baukunst und Werkform VIII, 5/1955, S. 267–281
Die Bauverwaltung, Januar 1955, S. 11
Neue Bauwelt 5/1952, S. 68–69
Bauwelt 8/1955, S. 141–149
Beton- und Stahlbeton 6/1954, S. 129–133
Bücherei und Bildung 7–8/1953, S. 674–679; 11/1954, S. 1170–1186
Kontakt, Band 1, Heft 4, Juli 1952, S. 7–8
Nachrichten für wissenschaftliche Bibliotheken, 5. Jg., 1952, S. 148–156
Berliner Baubuch, Berlin 1952, S. 185–189
Fritz Moser, Die Amerika-Gedenkbibliothek als Idee und Erfahrung, Berlin 1956
Werner Mevissen, Büchereibau, Essen 1958
Reinald Stromeyer, Europäische Bibliotheksbauten seit 1930, Wiesbaden 1962
Fritz Moser, Ein Denkmal freiheitlichen Geistes. Zehn Jahre Amerika-Gedenkbibliothek, Berliner Zentralbibliothek 17. September 1964, Berlin 1964
Fritz Moser, Die Amerika-Gedenkbibliothek Berlin, Entstehung, Gestalt und Wirken einer öffentlichen Zentralbibliothek, Wiesbaden 1964
Peter Karl Liebenow (Hrsg.), 25 Jahre Amerika-Gedenkbibliothek Berliner Zentralbibliothek, München/New York/London/Paris 1979
Ulrike Wahlich, Rückblick mit Zukunft: 100 Jahre Zentral- und Landesbibliothek Berlin, München 2001

Heute: Zentral- und Landesbibliothek Berlin
Blücherplatz 1
U-Bahn Hallesches Tor

„Bei der AGB hatte ich beim Wettbewerb ja gar nicht das Programm erfüllt, gar keinen Baukörper gemacht. Symbolisch gesehen hätte ich den Gedanken auf zwei DIN A4 Seiten schreiben und abgeben können: den Gedanken, dass sie, wenn sie in eine Bibliothek kommen, unbedingt die direkte Kommunikation zum Buch haben müssen. Sie müssen möglichst die Bücher an den Leser heranführen, ihn frei wählen lassen und ihn so oft als möglich in den Regalen vagabundieren lassen, damit er auch aus den benachbarten Literaturen liest. Und dann müssen sie ihm helfen – Prinzip Ölfeld – die zusätzlichen Dinge zu finden, zu bohren, nach unten, ins Magazin. Deswegen habe ich die kleinen Aufzüge gemacht und alles von unten hochbringen lassen. Und so ist die AGB heute noch. Sie ist ja kein architektonisches Wunderwerk. Ist ja bloß ein Magazinbau oben und eine Halle drunter, alles flexibel. Aber das war die richtige Idee, und diese Idee ist prämiert worden."
FB, 24.10.2001

WIR BAUEN EIN BESSERES LEBEN
1952

Ausstellung über die westliche Wohnkultur
Konzept: Peter G. Harnden
Mit Claus-Peter Groß, Rudolf J. Schmitt
USIA

„Ein Sprecher führt die ungeheuren Besuchermassen (...) durch eine Wunschwelt der Bequemlichkeit und erklärt: ‚An dieser hier vorbildhaft aufgebauten Raumfolge haben alle Völker des Westens mitgewirkt. Die Zimmer sind eingerichtet mit Stühlen aus Dänemark, Tischen as Deutschland und Schweden, Kastenmöbeln aus Amerika, Lampen aus Italien, Regalen aus Finnland, Schaumgummimatrazen aus Deutschland und so fort. So können wir wohnen und leben, wenn die Produktionen der westlichen Völker zusammenwirken, sich gegenseitig ergänzen und austauschen.' Also eine politische Ausstellung? Wohnreform mit ‚industrial design' als Aufgabe der Außenminister. Auch nicht schlecht. Nach dem Werkbund probieren wir es einmal mit Adenauer und Schuman!"
Alfons Leitl, in: Baukunst und Werkform 12/1952

(CPG, RS)
Baukunst und Werkform 12/1952, S. 39–50
Bauwelt 46/1952, S. 186–187
Wir bauen ein besseres Leben. Eine Ausstellung über die Produktivität der Atlantischen Gemeinschaft auf dem Gebiet des Wohnbedarfs, Verlag Gerd Hatje, Stuttgart o.J.

STAATSTHEATER KASSEL
1952

Kassel
Wettbewerb, 4. Preis
Stadt Kassel/Land Hessen

Der Wettbewerb für den Neuaufbau des ehemaligen Staatstheaters in Kassel zählt neben dem Wettbewerb für ein Theater in Mannheim 1953 zu den bedeutendsten Theaterwettbewerben der frühen Nachkriegszeit. Den ersten Preis unter den 117 eingereichten Arbeiten erhielt die Arbeitsgemeinschaft um Hans Scharoun und Hermann Mattern, deren zukunftsweisendes „Hangtheater" Entwurfselemente der Philharmonie vorwegnahm. Scharoun wurde der Auftrag jedoch entzogen und ein Entwurf von Paul Bode realisiert. Von Bornemanns Entwurf ist nichts erhalten.

(WV, BDA)
Bauwelt 28/1952, S. 451; 38/1952, S. 612; 39/1952, S. 628; 44/1952, S. 173

VERWALTUNGSBAU STADT WIESBADEN
1953

Wiesbaden
Wettbewerb, 3. Preis
Stadt Wiesbaden

(BDA)

STADTHALLE GODESBERG
1953

Godesberg
Wettbewerb, 1. Preis. Mit Claus-Peter Groß
Stadt Godesberg

(BDA)

FARMER SMITH
1953

Ausstellung über die Mechanisierung der Landwirtschaft
Konzept: Claus-Peter Groß
Mit Rudolf J. Schmitt
In den Rundbauten der Messe zur Grünen Woche
USIA

(CLG, RS)

STÄDTISCHE OPER (DEUTSCHE OPER)
1953, 1955

Berlin-Charlottenburg
Wettbewerb, erste Stufe 3. Preis, zweite Stufe 1. Preis
Stadt Berlin/Senator für Bau- und Wohnungswesen

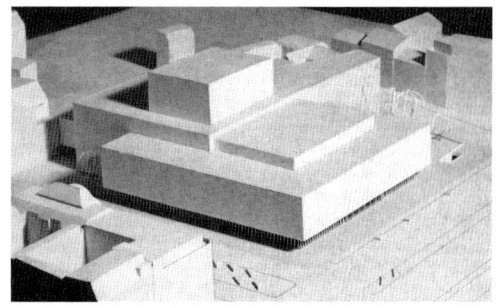

Das 1943 beschädigte „Deutsche Opernhaus", 1911–12 von Heinrich Seeling als neoklassizistisches Gebäude errichtet, 1935–36 von Paul Baumgarten umgebaut, im Krieg stark beschädigt, sollte wiederaufgebaut werden. Ein allgemeiner, zweistufiger Wettbewerb mit dem Ziel der „Neuordnung und Neugestaltung des Zuschauerhauses, d.h. der Räume vor dem eisernen Vorhang" wurde ausgelobt. 60 Entwürfe wurden eingereicht. Die Verfasser der sieben preisgekrönten Entwürfe wurden zu einer Überarbeitung eingeladen, wobei sich die Anforderungen in der zweiten Stufe kaum geändert hatten.

„Der Verfasser hat erreicht, den Neubaukörper mit dem bestehenden Bühnenhaus zu einer Einheit zu verschmelzen. Die geschlossene Front an der Bismarckstraße schirmt die Foyerräume gegen den Straßenlärm ab; sie bedarf jedoch einer sehr sorgfältigen künstlerischen Durchbildung. Besonders hervorzuheben ist, dass der Verfasser mit einem viel geringeren Bauvolumen als alle anderen Wettbewerbsteilnehmer für das Zuschauerhaus ausgekommen ist und außerdem noch für das Bühnenhaus Betriebsräume gewonnen hat."
Aus der Beurteilung [der 2. Stufe], in: Architektur Wettbewerbe, Heft 25

(BDA, WV)
Architektur Wettbewerbe Heft 25, Theater und Konzerthäuser, Stuttgart 1960, S. 70–83
Bauwelt 32/1953, S. 621; 37/1953, S. 734; 39/1953, S. 776; 9/1956, S. 193–197, 208
Bühnentechnische Rundschau 5/1953, S. 5–10

ATOM
1954

Ausstellung über die friedliche Nutzung der Atomenergie
Konzept: Peter G. Harnden
Mit Claus-Peter Groß, Rudolf J. Schmitt
Im Marshall-Haus zur Deutschen Industrie-Ausstellung
USIA

„Bei der Planung und Gestaltung der Ausstellung ‚atom'
war die große Schwierigkeit, dem Besucher Dinge erklären zu müssen, die in ihrer Größenordnung und Funktion kaum vorstellbar sind. (...) Zeichenfarbfilm, bewegliche Modelle, übersichtliche Graphik, farbige Böden und Decken, besonders aber die Farbe verhinderten ein Abgleiten in eine gewisse Sterilität, die bei diesem Thema leicht möglich war. (...) Keine Drohung und Propaganda, nur Sachlichkeit und leicht verständlich gemachte wissenschatfliche Aussagen beherrschen diese Ausstellung."
Claus-Peter Groß in: Graphik 5/1955

(BDA, CPG, RS)
Graphik 5/1955, S. 74–83

BEETHOVENHALLE BONN
1954

Bonn
Wettbewerb
Stadt Bonn

Das Preisgericht unter Vorsitz von Otto Bartning verlieh unter den 109 Entwürfen für den Neubau eines Konzertsaals den 1. Preis an die „in der Form zerbrochene Baukunst" (Bauwelt 42/1954) von Siegfried Wolske, Berlin/Köln, der in der Folge realisiert wurde.
Zitat aus: Bauwelt 42/1954

(BDA)
Bauwelt 34/1954, S. 675; 42/1954, S. 827; (ohne Bornemann)

THEATER GELSENKIRCHEN
1954

Gelsenkirchen
Wettbewerb, 2. Preis
Stadt Gelsenkirchen

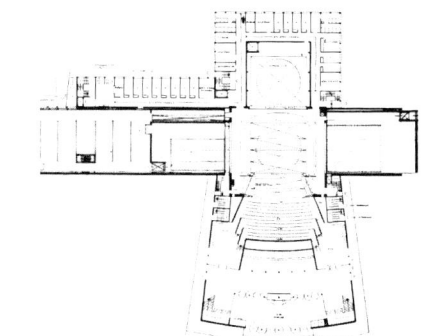

Obwohl die Arbeit der Architekten Deilmann, Clemens von Hausen, Rave und Ruhnau mit dem ersten, Bornemanns Beitrag lediglich mit dem 2. Platz ausgezeichnet wurde, entbrannte um die Auftragsvergabe ein „hartes Ringen um die Form". Während die künstlerische Leitung eindeutig den Entwurf des „Architektenteams" bevorzugte („Ein Monument der Schönheit!"), setzte die Bauverwaltung auf den „Entwurf Bornemann" („zweckmäßiger, wirtschaftlicher"). Der Bau wurde 1955–58 von Deilmann/Hausen/Rave/Ruhnau realisiert.
Zitate aus: Buersche Volkszeitung, 20.1.1955

„Es war eine Wand mit einem Körper. Eine große Wand und davor, zu einer Seite, der Baukörper. Ich wurde empfangen von der SPD, dem Bürgermeister, sie waren natürlich alle für meinen Entwurf, weil er preiswert war, aber auch wegen des bescheidenen Stils, nur in Klinkern mit dem gläsernen Baukörper davor. Aber ich wurde bekämpft, von den Münsteranern mit ihrem Prachtbau. Obwohl die Münsteraner ja in Münster DAS Theater hingekriegt haben: dort war Deilmann genial."
FB, 18.9.2002 (SS)

(WV, BDA)
Architektur Wettbewerbe Heft 25, Theater und Konzerthäuser, Stuttgart 1960, S. 54–55
Bauwelt 2/1955, S. 23; 6/1955, S. 109

KLEIDER MACHEN LEUTE
1955

Ausstellung über die US-Bekleidungsindustrie
Konzept: Claus-Peter Groß
Mit Rudolf J. Schmitt
Im Marshall-Haus zur Deutschen Industrie-Ausstellung
USIA

(CPG, RS)

UNIVERSITÄTSBIBLIOTHEK BONN
1955

Bonn
Wettbewerb, einer von zwei 2. Preisen
Universität Bonn/Land Nordrhein-Westfalen

Für den Neubau der vormals in der kurfürstlichen Residenz untergebrachten und 1944 zerstörten Bonner Universitätsbibliothek wurde ein Wettbewerb ausgeschrieben, der sich an eine internationale Architektenschaft wandte. Zwölf Architekten- bzw. Architektengemeinschaften aus Deutschland, Frankreich und der Schweiz wurden eingeladen: Richard Döcker, Stuttgart; Otto Dreyer, Luzern; Johannes Krahn, Frankfurt/Main; Wilhelm Riphahn, Köln; Karl Schneider, Wuppertal; Carl-Heinz Schwennicke, Berlin; Hans Schwippert, Düsseldorf; Franz Heinz Sobotka und Gustav Müller, Berlin; Pierre Vago, Paris. An Stelle von Riphahn und Döcker, die ihre Beteiligung absagten, erhielten Helmut Hentrich und Hubert Petschnigg, Düsseldorf sowie Willy Kreuer, Berlin eine Einladung. Bornemann wurde auf seine Bitte hin nachträglich zur Teilnahme zugelassen. Ein erster Preis wurde nicht vergeben. Bornemann und Vago erhielten je einen zweiten, Hentrich und Petschnigg den dritten Preis, Kreuer einen Ankauf. Bornemann und Vago wurden mit der Ausarbeitung eines gemeinsamen Projekts beauftragt.

„Das Modellbild gehört zu einem anderen Entwurf des (...) Verfassers, gibt aber für die beabsichtigte Architektur auch der [preisgekrönten] Variante weitgehende Aufschlüsse. Ähnlich wie beim Entwurf Vago ist das Büchermagazin in zwei großen Untergeschossen angeordnet. Die darüber liegenden Geschosse umschließen dreiseitig einen baumbestandenen südlichen Hof und umgeben vollständig den mit Steinplatten belegten nördlichen Hof (Lesehof). Der südliche Hof gestattet mit einer Rampenzufahrt die unmittelbare Belieferung des Büchermagazins im oberen Untergeschoss."
Aus: Die Bauverwaltung, 5/1956

(WV, BDA)
Die Bauverwaltung, 5/1956, S. 119–126

RATHAUS WEDDING
1955

Berlin-Wedding
Wettbewerb, 1. Preis
Bezirksamt Wedding

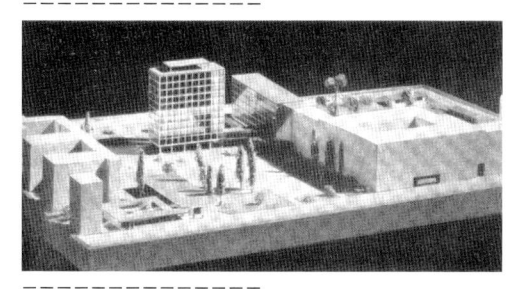

In einem „engeren Gebäudewettbewerb" sollte ein Erweiterungsbau mit Bezirksverordnetensaal und Festsaal für das 1928–30 von Friedrich Hellwig errichtete Rathaus geplant werden. Geladen waren Bornemann, Wannsee; Stemmeyer, Offenbach/Main; Lichtfuss, Spandau; Kreuer, Tempelhof; Leowald, Düsseldorf; Dörre, Lichterfelde; Gaulke, Halensee.
Aus: Berlinische Galerie, Akte Rathaus Wedding

„In seinem Erläuterungsbericht spricht der Architekt von einer Schwergewichtsverlagerung im Rathausbau: die Repräsentation weicht der Verwaltung. Gleichwohl komme solcher Verwaltungsarbeit durchaus die Würde baulicher Betonung zu. Sie zeigt sich hier – jenseits einstiger Quader, Säulen, Giebel – in der Harmonie einer Verquickung von Baukunst und Städtebau. Die ‚Anonymität des Altbaus' wissen die neu geplanten, unterschiedlich gegliederten Bauten aufzuheben, und das Grün, das sich nach des Architekten Idee von der Schulstraße bis zum Virchow-Krankenhaus erstrecken wird, übernimmt freigebig ohne Feierlichkeit die erwünschte ‚Repräsentation'. Hier im Grün, im Gelenk zwischen alt und neu liegt der Haupteingang, während an der Müllerstraße Kaffeehaus und Festsaal menschlich-liebenswürdig einladen."
Aus: Neue Bauwelt 44/1955

(WV, BDA)
Neue Bauwelt 44/1955, S. 891

UNBEGRENZTER RAUM
1956

Ausstellung über US-Raumfahrt und -Weltallforschung
Konzept: Peter G. Harnden
Mit Claus-Peter Groß, Rudolf J. Schmitt
Im Marshall Haus zur Deutschen Industrie-Ausstellung
USIA

Die Ausstellung stellt dar, „wie im Laufe der Zeit sich die Sehnsucht des Menschen verwirklichte, immer weiter von der Oberfläche wegzukommen. Doch nicht aus diesem Grund zeigen wir unseren Lesern Bilder dieser Ausstellung, sondern wegen der uns so gelungen erscheinenden Art der Darbietung. (...) Es wurde eine Schau aus Gestellen aufgebaut, die für Wanderausstellungen entwickelt wurden. Die würfelförmigen Gestelle bestehen aus 26 mm weiter vierkantigen gehärteten Leichtmetallrohren, die durch besondere Eckverbindungen ohne sichtbare Verschraubungen zusammensetzbar sind. Die notwendige Versteifung wird durch diagonal mit Hilfe von Sonderbeschlägen eingeklemmte Platten hergestellt, die bis zu 2,21 mal 2,21 m groß sein können; ebenso werden Bodenplatten, Deckplatten, Tafeln und Spanndrähte verwendet."
Aus: Bauwelt 57/1956

(BDA, CPG, RS)
Bauwelt 57/1956, S. 1120

DEUTSCHE OPER
1956–1960

Berlin-Charlottenburg
Ausführung durch die Bauabteilung des Senats
Senatsverwaltung für Bau- und Wohnungswesen

Werkstatt-Studio, 1978–1980
Ergänzungsbau, Innenausbau, 1981–1983
Projekt Kammeroper, diverse Sanierungen, Sinopoli-Projekt, 1987–1995

„Folgende Überlegungen schienen für den Ausführungsentwurf, der sich sonst mit den Bindungen an die vorhandene oder wiederaufzubauende Substanz auseinanderzusetzen hatte, wesentlich: das Hinführen und die Steigerung im Ablauf der Raumfolgen im Zuschauerraum, dem Schwerpunkt und Höhepunkt. Dieser sollte jedoch während der ‚communio' von Bühne und Opernraum nur der Bühne dienen und durch Vermeidung zu lauter Formensprache und zu starker Materialreize nur Gefäß sein. Durch seine Introvertierung müsste der Opernraum mithelfen, alle Medien der Oper – das Bühnenbild inbegriffen – zum Wesentlichen, zum Musikalischen und Spirituellen hinzuführen und die Oper ‚als ein nur ganz vom Schein beherrschtes Kunstphänomen zu überwinden' (Adorno, Darmstädter Gespräch 1955). Diesem Prinzip der Introvertierung wollten auch die beiden großen Mittelfoyers (Parkett und 1. Rang) entsprechen, ermöglicht durch den nicht zuletzt aus funktionellen Gründen gesuchten Wandabschluss zur Bismarckstraße."
Fritz Bornemann, Aus der Sicht des Architekten, in: Bauwelt, 45/1961, S. 1288.

„Auch das neue Haus der Deutschen Oper Berlin ist nicht vom Himmel gefallen. Es hat runde 27 Millionen Mark gekostet. Und hätte man nicht – aus Sparsamkeit wohlgemerkt! – die Ruine des alten Bühnenhauses und einige etwas leichter lädierte alte Annexe in ihrem Wert allzu hoch eingeschätzt – wie stünden heute vor einem rundherum neuen Haus für eine nur um ein weniges höhere Bausumme. Wir hätten heute nicht jenen schwierig gebauten Kompromiss vor uns, der mit kritischen, aber auch mit einigen lobenden Lichtern zu bestecken ist. (...) Zu loben ist, dass man Hans Uhlmann die eindrucksvolle Stahlplastik vor die 13 Meter hohe und 67 Meter lange geschlossene kieselbestückte Fassade hat setzen lassen. (...) Uhlmanns Plastik erst gibt der Riesenwand künstlerisches Gewicht und Gesicht, die sie, für sich allein, kaum hätte in Anspruch nehmen können. Verrät doch schon die Ecklösung diese Wand als aufkaschierte Steintapete. Denn der Architekt des neuen Zuschauerhauses ist einer von den ganz ehrlichen Leuten. Er zeigt ganz unverhohlen die konstruktive und sonstige Machart seines Baus."
UC (Ulrich Conrads) in: Bauwelt 45/1961

(WV, BDA)
Architektur und Wohnform 1962, S. 172–177; 1963, S. 65
Architektur Wettbewerbe Heft 25, Theater und Konzerthäuser, Stuttgart 1960, S. 70–84
Bauen und Wohnen 1963/III, S. 1–3
Baukunst und Werkform 3/1962, S. 128–131, S. 150–152
Der Baumeister 1966, S. 933
Die Bauverwaltung 5/1962, S. 6–13; 1963, S. 508
Bauwelt 28/1961, S. 805–807; 45/1961, S. 1285–1289
Bühnentechnische Rundschau 3/1958, S. 10ff.; 6/1961, S. 13–39; 1/1962, S. 22–25
Deutsche Bauzeitschrift 5/1962, S. 678–686
Ortwin Rave (Hrsg.), Die Bauwerke und Kunstdenkmäler von Berlin. Stadt und Bezirk Charlottenburg, Bd. 2, Berlin 1961, S. 312–319
Victor Glasstone, „Auditoria Galore. The New German theatres, investigated on the comparative method", in: Architectural Design, November 1963, S. 547–556
Rolf Rave/Hans-Joachim Knöfel, Bauen seit 1900 in Berlin, Berlin 1968, Objekt 32
Hannelore Schubert, Moderne Theaterbauten, Stuttgart/Bern 1971, S. 124–137
George C. Izenour, Theater-Design, New York 1977, S. 241–243, 291
Berlin und seine Bauten, Teil V, Bd. A, Berlin 1983, S. 98–100, S. 126
Max W. Busch, Die Deutsche Oper Berlin. Das Haus in der Bismarckstraße und seine Vorgänger, Berliner Form 1/1986, Berlin (West) 1986
Doris Heidelmeyer, Deutsche Oper Berlin, Der historische Ort 66, Berlin 1998
Georg Dehio, Handbuch der Deutschen Kunstdenkmäler. Berlin, Berlin 2000, S. 174–175

Bismarckstraße 35–37
U-Bahn Deutsche Oper

UNIVERSITÄTSBIBLIOTHEK BONN
1956–1960

Bonn
Ausführung mit Pierre Vago
Universität Bonn/Land Nordrhein-Westfalen

„Unten das Fundament, die Bücher; oben, um einen Hof herum, die Präsenz- oder Freihandbibliothek, mit einem gläsernen Foyer – dem Raucherfoyer – und dem herrlichen Blick zum Rhein; vorne das Katalogsystem, mit den laufenden Bändern, anstelle von Aufzügen, auf denen die Bücher hochkommen; und dann, als Querriegel, die sogenannten Bibliotheksdienste."
FB, 18.9.2002 (SS)

„Die Universitätsbibliothek in Bonn steht architektonisch ganz zweifelsohne weit über dem Durchschnitt des landläufigen Niveaus. Hier aber, wo mit der außerordentlich guten und konseqenten Grundrissdisposition und Raumkonzeption beste Arbeit geleistet wurde, wünschte man sich eine ähnlich konsequente Haltung in der Verwirklichung. Aber da wurden Kompromisse gemacht, von denen man mitunter nicht weiß, ob man sie den Architekten oder der Baukommission zur Last legen soll. Es ist sicher kein Zufall, dass die technischen Räume bei weitem am besten gelungen sind, das Magazin und die Ausleihe, dass man aber Kaschierungen am nüchternen Zweckbau vornahm, wo mit Publikumsverkehr gerechnet wird. (...) In der Strenge – und sei es unter Gefahr eines Puritanismus – aber hätte die Chance dieses Bauwerks gelegen."
Hannelore Schubert, in: Deutsche Bauzeitung 10/1961

(WV, BDA)
Architecture d'Aujourd'hui fev/mars 1962, S. 60–64
Bauwelt 5–6/1962, S. 126–129
Baukunst und Werkform 3/62, S. 115–116, 132–134
Deutsche Bauzeitung 10/1961, S. 765–770
Reinald Stromeyer, Europäische Bibliotheksbauten seit 1930, Wiesbaden 1962
Viktor Burr und Otto Wenig, Universitätsbibliothek Bonn. Erfüllte Bauaufgaben, Bonn 1962
Bauen im Bonner Raum 49–69. Versuch einer Bestandsaufnahme, Rheinland Verlag, Düsseldorf 1969, Nr. 84

Heute: Universitäts- und Landesbibliothek Bonn
Adenauer Allee 39–41
U-Bahn Juridicum

BERLIN-PAVILLON
1956

Berlin-Tiergarten
Wettbewerb
Interbau/Senat Berlin

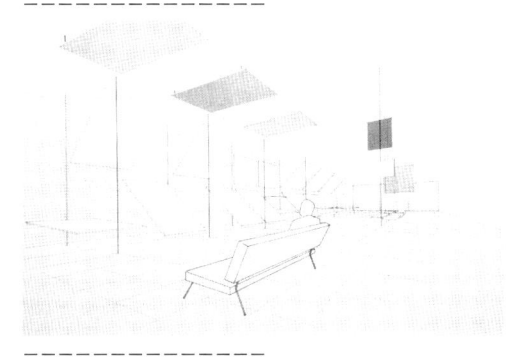

Zu dem Wettbewerb für einen Berlin Pavillon, in dem während der Internationalen Bauausstellung im Hansa-Viertel die Planungsunterlagen des Ideen-Wettbewerbs „Hauptstadt Berlin" gezeigt werden sollten, wurden neben sämtlichen Angehörigen der Berliner Bauverwaltung vier freischaffende Architekten eingeladen: Bornemann, Hermann Fehling, Karl Hebecker und Wassili Luckardt. 55 Arbeiten wurden eingereicht. Das Preisgericht unter Vorsitz von Hans Scharoun prämierte den Entwurf von Fehling, der daraufhin ausgeführt wurde.

Bauwelt 1956/30, S. 714; 1956/43, S. 1028
Gabi Dolf-Bonekämper, Das Hansaviertel. Internationale Nachkriegsmoderne in Berlin, Berlin 1999

Heute: KPM-Verkaufsraum
Straße des 17. Juni 100/Ecke Klopstockstraße
S-Bahn Tiergarten

PHILHARMONIE BERLIN
1956

Berlin-Wilmersdorf
Wettbewerb
Senat Berlin/Bundesrepublik Deutschland

Zum Wettbewerb für einen Neubau der Berliner Philharmonie wurden zwölf Architekten eingeladen, es beteiligten sich zehn. Neben Bornemann waren dies Karl Friedrich Demmer, Berlin; Hans Geber und Otto Risse, Berlin; Franz Heinrich Sobotka und Gustav Müller, Berlin; Hermann Fehling, Berlin; Karl Wilhelm Ochs, Berlin; Hans Scharoun, Berlin; Abel und Gutbrodt, Stuttgart; Otto Firle, Düsseldorf und Gerhard Graubner, Hannover. Wilhelm Riphahn, Köln und Werner March, Berlin, sagten ab. Der erste Preis ging an Hans Scharoun. Standort war das Gelände des ehemaligen Joachimsthalschen Gymnasiums. Die Ausschreibung hatte den Altbau zur Grundlage für den Neubau gemacht; die meisten Entwürfe zeigten jedoch, dass sie ohne den Schulbau besser funktionierten. Außerdem führten die schon vor der Ausschreibung geäußerten Widerstände gegen das zu enge, im Sinne Gesamt-Berlins nicht zentral gelegene Grundstück 1960 dazu, den Konzertsaal an seinem heutigen Standort, dem späteren Kulturforum, zu realisieren. Auf dem Wilmersdorfer Areal wurde stattdessen 1960–63 die Freie Volksbühne errichtet.

„Das war schlecht. Punkt. Alle herrlichen Bäume hätte ich kassiert. Und letztlich waren wir ja alle froh, dass das nichts wurde, auch Scharoun. Ich konnte nämlich dann die maßstäblichen Baukörper der Volksbühne, eine Symbiose zwischen Theater- und Parklandschaft machen."
FB, 27.10.2002

Bauwelt 35/1956, S. 859; 4/1957, S. 76–80
Edgar Wisniewski, Die Berliner Philharmonie und ihr Kammermusiksaal. Der Konzertsaal als Zentralraum, Berlin 1993

DORTMUNDER STADTWERKE
1956

Dortmund
Wettbewerb, erste Stufe 1. Preis, zweite Stufe 1. Preis
Dortmunder Stadtwerke

67 Entwürfe wurden beim Ideenwettbewerb für den Neubau eines Verwaltungsgebäudes an der Kampstraße in Dortmund, gegenüber der Reinaldi Kirche, eingereicht. Neben Bornemann, der mit dem 1. Preis ausgezeichnet wurde, erlangte u.a. Bernhard Hermkes den 4. Preis und Wassili Luckhardt den 4. Ankauf. Bornemann wurde mit der Planung beauftragt, der Bauantrag für ein Verwaltungszentrum bestehend aus Flachbau und Hochhaus wurde 1960 eingereicht. 1962 wurde das Grundstück jedoch verkauft, das Projekt blieb unrealisiert. Es ist kein Material vorhanden.

(WV, BDA)
Bauwelt 11/1956, S. 238; 32/1956, S. 763; 35/1956, S. 853

NATION OF NATIONS
1957

Ausstellung über den Vielvölkerstaat USA
Konzept: Herbert Bayer
Im Foyer der Berliner Kongresshalle zur Industrie-Ausstellung
USIA

„Bayer's first exhibition in Germany after the war was mounted by the United States Information Agency (...) An easy exhibition, it was a photographic elaboration of the incredible variety of native and ethnic communities that form the united people of the United States. Using basically the same technique he had established for Road to Victory, Bayer – working with Nancy Newhall and Ansel Adams – used contrapuntal demountable white dispaly panels to which, in addition to enlarged thematic photographs and smaller suites of reinforcing images, an occasional example of native American weaving or rug making was added for textured color."
Aus: Arthur A. Cohen, Herbert Bayer: The Complete Work, Cambridge/Mass. 1984, S. 308

(JR)

AMERIKA BAUT
1957

Ausstellung über US-Architekten und -Architektur
Konzept: Peter Blake
Im Marshall Haus zur Industrie-Ausstellung
USIA

(JR)

THEATER DER FREIEN VOLKSBÜHNE
1957

Berlin-Charlottenburg
Vorprojekt
Freie Volksbühne

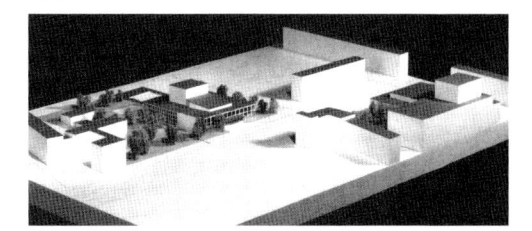

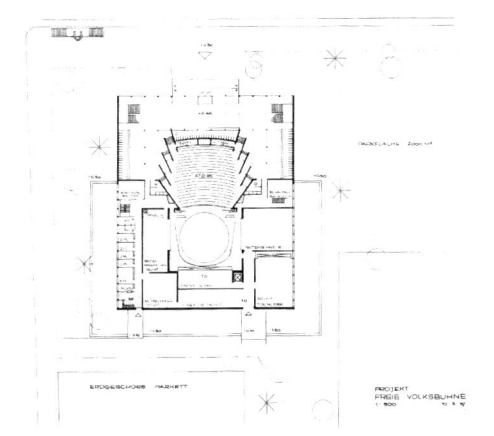

Für den Neubau eines Theaters für die Freie Volksbühne im Westteil der Stadt wurden mehrere Standorte in Erwägung gezogen. Ein Grundstück lag an der Bismarckstraße 91, schräg gegenüber der Deutschen Oper. Nach der Verlagerung des Neubaus der Philharmonie an den Kemperplatz fiel die Standortwahl zugunsten des damit freigewordenen Geländes hinter dem Joachimsthalschen Gymnasium.
Landesarchiv Berlin, Akte B Rep Nr. 247

KALAMAZOO
1958

Ausstellung über eine mittlere Stadt im Mittleren Westen
Konzept: Will Burtin
Im Marshall Haus zur Industrie-Ausstellung
USIA

(JR)

BEBAUUNG TULPENFELD
1959

Bonn
Wettbewerb, 2. Preis
Stadt Bonn/Allianz

(WV, BDA)

DEUTSCHE BOTSCHAFT WIEN
1959

Wien, Österreich
Wettbewerb, 4. Preis
Bundesrepublik Deutschland

(BDA)

ERNST REUTER STUDENTENWOHNHEIM
1959

Berlin-Wedding
Wettbewerb, 2. Preis
Bezirksamt Wedding

(BDA)

GOLDEN HARVEST
1959

Ausstellung über US-Landwirtschaft
Konzept: Fritz Bornemann
Zur Grünen Woche
USIA

(JR)

MEDIZIN USA
1959

Ausstellung über US-Medizin
Konzept: Peter G. Harnden, Lanfranco Bombelli
Im Marshall Haus zur Deutschen Industrie-Ausstellung
USIA

(JR)

AMERICAN NATIONAL EXHIBITION
1959

Ausstellung über US-Kultur im Sokolniki-Palast, Moskau
Konzept: George Nelson, Ray und Charles Eames
Ausführung der fotografischen und Beschriftungsarbeiten
USIA

(FB, JR)

DISARMAMENT
1959

Ausstellung über Abrüstung, Unrealisiert
Konzept: unbekannt, mit Friedrich Luft (Texte)
USIA

(JR)

OPERNHAUS ESSEN
1959

Essen
Wettbewerb
Stadt Essen/Land Nordrhein-Westfalen

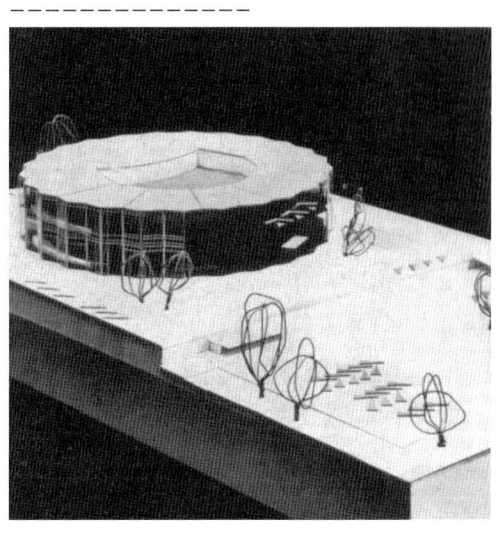

Der 1. Preis des internationalen Wettbewerbs ging an Alvar Aalto, dessen Entwurf jedoch erst 1983–88 realisiert wurde. Obwohl mit keinem Preis ausgezeichnet, sticht Bornemanns Beitrag für ein Ringtheater unter den Arbeiten hervor und wird in der Fachpresse entsprechend gewürdigt.

„Diese polygonale, dem Kreis eines Gelenkes folgende Form ergab sich aus dem Gedanken, für den Opernhausbau eine Gestaltung zu finden, die der Grundfrage: ‚Kommunikation von Darsteller und Zuschauer' entspricht. Das Bühnengeschehen, in die Breite entwickelt, sollte den Zuschauer mehr umgeben und somit in seinen Erlebnisbereich stärker einrücken durch Überwindung jeder Trennung von Zuschauerraum und Bühne. So entsteht die zum Zuschauer hingebogene, breite Bühne. Die Geländeform erlaubte die Führung der Zuschauer von oben zur Bühne hinab und die Möglichkeit zur verwandlungstechnisch konsequenten ‚Ring-Bühne', die die breite, gebogene Bühne um bzw. unter dem Zuschauerraum herumführen kann."
Aus dem Erläuterungsbericht, in: Architektur Wettbewerbe Heft 29

(WV, BDA)
Architektur Wettbewerbe Heft 29, Die Internationalen Theaterwettbewerbe Düsseldorf und Essen, Stuttgart 1960, S. 65–97
Bauwelt 40/1959, S. 1200, 35/1959, S. 1052, 3/1858, S. 84
Deutsche Bauzeitung 10/1965, S.661–663

Opernplatz 10
Straßenbahn Hauptbahnhof oder Aalto-Theater

THEATER DER STADT BONN
1959

Bonn
Wettbewerb, 2. Preis
Stadt Bonn

„Schwermütig dynamisch oder klassisch bescheiden" titelte der General-Anzeiger vom 15.1.1960 die Wahl zwischen erst- und zweitplatziertem Entwurf für den Neubau eines Stadttheaters in Bonn. Auf dem Gelände des Boeselagerhofs südlich der Rheinbrücke (heute: Kennedy-Brücke) sollte ein 900 Plätze umfassendes Theater errichtet werden. Das Preisgericht unter Vorsitz von Egon Eiermann beklagte, dass unter den 85 eingereichten Projekten keines wirklich bestach. Es vergab dennoch den ersten Preis an die Stuttgarter Architekten Klaus Gessler und Wilfried Beck-Erlangen, deren Entwurf in den folgenden Jahren realisiert wurde.

„Den ‚schönsten Innenraum' und ein Äußeres von ‚klassischer Bescheidenheit', für Bonn einzigartig, bietet nach Ansicht von Professor Eiermann der mit 9500 Mark ausgezeichnete preisgekrönte Entwurf von dem Berliner Diplom-Ingenieur Fritz Bornemann (...). Eiermann hält den Entwurf dieses ‚klassisch sakralen' Theaters für den Bonner Raum deshalb für besser geeignet als alle übrigen Entwürfe, weil er Ruhe ausstrahlt, was gerade in dieser unruhigen Gegend sehr wichtig ist. Auf den zweiten Platz kam dieser Plan deshalb, weil er im technischen Teil unzulänglich ist und nicht ‚perfekt funktioniert'. Allerdings war Bornemann mit nur 66.000 Kubikmeter umbauten Raumes auch der sparsamste von allen Architekten. Er verzichtet im Gegensatz zu den ‚Modernen' in keiner Phase auf den rechten Winkel. Der Zuschauerraum ist durch seine Zangenform ‚schlechthin ideal'. Eine Teilung in Rang und Parkett entfällt hier."
Aus: General-Anzeiger, 15.1.1960

(BDA)
Bauwelt 5/1960, S. 116

Heute: Opernhaus der Theater der Bundesstadt Bonn
Am Boeselagerhof 1
Stadtbahn Bertha-von-Suttner-Platz

SCHAUSPIELHAUS DÜSSELDORF
1959–1960

Düsseldorf
Wettbewerb, 3. Ankauf
Stadt Düsseldorf/Land Nordrhein-Westfalen

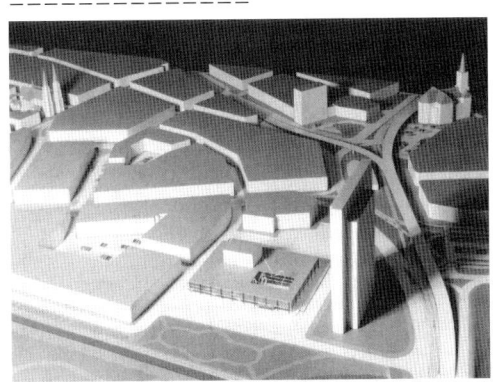

Für den Neubau eines Theaters unmittelbar neben dem „Dreischeibenhochhaus" vergab das Preisgericht angesichts keines eindeutig überzeugenden Entwurfs drei gleichwertige Preise an Bernhard Pfau, Richard Neutra und E.F. Brockmann, sowie vier Ankäufe u.a. an Rudolf Schwarz und Fritz Bornemann. Pfaus Entwurf wurde 1959–70 realisiert.

„Der Verfasser stellt einen knapp dimensionierten Kubus zwischen das Phoenix-Rheinrohr-Haus und die Bauten an der Bleichstraße. Die Vorfahrt von der Goldsteinstraße erschließt das Große Haus, während das Kleine Haus von der Südseite her zugängig gemacht wird. Diese Trennung im Erdgeschoss lässt jedoch eine Verbindung der Foyers in den oberen Geschossen zu. (...) Die Konzeption des Entwurfs beruht auf dem Versuch, Raumforderungen des Programms zu unterschreiten und mit noch geringeren Baumaßen, als im Programm vorgesehen, die Aufgabe zu erfüllen. Es gelingt jedoch dem Verfasser auf diese Weise nicht, eine städtebaulich überzeugende Lösung zu bringen, die das Einmalige der Situation in der Einmaligkeit eines solchen Bauwerkes widerspiegelt. Es gelingt dem Verfasser auch nicht, in der Formung der Innenräume über das Maß des gerade Notwendigen hinauszukommen, so dass der Grundcharakter seiner Gestaltung im Großen und Ganzen im Konventionellen verharrt."
Aus der Beurteilung des Preisgerichts, in: Architektur Wettbewerbe Heft 29

(BDA)
Architektur Wettbewerbe Heft 29, Die Internationalen Theaterwettbewerbe Düsseldorf und Essen, Stuttgart 1960, S. 58–59
Bauwelt 6/1960, S. 172; 13/1960, S. 367; 15/1960, S. 399–405, 424; 17/1960, S. 488

Gustaf-Gründgens-Platz 1
Straßenbahn Jan-Wellem-Platz

RATHAUS WEDDING
1959–1964

Berlin-Wedding
Ausführung
Bezirksamt Wedding

Ratsstuben Wedding, 1965–66

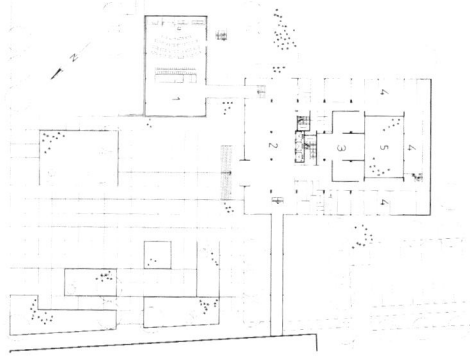

FARMLIFE USA
1960

Ausstellung über die US-Landwirtschaft
Konzept: Peter G. Harnden, Lanfranco Bombelli
Zur Grünen Woche
USIA

(JR)

JUGEND USA
1960

Ausstellung über die US-Jugendkultur
Konzept: Peter G. Harnden
Zur Deutschen Industrie-Ausstellung
USIA

(JR)

„Wenn etwas an Wedding gut ist, dann ist es die Bildung der Körper, der Treppen. Da ist wenigstens noch ein bisschen Leben drin. Im Wettbewerb hatte ich einen Querriegel zum Altbau. Aber als ich dann den ersten Preis hatte, dachte ich mir: ‚Ne, das machst du anders.' Ich habe den BVV-Saal rausgeholt und ein Punkthochhaus gesetzt. Und dann rief der Düttmann an und meinte: ‚Na, Fritze, haste ja Schwein gehabt, dass Du deinen ersten Preis nicht bauen musstest.'"
FB, 18.9.2002 (SS)

(WV, BDA)
Bauwelt, 19/1965, S. 526
Berlin und seine Bauten III, Bauten für Regierung und Verwaltung, Berlin/München 1966, S. 35
Georg Dehio, Handbuch der Deutschen Kunstdenkmäler, Berlin 2000, S. 475–476

Heute: Bezirksamt Mitte
Müllerstraße 146/147
U-Bahn Leopoldplatz

THEATER DER FREIEN VOLKSBÜHNE
1960–1963

Berlin-Wilmersdorf
Entwurf und Ausführung
Freie Volksbühne

„Der Bau ist für mich immer nur Hülle für Vorgänge. Letztenendes geht es um die Inszenierung: dass Sie aus dem Park kommen, vom Asphalt weg, durch die Bäume, in die Kassenhalle und dann erst in die Umgänge rein – in einem ganz bestimmten Gang. Den muss man haben. Das ist wichtiger als die Architektur. Dann ergibt sich die Architektur von alleine."
FB, 31.10.2001 (NB/SS)

(WV, BDA)
Architektur und Wohnform 1963, S. 350–355
Die Bauverwaltung 10/1963, S. 506–507
Bauwelt 43/1960, S. 244; 25–26/1963, S. 718–721
Berliner Bauwirtschaft 1963, S. 281
Deutsche Bauzeitung 10/1965, S. 821–825
DLW-Nachrichten 36/1964, S. 18–23
Glasforum 3/1964, S. 9–14
Rolf Rave/Hans-Joachim Knöfel, Bauen seit 1900 in Berlin, Berlin 1968, Objekt Nr. 11
Hannelore Schubert, Moderner Theaterbau, Stuttgart/Bern 1971, S. 142–144
Berlin und seine Bauten, Teil V, Bauwerke für Kunst, Erziehung und Wissenschaft, Bd. A, Bauten für die Kunst, Berlin 1983, S. 100–101, S. 127
Georg Dehio, Handbuch der Deutschen Kunstdenkmäler. Berlin, Berlin 2000, S. 498

Heute: Haus der Berliner Festspiele
Schaperstraße 24
U-Bahn Spichernstraße

KULTURZENTRUM KAIRO
1960–1961, 1963

Kairo, Ägypten
Internationales Gutachterverfahren, 1. Preis
Vereinigte Arabische Republik (Ägypten)

„Die Deutsche Oper war gerade fertig und ich kriegte ein Telegramm: Kairo plant eine Oper. Die UNESCO hatte vermittelt. Meine Oper war im Gespräch und so haben sie mich und zwei weitere Leute aufgefordert, um an einer Stelle am Nil eine Oper zu entwerfen. Aber dann hat Nasser die Ostler rangeholt. Ich habe zwar an der Ausführungsplanung gearbeitet, aber sie bauten den Assuan-Damm, nicht die Oper."
FB, 27.10.2002 (SS)

9.6.1960: Verschlüsseltes Fernschreiben: „UNESCO hat auf Anfrage ägyptisches Kulturministerium nach geeignetem Architekten für geplanten Neubau der Oper Kairo den deutschen Architekten der Berliner Oper, Bornemann, genannt. Ministerium fragt an, ob Bornemann westdeutscher Architekt ist und welche Oper er in Berlin gebaut hat. Erbitte Drahthinweise. Munzel" Antwort, 17.6.1960: „Nach Auskunft des BDA Frankfurt gilt Bornemann als sehr begabter junger Architekt." 12.9.1960: "Kulturministerium hat beschlossen, Bornemann mit Entwurf Neubau Opernhaus zu beauftragen und ihn unter Mitarbeit zweier ägyptischer Architekten auszuführen. (...) Da Ausführung Neubau Opernhaus durch deutschen Architekten dem Ansehen Bundesrepublik sehr förderlich ist, erbitte Bornemann zu unterrichten und ihn zu veranlassen, den erwählten Termin entweder selbst oder durch Stellvertreter wahrzunehmen. Munzel" 15.9.1960: Bornemann wird am 29.9. mit dem Dampfer Agamemnon der Onassis-Linie mit seiner Frau in Alexandria eintreffen, dann mit Autobus nach Kairo. Er bittet um Reservierung im Hotel Sheppart, wird in der Botschaft vorsprechen. 14.10.1960: Staatssekretär Abdel Monein El Sawi wird 17./18 mit Bornemann im AA vorsprechen, um Finanzierung der technischen Anlagen für die Oper (kalkuliert 6,7 Mill DM) durch die BRD zu erfragen. „Auf seine Initiative geht für uns politisch günstige Auftragserteilung an West-Berliner Architekten für Neubau Oper zurück ... nachdrücklich unterstützen ..."
Aus: Politisches Archiv Auswärtiges Amt B95 IV 6–80 Nr. 677 (Januar 1960–Dezember 1961)

(WV, BDA)
Bauwelt 39/1960, S. 1144
Politisches Archiv des Auswärtigen Amtes der Bundesrepublik Deutschland, B95 IV 6–80.SC Nr. 677

CATTLE USA
1961

Ausstellung über die US-Viehwirtschaft
Konzept: Bornemann
Zur Grünen Woche
USIS

(JR)

US INDUSTRIES
1961

Ausstellung über die US-Industrie
Konzept: Peter Tasi
Zur Deutschen Industrie-Ausstellung
US Handelsministerium

(JR)

AGRARAMA
1962

Konzept: Bornemann
Ausstellung über US-Ernährung
Halle 17 zur Grünen Woche
USIS

„Der Mauerbau war gewesen, die Grüne Woche stand an. Ich sagte zu Drexler, der die amerikanischen Ausstellungen koordinierte: Passen Sie auf, wir haben etwas Geld übrig. Wir, die Vereinigten Staaten, machen eine Ausstellung. Da habe ich in den Rundbauten, gegenüber vom ICC, eine ganze Halle mit einem ansteigenden Erdhügel aufgefüllt, von null auf 3 m, darauf ein Weizenfeld gepflanzt, und obendrauf, schräg da drin, eine ganz moderne Mähdreschermaschine gestellt, die extra aus Amerika eingeflogen wurde. Fotografische Abbildungen, die sich immerfort wandelten, zeigten, wie die Landwirtschaft in den USA Riesenerträge brachte, und die Presse hat gejubelt: ‚Amerikanischer Weizen blüht am Funkturm!' Das war ein seelischer Haltepunkt für das geknickte Berlin. Das war zu dem Zeitpunkt meine erfolgreichste Ausstellung – psychologisch, politisch gesehen."
FB, 18.9.2002 (SS)

(FB, JR)

PARTNER DES FORTSCHRITTS. AFRIKA
1962

Ausstellung über Entwicklung und Handel mit Afrika
Konzept: Bornemann
Halle 25, zur Deutschen Industrie-Ausstellung
Stiftung Partner des Fortschritts

„Entwicklungshilfe ist in jüngster Zeit zu einem gern gebrauchten Modewort geworden, im Duden ist es noch nicht zu finden. Aus den ‚unterentwickelten Ländern' sind mittlerweile ‚Entwicklungsländer' (klingt besser) geworden, in Berlin gibt es eine Stiftung für Entwicklungshilfe, und die Verantwortlichen der Berliner ‚Deutschen Industrie-Ausstellung' (die durch den 13. August ihre bisherige Aufgabe, Schaufenster nach Osten zu sein, eingebüßt hat) haben sich auch etwas ganz Neues einfallen lassen: ‚Partner des Fortschritts' ist das große Thema, dem sich alles einzuordnen hat."
gk (Günther Kühne) in: Bauwelt 39/1962

„Die üblichen Mittel der Ausstellungsgestaltung genügten uns nicht. Weitere Medien – Sprache, Musik, Rundum-Projektionen, Lichtzeichen – sollen helfen, in einem Amphitheater in der Hallenmitte in der Communio des Verharrens dieses Thema ‚Afrika und wir' dem Ausstellungsbesucher näher zu bringen (...) Die Faszination, die vom Erdteil Afrika ausgeht, mit seinen riesigen noch nicht erweckten Potenzen, der Gedanke der Partnerschaft zu Afrika und mit der daraus folgenden Verpflichtung für uns, materiell, aber auch menschlich gesehen, die bis zu 6000 Jahre alten Zeichen afrikanischer Kunst, die in ihrer aperspektivischen Welt uns heute mehr denn je anzusprechen scheinen. Für die beiden Ausstelungsteile ‚Partner Afrika' und ‚Partner Deutschland' ist die Konzeption gegeben: Keine übermäßige Häufung von Produkten und Gütern im ‚Afrika-Teil', kein Versuch eines ‚vollständigen Katalogs' von deutscher Seite. Produkte, Ausstellungsmodelle, Maschinen und technische Projekte sollen stellvertretend in der verdunkelten Halle gesetzt und durch Licht akzentuiert werden."
Fritz Bornemann/Joachim Rothe in: Bauwelt 40/1962

(WV, BDA, JR)
Bauwelt 39/1962, S. 1103; 40/1962, S. 1113

US INDUSTRIES
1962

Ausstellung über die US-Industrie
Konzept: Donovan Worland
Zur Deutschen Industrie-Ausstellung
US-Handelsministerium

(JR)

AGRARAMA
1963

Ausstellung über US-Ernährung
Konzept: Fritz Bornemann
Halle 17 zur Grünen Woche
USIS

(JR)

US INDUSTRIES
1963

Ausstellung über US-Industrie
Konzept: nicht bekannt
Zur Deutschen Industrie-Ausstellung
US-Handelsministerium

(JR)

SCHAUSPIELHAUS HANNOVER
1963

Hannover
Wettbewerb, einer von drei 1. Preisen
Stadt Hannover

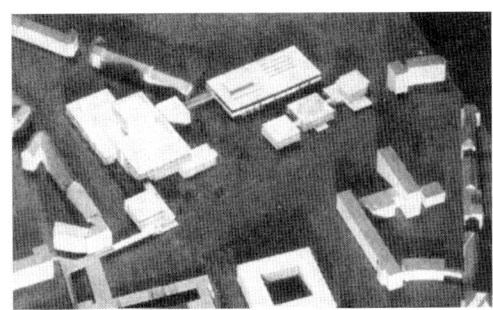

Aus einem engeren Wettbewerb unter neun Teilnehmern gehen drei gleiche Preise und zwei Ankäufe hervor. Anfang 1964 werden zwei der Preisträger, Bornemann und Dieter Oesterlen, damit beauftragt, gemeinsam ein Projekt zu erarbeiten.

„‚Die Gegend hinter dem Bahnhof' ist nicht nur in Hannover ein städtebauliches, d.h. Sanierungsproblem. (...) So ist der Bauwettbewerb für das Schauspielhaus (...) zumindest als Teil dieser Aufgabe anzusehen; und so ist es auch zu verstehen, dass zwei der Preisträger, nämlich Dieter Oesterlen aus Hannover und Fritz Bornemann aus Berlin sich dieses Teils der Arbeit in besonderem Maße angenommen haben. Beide haben auch von der Möglichkeit Gebrauch gemacht, für die bühnentechnischen Werkstätten – im Modellbau rechts vom Theaterbau, mit diesem durch eine Brücke verbunden – einen anderen Bau vorzuschlagen als den in der Ausschreibung vorgesehenen (...) Mag man die nichts festlegende Entscheidung des umfangreichen Preisgerichtes [u.a. Düttmann, Hämer, Hillebrecht, Linde, Spengelin, Gutbrod] im Sinne einer wünschbaren schnellen Realisierung des Projekts nicht begrüßen (...) Dieses Schlussergebnis (...) [legt] die Frage nahe, ob es nicht nützlicher gewesen wäre, statt eines Bauwettbewebs (...) einen Ideenwettbewerb auszuschreiben..."
gk (Günther Kühne) in: Bauwelt 50/1963

(WV, BDA, WN)
Bauwelt 50/1963, S. 1482–1485

PARTNER DES FORTSCHRITTS. LATEINAMERIKA
1964

Ausstellung über Entwicklung und Handel mit Lateinamerika
Konzept: Fritz Bornemann
Zur Deutschen Industrie-Ausstellung
Stiftung Partner des Fortschritts

(WV, BDA, JR, RC)

FROZEN FOOD
1964

Ausstellung zur Einführung der Tiefkühlkost
Konzept: nicht bekannt
Im Marshall Haus zur Grünen Woche
USIS

(JR)

OPERNHAUS MADRID
1964

Madrid, Spanien
Wettbewerb
Fundaciòn Juan March

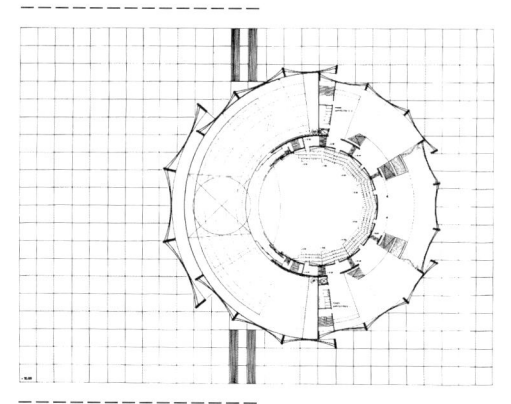

„Der Wettbewerb für Madrids Opernhaus hat Wellen geschlagen: Bruno Zevi hat in seiner Zeitschrift ‚L'architettura' temperamentvoll darauf hingewiesen, dass die ausschreibende Stiftung den Namen ‚Juan March' trägt; und dieser Juan March war – nach Zevi – ‚einer der schlimmsten Verantwortlichen des spanischen Faschismus', er war, nach anderer Quelle, Waffenhändler. Nun – wer fragt heute noch nach Alfred Nobels täglichem Broterwerb, wenn der Friedenspreis der Nobel-Stiftung vergeben wird? Und wie das Schicksal spielt: Den ersten Preis [unter 142 Projekten] (der Jury gehörten u.a. Erich Boltenstern, Egon Eiermann, Gio Ponti und Pierre Vago an; Arne Jacobsen hatte bezeichnenderweise abgesagt!) erhielt eine polnische Architektengruppe [Boguslawski, Gniewiewski, Boguslawski] für eine sachliche und nüchtern anmutende Arbeit, die begreiflicherweise in der spanischen Presse keine gute Kritik gefunden hat."
gk (Günter Kühne), in: Bauwelt 44/1964

(WN)
Bauwelt 44/1964, S. 1194–1995 (ohne Bornemann)
Deutsche Bauzeitung 11/1964, S. 853–856 (ohne Bornemann)

STAATSBIBLIOTHEK BERLIN
1964

Berlin-Tiergarten
Wettbewerb, Ankauf
Stiftung Preußischer Kulturbesitz/Bundesbaudirektion

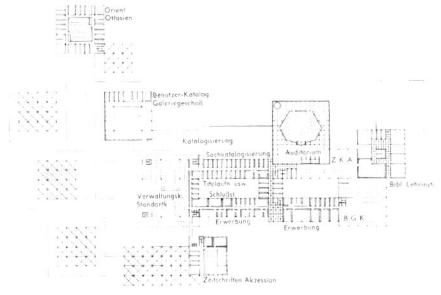

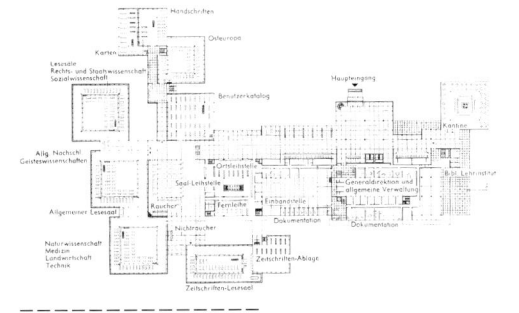

„Während die vorgeschlagene Bebauung der Gästewohnungen aus Respekt vor der Matthäikirche, aber auch vor der Philharmonie und der Galerie des 20. Jahrhunderts, sich möglichst ruhig entwickeln und die Kirche stützen sollte, müssten die Baukörper des Staatsbibliothek duch Lebendigkeit und Gliederung in horizontale Schichten und mit einer einmaligen besonderen Massenbetonung (Hochbau-Magazin) die Symbiose zu den Exponenten zweier divergierenden Architektenauffassungen unserer Zeit, nämlich zur Philharmonie und der Galerie des 20. Jahrhunderts, versuchen. (...) Vor allem aber schien es dem Verfasser ein Anliegen, (...) jede Form einer zusammengeballten ‚Lese-Kaserne' oder eines ‚Lese-Warenhauses' zu vermeiden, (...) wobei das Abwenden von der lauten Außen- und Verkehrswelt in den Räumen der Konzentration und das Öffen zum Gartenbereich in den Räumen der Entspannung erkennbar sein sollte. Ebene des Erdgeschosses: Ebene der Benutzer und Lesesäle; Ebene des 1. Obergeschosses: Ebene ‚Gang des Buches bzw. der Zeitschrift'; ‚Fundament der Bibliothek' die Bücher in drei Magazinuntergeschossen; ‚Akzent der Bibliothek': das Hochbau-Magazin."
Fritz Bornemann, Aus dem Erläuterungsbericht, in: Bauwelt 40—41/1964

(WV, BDA, WN)
Bauwelt 48/1963, S. 1419; 40—41/1964, S. 1067—1088

Potsdamer Straße 33
U- und S-Bahn Potsdamer Platz

Die im Krieg nach Marburg und Tübingen ausgelagerten Bestände der ehemaligen Preußischen Staatsbibliothek sollten nach West-Berlin zurückgeführt werden. Elf Architekten waren eingeladen, „den markanten Abschluss" des Kulturforums gegen Osten in Form einer „Universalbibliothek" für den Westteil Berlins zu entwerfen: Hans Scharoun, Rolf Gutbrod, Bornemann, Friedrich und Ingeborg Spengelin, Rudolf Kramer, Sergius Ruegenberg, Johannes Krahn, Paul Seitz/Karl Otto, Harald Deilmann und Bernhard Pfau. Scharoun erhielt den ersten, Gutbrod den zweiten Preis; Bornemann und Friedrich und Ingeborg Spengelin erhielten je einen Ankauf. Scharouns Entwurf wurde 1967—76 ausgeführt.

SCHAUSPIELHAUS HANNOVER
1964–1967

Hannover
Ausführungsplanung mit Dieter Oesterlen, nicht realisiert
Stadt Hannover/Land Niedersachsen

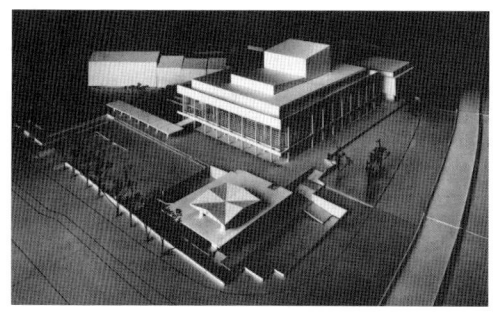

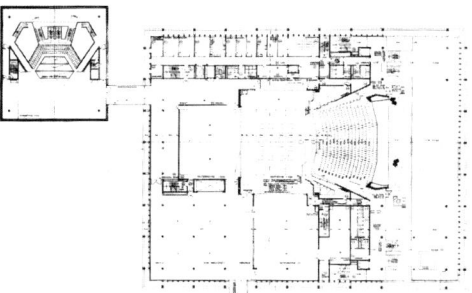

„Dokumentation eines Projekes, das in dieser Form nicht gebaut wird: Aus einem engeren Wettbewerb unter neun Teilnehmern gehen drei gleiche Preise und zwei Ankäufe hervor. Anfang 1964 werden zwei der Preisträger, Fritz Bornemann und Dieter Oesterlen, beauftragt, gemeinsam ein Projekt aufzustellen. (...) Die im Zusammenhang mit dem Theaterprojekt stehende städtebauliche Bearbeitung des Raschplatzes (des nördlichen Bahnhofsvorplatzes) ist ebenfalls Bestandteil des Planungsauftrags. Im Juni 1965 beschließt der Bauausschuss des Rates die Zustimmung zu diesem Projekt (Schauspielhaus mit Werkstatt-Theater, das zugleich Probebühne ist) bei einer Bausumme von 37,5 Millionen DM. (...) Am 8. November 1965 wird der Bauantrag eingereicht, am 8. November 1965 teilt aber auch die Bauverwaltung mit, dass die ‚Raschplatztangente' als Hochstraße ausgeführt werden soll: Das bedingt die städtebauliche Umplanung, die Änderung des Schauspielhausprojektes. Am 10. Juni 1966 wird der neue Bauantrag eingereicht, am 29. Juni [ein Tag vor der Grundsteinlegung] beschließt der Rat der Hauptstadt Hannover den Baustopp auch für das Schauspielhaus."
gk (Günther Kühne), in: Bauwelt, 14/1968

(WV, BDA, WN)
Bauwelt 43/1964, S. 1149; 14/1968, S. 384–385

THEATER WOLFSBURG
1965

Wolfsburg
Wettbewerb
Stadt Wolfsburg

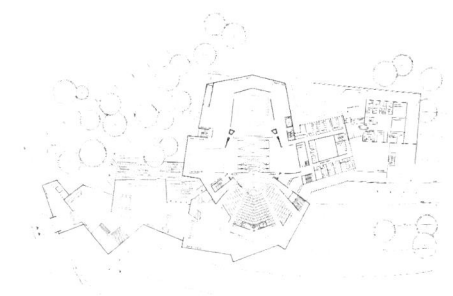

Sieben Architekten waren zu einem Wettbewerb aufgefordert, bei dem nicht nur ein Theater-Entwurf, sondern die städtebauliche Ordnung des gesamten Gebietes südlich des Rathauses gefordert war. Das Preisgericht unter Vorsitz von Werner Düttmann verlieh den ersten Preis an Hans Scharoun, der zweite Preis ging an Alvar Aalto; je ein dritter Preis wurde an Jørn Utzon und Titus Taeschner/Heinrich Gerdes vergeben. Friedrich Spengelin, Gerd Pempelfort/Jost Schramm und Bornemann erhielten keine Preise. Scharouns Entwurf wurde 1969–73 realisiert.

„Der Verfasser umgibt die vorgeschlagene Verkehrslösung mit einer stark aufgelockerten, dem Charakter der Innenstadt jedoch wenig angepassten Bebauung, die südlich des Kulturzentrums einfach ‚zu dünn' ist. Ob mit den vorgeschlagenen Fußgängerbrücken über die Straßenkreuzung die gewünschte Fußgängerbeziehung zur Innenstadt und zum Theatergelände hergestellt werden kann, erscheint fraglich. Bemerkenswert ist der Versuch, die reine Achsenbeziehung des Baukörpers nach Westen in eine ‚angedeutete' Beziehung zu verwandeln..."
Aus dem Protokoll des Preisgerichts, in: Bauwelt 19/1966

(WN)
Bauwelt 51 52/1965, S. 1463; 19/1966, S. 533–543

Klieverhagen 50
Bus-Haltestelle Theater

KUNSTMUSEEN BERLIN
1965

Berlin-Tiergarten
Wettbewerb, erste Stufe
Stiftung Preußischer Kulturbesitz/Bundesbaudirektion

Bornemann beteiligte sich an der ersten Stufe des Wettbewerbs um den Neubau von Gemäldegalerie, Skulpturenabteilung, Kupferstichkabinett, Kunstgewerbemuseum und Kunstbibliothek am Kulturforum. Er wird jedoch nicht zur zweiten Stufe aufgefordert, aus der Rolf Gutbrod mit einem Ankauf hervorgeht. Dieser realisiert von 1966–85 Teile seiner Planung.

(WN)
Bauwelt, 48/1963, S. 1419; 44/1964, S. 1220; 6/1965, S. 514; 26–27/1965, S. 751; 1–2/1966, S. 11; 29/1966, S. 823, S. 980–988

MAX-PLANCK-INSTITUT FÜR BILDUNGSFORSCHUNG
1966

Berlin-Wilmersdorf
Wettbewerb
Max-Planck-Gesellschaft/Senat Berlin

Zu dem Wettbewerb für das Institut der Max-Planck-Gesellschaft zusammen mit einem pädagogischen Zentrum des Berliner Senats wurden 14 Architekten eingeladen. Neben Bornemann waren dies Harald Deilmann, Münster; Klaus Ernst, Berlin; Hermann Fehling, Berlin; Rolf Gutbrod, Stuttgart; Gert Hänska/Magdalena Hänska/Peter Brinkert, Berlin; Hermann Kreidt, Berlin; Peter Lanz, München; Horst Linde, Stuttgart; Karl Otto, Berlin; Peter Pfankuch, Berlin; Friedrich Spengelin, Hannover und Manfred Kiemle, Berlin. Die Jury, unter Vorsitz von Werner Düttmann, prämierte den Entwurf von Fehling. Dieser wurde, in Zusammenarbeit mit Daniel Gogel, realisiert – allerdings ohne das pädagogische Zentrum.

(WN)
Bauwelt 14/1966, S. 368; 32/1966, S. 908
Architektur Wettbewerbe Heft 53, Max Planck Institute, Stuttgart 1968

Lentzeallee 94
U-Bahn Breitenbachplatz

DEUTSCHER PAVILLON
1965

Weltausstellung 1967 Montreal, Kanada
Wettbewerb, erste Stufe 3. Preis, zweite Stufe 5. Preis
Bundesrepublik Deutschland/Bundesbaudirektion

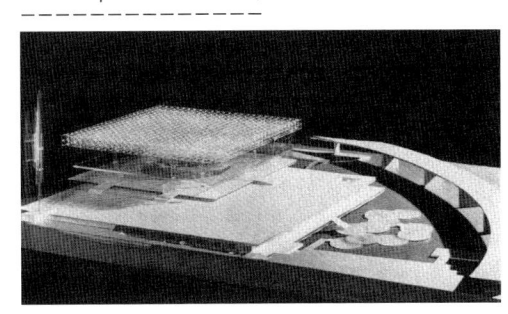

170 Architekten forderten die Unterlagen zur Beteiligung an der ersten Stufe des Wettbewerbs an, 117 Arbeiten wurden eingereicht. Das Preisgericht unter Vorsitz von Egon Eiermann empfahl 12 Projekte zur Überarbeitung, fünf zusätzliche Architekten wurden zur zweiten Stufe hinzugezogen, unter anderen Frei Otto und Rolf Gutbrod. Die Entscheidung zur Auftragsvergabe fiel einstimmig zugunsten von deren Entwurf. An Bornemanns Beitrag wurde „die Einfachheit des Entwurfs" gelobt; bezweifelt wurde allerdings die „Tauglichkeit der zugrunde liegenden Ausstellungsidee".

(WV, BDA,WN, RC)
Die Bauverwaltung 9/1965, S. 547–553
Bauwelt 6/1965, S. 514; 32/1965, S. 895–897
Paul Sigel, Exponiert. Deutsche Pavillons auf Weltausstellungen, Berlin 2000

MUSEEN DAHLEM (BAU)
1965–1969

Berlin-Dahlem
Ausführung zusammen mit Wils Ebert
Stiftung Preußischer Kulturbesitz/Bundesbaudirektion

„Was aus Dahlem geworden wäre, wenn der Wils Ebert das weitergebaut hätte – der Ebert, der angeblich aus dem Bauhaus von Gropius kam. Als ich auf Grund meiner Änderungsvorschläge für die Ausführungsplanung zugezogen wurde, war schon alles bis auf den vorderen Eingangsteil im Rohbau fertig. Ebert wollte Höfe haben und überall Tageslicht rein! Der beleuchtende Marmor war schon bestellt! Das wurde alles geändert. Da kam das berühmte Wort von Düttmann: ‚Fritz, haste ja Schwein gehabt, dass Du statt Marmor Naturstein gefunden hast, der wie Eternit aussieht.' Ich finde die Fassaden auch jetzt nicht besonders. Aber ich hab mir gesagt, da kannst Du nur noch innen was machen."
FB, 12.12.2001 (NB/SS)

(WV, BDA,WN, RC)
Die Bauverwaltung 2/1972, S. 54–59
Bauwelt 43/1968, S. 55, S. 1295–1299; 34/1970, S. 1301–1307, S. 1857; 45/1970, S. 806, S. 1301–1306, S. 1857
Jahrbuch Stiftung Preußischer Kulturbesitz 7/1969, S. 194–226; 8/1970, S. 141–149; 9/1971, S. 203–209; 35/1998, S. 327–386; 37/2000, S. 51–99, S. 285–308
Rolf Rave/Hans-Joachim Knöfel, Bauen seit 1900 in Berlin, Berlin 1968, Objekt Nr. 139
Broschüre „Zur Eröffnung der Neubauten für das Museum für Völkerkunde", Berlin 9.5.1970
Museum für Völkerkunde (Hrsg.), Hundert Jahre Museum für Völkerkunde Berlin, Baessler-Archiv 21, Berlin (West) 1973
Berlin und seine Bauten, Teil V. Bauwerke für Kunst, Erziehung und Wissenschaft Bd. A, Bauten für die Kunst, Berlin 1983, S. 37–41
Hannelore Schubert, Moderner Museumsbau, Stuttgart 1986
Georg Dehio, Handbuch der Deutschen Kunstdenkmäler. Berlin, Berlin 2000, S. 531
Museumsjournal 16, 3/2002, S. 11–13

Lansstraße 8
U-Bahn Dahlem Dorf

US-PAVILLON
1966–1967

Messe Zagreb, Jugoslawien
Wettbewerb, 1. Preis, ausgeführt
USA

„Zagreb hatte eine Messe und die Amerikaner wollten einen Pavillon, der garantiert einbruchsicher war. Also weiter nichts als ein Quadrat: Ein Mero-Dach, alles auf vier Stützen, draußen die Betonwände. Vier Wochen hat das Ganze gedauert. Die Mero-Leute kamen, haben alles auf dem Boot in zwei Tagen zusammengebaut und vor Ort mit dem Flaschenzug auf die Stützen hochgehoben. Das Relief aus USA-Lettern, das wollten die haben."
FB, 31.10.2001 (NB/SS)

(WV, BDA, WN)

MODERN THEATRE ARCHITECTURE IN GERMANY
1966–1968

Ausstellung zum deutschen Theaterbau
Gezeigt u.a. in London und Leningrad
Auswärtiges Amt/BDA

Victor Glasstone, More new German theatres, in: Architectural Design, February 1968, S. 54

FERNSEHSTUDIO FÜR DIE ARD
1967

Anlässlich der Einführung des Farbfernsehens
Mit Joachim Rothe
Messe Berlin, zur Großen Funkausstellung

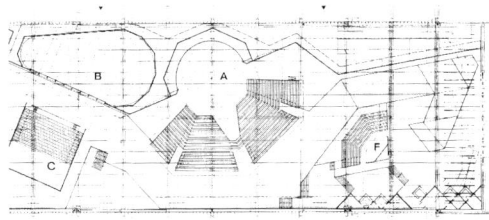

„Das Fernsehen hat Mittel und Möglichkeiten zur Verfügung, die es auszuschöpfen bisher kaum begonnen hat. (...) Fritz Bornemann erhielt die Gelegenheit, dem ersten Deutschen Fernsehen (ARD) zur Funkausstellung in einer neutralen Ausstellungshalle des Berliner Messegeländes einige Studios einzurichten, die für das Publikum frei zugänglich sein sollten. Er verzichtete auf die aquarienartige Anordnung von Glasscheiben ebenso wie auf das distanzierende Gegenüber (das aus gleichem Anlass zur gleichen Zeit in der Halle des Zweiten Fernsehens demonstriert wurde) und machte den Versuch, durch arenaartige Zuordnung von Aufname- und Zuschauerplätzen einen innigeren Kontakt herzustellen als bisher üblich. Zwei Studios, die offen nebeneinander lagen (die Zuschauerreihen senkten sich als Arena von einer Rampenebene zu den Schauplätzen), konnten gar ohne gegenseitige Störung gleichzeitig bespielt werden. (...) Dem Publikum war alle Freiheit gegeben, es konnte sogar zwischen den Schauplätzen pendeln. Ein Beitrag zum Thema ,Simultantheater', wenn man so will – die Regie würde sich aber fortan die Mühe geben müssen, die Zuschauerschaft nicht als stumme Studiowand zu betrachten, sondern in das Spiel, wie auch immer, einzubeziehen."
gk (Günther Kühne), in: Bauwelt 40/1967

(JR)
Bauwelt 40/1967, S. 977
Deutsche Bauzeitung 11/1970, S. 983

UNIVERSITÄT BREMEN
1967

Bremen
Wettbewerb, mit Stefan Wewerka
Senator für Bauwesen, Bremen

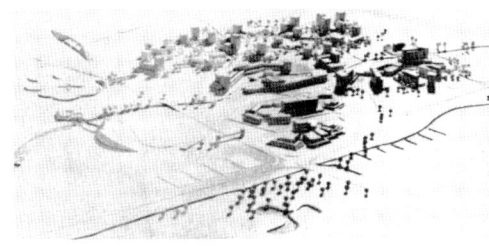

„Die Universität Bremen wird also einmal eine Institution sein, die sich von der Marburger unterscheidet, weil es dort wahrscheinlich andere Lehrinhalte gibt, auch eine andere Lehratmosphäre oder weil andere Lehrer dort wirken werden. Die Stadt ist eine andere, die Lage ist eine andere, das Klima ist anders. Jetzt frage ich mich doch, ob wir uns mit unserem Trend auf das Variierbare, das Nichtfestgelegte hin, nicht einfach des Gesichtes einer Universität Bremen oder Marburg, oder wie immer sie heißen mag, beengen, wobei es mir nicht ganz ausreichen will, dass Marburg ein anderes System hat als Bremen es vielleicht haben wird. Ich halte das System als solches noch nicht für ein Gesicht, das einen in Wohlbefinden versetzt, mit dem man sich während drei oder vier Studienjahren identifizieren kann. Muss eine Universität nicht doch ein Bekenntnis sein zum Hier und Heute, auf uns gemünzt?"
Ulrich Conrads in einem Gespräch zum Wettbewerb der Universität Bremen, in: Bauwelt 42–43/1967

(WN)
Bauwelt 42–43/1967, S. 1053–1055
Otto Freese (Hrsg.), Architektur Wettbewerbe Sonderheft, Universität Bremen, Stuttgart 1967

NEUE AUSSTELLUNGSHALLEN
1967

Berlin-Charlottenburg
Wettbewerb, 4. Preis
Berliner Ausstellungsgesellschaft

(BDA, WN)

SCHERING WERK CHARLOTTENBURG
1968

Berlin-Charlottenburg
Gutachen, mit J. Krúsnik
Schering AG

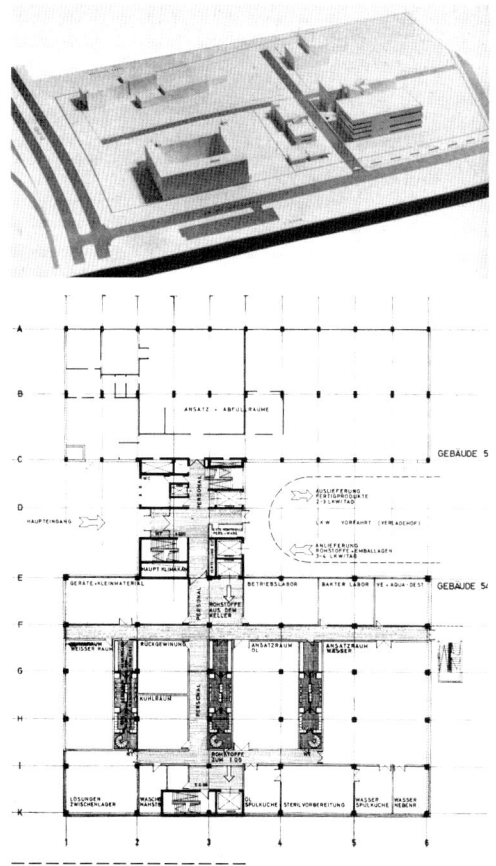

Der weltweit tätige Pharmazie-Konzern forderte drei Architekten auf, ein Konzept für den Ausbau des Charlottenburger Produktionsgeländes zwischen Westhafen-Kanal und S-Bahnhof Jungfernheide zu unterbreiten. Bornemann war im Jahr davor Preisrichter beim Neubau der Konzernzentrale in Berlin-Wedding gewesen. Von den drei Entwürfen wurde keiner realisiert.

(BDA, WN)
Bauwelt 16/1969, S. 530–537

HAUPTKINDERHEIM
1968–1970

Berlin-Kreuzberg
Ausführung nach dem Tod von Max Taut
Senat Berlin

(WV)

Heute: Waldorfschule Kreuzberg
Alte Jacobstraße 8–14
U-Bahn Moritzplatz/Hallesches Tor

BEBAUUNG RÖMERSTRASSE
1968

Bonn
Wettbewerb, 2. Preis
Stadt Bonn

(BDA, WN)

MINISTERIEN BAD GODESBERG
1968

Bonn-Bad Godesberg
Voruntersuchung, mit Joachim Schürmann
Bundesrepublik Deutschland

(BDA, WN)

MUSEEN DAHLEM (INNENAUSBAU)
1968–1972

Berlin-Dahlem
Innenausbau und Museumseinrichtung
Stiftung Preußischer Kulturbesitz/Bundesbaudirektion

Museum für Völkerkunde, 1970: Altamerika, Südsee, Südasien (heute: Ethnologisches Museum), Abriss Südasien 1998
Museum für Ostasiatische Kunst, 1971, Abriss 1998
Museum für Islamische Kunst, 1971, Abriss 1997
Museum für Indische Kunst, 1972, Abriss 1998

„Das allgemeine Beleuchtungsniveau ist gering, umso schärfer werden die Kunstgegenstände durch Punktlicht oder andere Anstrahlung hervorgehoben – der Effekt ist der, dass die Ausstellungsstücke allein zur Raumwirkung beitragen, während die eigentlich baulichen Elemente stark zurücktreten. (...) Man wird unmittelbar mit den Kunstwerken konfrontiert, sie erhalten dadurch ganz unübersehbar Eigengewicht gegenüber der neutralen und bewusst indifferent gehaltetenen Architektur. Nicht jeder Architekt wird die Kraft aufbrigen, mit seinem Werk so enthaltsam gegenüber der Funktion – das heißt hier: dem auszustellenden Inhalt – im Hintergrund zu bleiben. (...) Über diese Bauten wird sicher in Zukunft keiner ein Wort verlieren, wohl aber über ihren Inhalt."
gk (Günther Kühne), in: Bauwelt 42/1971

(WV, BDA, WN, RC)
Bauwelt 42/1971, S. 1669; 41/2000, S. 3
Bilderheft der Staatlichen Museen zu Berlin 84, 1995
Jahrbuch Berliner Museen N.F. 43, 1992, S. 137–172, Berlin 1992
Jahrbuch Landesarchiv Berlin 1986, Berlin (West) 1986, S. 65–95
Jahrbuch Stiftung Preußischer Kulturbesitz 1/1962, S. 187–191; 3/1963, S. 143–147; 7/1969, S. 194–204, 205–215, 216–226; 8/1970, S. 141–149; 9/1971, S. 203, 210–213; 11/1973, pass.
Museumskunde 1, 1905, S. 181–197; 1970, S. 146–154

Lansstraße 8
U-Bahn Dahlem Dorf

DEUTSCHER PAVILLON
1968

Weltausstellung 1970 Osaka, Japan
Gutachterverfahren, 1. Preis
Bundesrepublik Deutschland/Bundesbaudirektion

„Wenn man als Außenstehender den Verlauf so mancher Wettbewerbs verfolgt, kann man sich nur entschließen, es anders als durch guten Entwurf zu versuchen. (...) Nach der Pleite in Montreal hatte das Wirtschaftsministerium (...) einen Ideenwettbewerb ausgeschrieben, in dem u.a. ein deutsches Ausstellungsthema mit besonderem Appeal für den Japaner gesucht wurde. Von 173 eingegangenen Entwürfen wurden zwei 2. und zwei 3. sowie Trostpreise vergeben. Acht Tage später, nach Anhören der Verbände, Ministerien und Großindustrie entschied man sich für (...) Dr. Georg Lippsmeier, der in einem ‚Zukunftskeller' dem Besucher ‚11 Thesen für morgen' aus der ‚Sicht der Kinder' erscheinen lassen wollte. (...) Nach anfänglicher Einigung meldete sich aber die Industrie, die in Japan anscheinend auch Transistoren ausstellen möchte, und somit war freie Bahn für eigene Ideen des Ministerialrats von Roeder. (...) Erfüllung seiner Vorstellung sollte ‚beschauliche Deutschland-Information, Industrieprodukte und Bachmusik' sein. Ergo: Den Wettbewerb hätte man sich sparen können. (...) Aber es kommt noch besser: Große Ideen müssen ja in Formen gefasst werden. Bei dem nun folgenden beschränkten Wettbewerb wurde von den Preisträgern nur Lippsmeier aufgefordert. Ein anderer (...) konnte gerade noch durchs Hintertürchen schlüpfen. (...) Hoffnung war nur das Preisgericht, denn in diesem war Eiermann, und der traut sich schon was zu sagen, der hat nichts zu verlieren... Bundesbaudirektionspräsident Mertz hatte es bestimmt nicht leicht, seinen Duzfreund Fritze durchzukriegen, der sich derweilen brüstete: ‚Naja, da haben wir uns mal drei Tage hingesetzt und ein wenig hingefummelt.' Geleistet hat Bornemann dennoch Großes, denn: Son Keller ist ja mal ne janz neue Idee und soll außerdem ja so wenig kosten."
Wernt E. Weimert, Architekt VFA, Sassenberg, in einem Leserbrief, in: Bauwelt 42/1968.

(WV, BDA, WN, JR, RC)
Bauwelt 35/1968, S. 1088–1089; 38/1968, S. 1102; 42/1968, S. 1281
Baumeister XI/1968, S. 1360
Paul Sigel, Exponiert. Deutsche Pavillons auf Weltausstellungen, Berlin 2000

SCHAUSPIELHAUS HANNOVER
1969

Hannover
Wettbewerb, als „nicht konkurrenzfähig" nicht zugelassen
Stadt Hannover

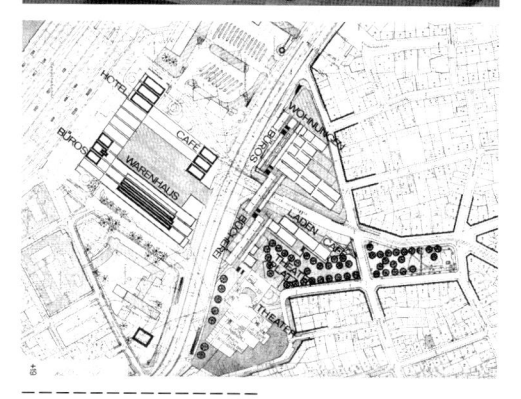

„Der Verfasser sieht in der gestellten Wettbewerbsaufgabe in erster Linie die Anregung zur Diskussion des Standortes für das neu zu planende Schauspielhaus... Der Verfasser sieht nicht den Schwerpunkt der Aufgabe in der liebevollen Durcharbeitung und Erfüllung des ‚Teilprogrammes Schauspielhaus'; ja, er hält diese Übung einer detaillierten Fleiß-Erfüllung für bedenklich, da sie von der wirklichen Problematik ablenken könnte... (...) Die Folgerungen auf Grund der vorgelegten Untersuchungen des Verfassers: Das Schauspielhaus – mit seinem an sich richtig maßstäblich programmierten Bauvolumen – kann an dieser angebotenen oder einer ähnlichen Großstadt-Situation sich als ‚Einzel-Monument' nicht behaupten..."
Aus dem Erläuterungsbericht, in: Bauwelt 17/1969

Bauwelt 17/1969, S. 580–590

DEUTSCHER PAVILLON
1969–1970

Weltausstellung 1970 Osaka, Japan
Planung und Ausführung, nach der Ausstellung abgebaut
Bundesrepublik Deutschland/Bundesbaudirektion

"In the cold darkness of a 30 m diameter steel and fibreglass dome – the only above ground feature of Fritz Bornemann's West German pavilion – the composer Karlheinz Stockhausen conducts ‚with an electronic baton' performances of his own choral and serial works every afternoon for the duration of his visit. The spherical auditorium was conceived by Bornemann, after a five minute consultation with Stockhausen, as a reversal of the famous Scharoun Concert Hall in Berlin where the audience surrounds the orchestra. (...) This ‚Electrical space-sound studio' has seating for about 300 persons but seldom attracts more than twenty or thirty. (...) Bornemann, still designing details seven days adter the opening and looking as though he has not slept in that time, is sceptical about the mixed media shows which are drawing greater crowds. (...) As he explains the aims of his pavilion, isolation, mediation, specialisation, he regrets the need for any architecture at all. Radar-frozen air would do the trick better he thinks."
Aus: Architectural Design D 6/7, 1970, S. 281

„Stockhausen ist die ganze Zeit in dem Ding drin gewesen, mindestens sechs Stunden am Tag, und hat die Vorstellungen gefahren. Die Japaner waren begeistert! Die Leute haben Stunden gestanden, um reinzukommen, saßen auf der Plattform, ringsherum die Lautsprecher, die ja auch unter der Plattform durch gingen, und hörten zu. Diese Musik konnte man ja nur in dieser Halle hören. Der Stockhausen ist ein Genie."
FB, 31.10.2001 (NB/SS)

(WV, BDA, WN, JR, RC)
Architectural Design 6–7/1970, S. 281ff
Architecture d'aujourd'hui, Vol. 152, oct/nov 1970, S. 57
Die Bauverwaltung 4/1970, S. 196–203
Bauwelt 40/1970, S. 1492–1495
Olaf Asendorf (Hrsg.), Botschaften. 50 Jahre Auslandsbauten der Bundesrepublik Deutschland, Bonn 2000
Paul Sigel, Exponiert. Deutsche Pavillons auf Weltausstellungen, Berlin 2000

ZENTRALE COMMERZBANK BERLIN
1969

Berlin-Schöneberg
Wettbewerb, ein 1. Preis
Commerzbank Berlin

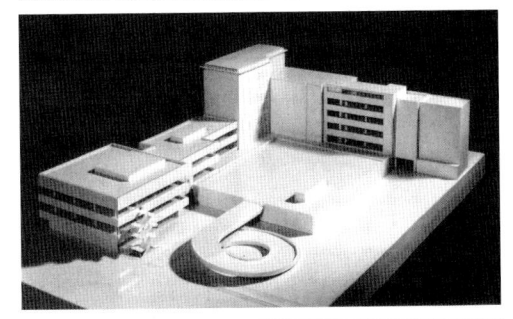

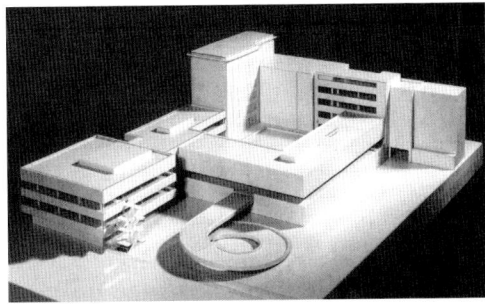

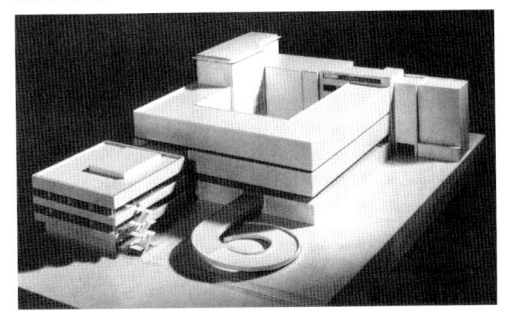

(WV, BDA, WN)

ZENTRALE COMMERZBANK BERLIN
1969–1974

Berlin-Schöneberg
Ausführung
Commerzbank Berlin

Umbau verschiedener Zweigstellen, 1971–1976
Innenausbau Forum, 1987–1989

Die neuen Geschäftsgebäude mit Kassenhalle entlang der Potsdamer- und der Bülowstraße und der bestehende, 1954 errichtete Eckbau bilden einen Komplex, der nach und nach zu erweitern ist. Motorisierte Kunden erreichen die Räume über eine Parkpalette von der Steinmetzstraße aus. Der fußläufige Haupteingang liegt an der Potsdamer Straße. Eine braun eloxierte Aluminiumfassade überzieht sämtliche Bauteile.

(WV, BDA, WN)

Bülowstraße/Potsdamer Straße
U-Bahn Bülowstraße

DANKESKIRCHE
1970–1972

Berlin-Wedding
Entwurf und Ausführung
Evangelische Kirche Berlin

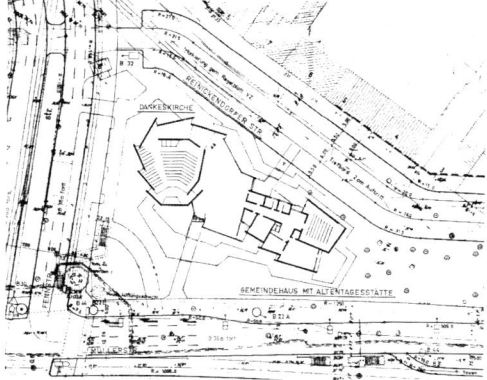

Die Ruine der 1944 stark beschädigten Dankeskirche am Weddingplatz, 1882–1884 von August Orth erbaut, wurde 1949 gesprengt. 1950–1951 errichtete Otto Bartning für die Gemeinde an der nahe liegenden Grenzstraße eine Notkirche, die heute als Friedhofskapelle genutzt wird. Bornemanns Sichtbetonbau umfasst eine Kirche für 350 Personen und ein davon abgesetztes Gemeindezentrum.

„Baumgarten wurde gefragt und noch drei andere und dann haben sie abgenommen. Die Sache mit diesem Gang – der Eingang wie eine Schnecke – entspricht eigentlich nicht meinem Stil. Eine wunderbare Einfachheit hat das nicht. Es ist ein etwas inszenierter Entwurf."
FB, 18.9.2002 (SS)

(WV, BDA, WN)
Berlin und seine Bauten, Teil VI, Sakralbauten, Berlin 1997, S. 208–209, 427
Günther Kühne/Elisabeth Stephani, Evangelische Kirche in Berlin, Berlin 1978, S. 285–286

Reinickendorfer Straße 123
U-Bahn Reinickendorfer Straße, S-Bahn Wedding

KULTURZENTRUM KAIRO
1971–1977

Kairo, Ägypten
Ausführungsplanung Kulturzentrum, Oper und Museen
Nicht realisiert

„Nach Nassers Tod nahm Sadat das Projekt für eine Oper wieder auf, an einem neuen Standort, einem von Napoleon zugeschütteten See. Hier hatte der Franzose ein Holztheater hinsetzen lassen, das 1971 abgebrannt war. Sadat wollte nun ein richtiges Opernhaus mit Kongresszentrum und Museen. Für dieses Ezbekiya Garden Opera House wurde ich ausgewählt, aber gleichzeitig bekämpft. An einem dieser Tage hatten wir deshalb, die Pyramiden im Blick, eine Flasche Wodka geleert. Und da kam ein Anruf: ‚Um zwölf sind Sie beim Staatspräsidenten.' Ich schluckte ein Wasserglas voll Odol, rief den Botschafter an – kein richtiger Botschafter natürlich, es herrschte ja quasi noch die Hallstein-Doktrin –, er war nicht da, und ich sagte der Sekretärin: ‚Wenn Sie ihn gelegentlich sehen, sagen Sie ihm, ich hätte ihn gerne mitgenommen.'
Eine halbe Stunde später fuhren vier große Wagen – Botschafter, Kulturattaché, Presseattaché, PR-Attaché – vor. Der Minister sagte: ‚Hören Sie mal, das ist doch ein Gespräch unter sechs Augen.' Ich sagte: ‚Ich habe gedacht, vielleicht brauchen Sie Unterstützung, vielleicht von unserem Botschafter.' Das hat er sofort kapiert. Drei Sperrzonen weiter setzten wir uns auf ein Sofa und warteten. Dann: Die Schiebetür geht auf, Sadat kommt auf mich zu, gibt mir die Hand und dankt mir. Die verschiedenen Modelle hatte er alle bei sich, das neueste hatte ich dabei, überreichte es ihm, und sagte dann: ‚Exzellenz, darf ich vostellen.' In dem Moment zuckten die Blitze. ‚Diplomatische Beziehungen zwischen Ägypten und Bundesrepublik wieder aufgenommen', hieß es nachmittags.
Im Rausch der politischen Öffnung habe ich an diesem Projekt gearbeitet. Als die Besucher kamen – Scheel, Brandt, Genscher – wurde ich als Paradiesvogel miteingeladen und der Mittelpunkt war immer die Oper. Die Amerikaner und die Deutschen wollten Milliarden geben. Aber Sadat wurde von einem Bin Laden erschossen. Das Projekt war gestorben."
FB, 27.10.2002 (SS)

(WV, BDA, WN)
Eine an derselben Stelle errichteten Oper wurde von Japan gestiftet und 1988 eingeweiht.

INTERNATIONALES DESIGN ZENTRUM (IDZ)
1971–1973, 1974

Berlin-Charlottenburg
Umbau und Neuausstattung zweier Standorte, abgerissen
IDZ

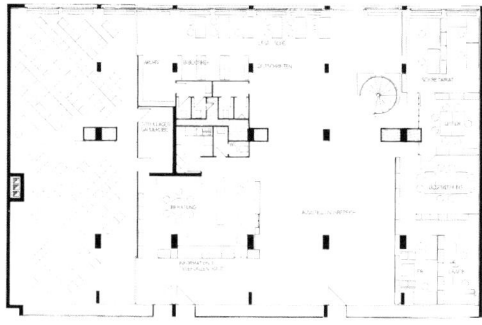

„Aus Gründen der Kostenersparnis und der besseren Präsentation hat sich das IDZ Berlin entschlossen, seine bisherigen Räume in der Budapester Straße [43, die Bornemann auch mitgestaltet hatte,] zu verlassen und in die Ansbacher Straße 8–14 umzuziehen. Den Entwurf übernahm der Mailänder Architekt und Designer Ettore Sottsass jr. und der Berliner Architekt Fritz Bornemann. (...) Der Grundriss [gliedert sich] in einen kleinen Verwaltungsteil, eine mittlere Ausstellungsfläche und einen großen Bereich für Beratung und Seminar. Dabei sind die verschiedenen Trakte nicht starr voneinander getrennt, sondern können bei Bedarf kurzfristig erweitert werden, so dass ineinander übergehende Fluchten entstehen. Durch halboffene Wände, die dem Besucher einen Einblick auch dort gestatten, wo Sekretärin oder Ausstellungsarchitekt gewöhnlich ‚diskret' arbeiten, soll dem Ganzen der Charakter einer ‚Design-Werkstatt' gegeben werden."
Aus einer Broschüre des IDZ, o.J.

(WV)

INSTITUT FÜR MATERIALPRÜFUNG UND WERKSTOFFE
1971–1974

Selb
Entwurf und Ausführung, städtebauliches Gesamtkonzept
Rosenthal AG

„Philip Rosenthal hatte ich über Osaka kennengelernt. Er war Sozialdemokrat und als Parlamentarischer Staatssekretär Stellvertreter von [Wirtschaftsminister] Schiller. Rosenthal wollte aus Selb eine Wunderstadt machen, Gropius hatte ja auch schon für ihn gearbeitet, aber der war ja nun nicht mehr. Ich habe drei quadratische Bauten am Hang platziert, einer davon wurde gebaut."
FB, 27.10.2002 (SS)

(WV, BDA, WN, RC)

BUNDESBAUTEN BONN
1972

Bonn
Wettbewerb
Bundesrepublik Deutschland

(WV, BDA, WN)

DEUTSCHE BOTSCHAFT ROM
1973

Rom
Gutachten
Bundesrepublik Deutschland

(WN, RC)

LANDTAG NORDRHEIN-WESTFALEN
1975

Düsseldorf
Wettbewerb
Land Nordrhein-Westfalen

„Ich habe den Altbau gelassen und dahinter einen U-förmigen Anbau angefügt, aber das war den ganzen Herrschern von Nordrhein-Westfalen zu gering. Der Wettbewerb wurde negiert und sie haben einen Riesenneubau machen lassen. Das ist der Größenwahn der Verwaltung, in Berlin ist es ja genauso, wenn die Hybris des Parlamentarismus aufsteigt. Wenn Sie sich ansehen, was hier entstanden ist – der Reichstag, der zurückgedrückt wird durch diese Anbauten, das ist ja gewaltig. Ich halte im Übrigen von Fosters Bundestag bei weitem nicht so viel wie von Behnischs Bau in Bonn. Der ist viel besser, viel bescheidener."
FB, 27.10.2002 (SS)

(WN)
Bauwelt 20–21/1975, S. 588–589 (ohne Bornemann)

NATIONAL THEATRE ATHEN
1976

Athen, Griechenland
Gutachten
Griechenland

(WN)

BUNDESGESUNDHEITSAMT/INSTITUT FÜR ARZNEIMITTEL
1978–1983

Berlin-Wedding
ARGE mit Borck, Boye, Schaefer (Planungsgruppe B12)
Bundesgesundheitsamt/Bundesbaudirektion

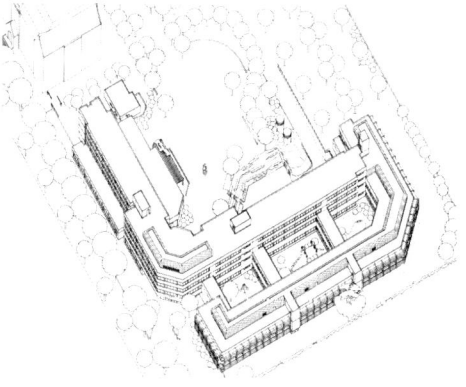

„Bei der Umsetzung des Raumprogramms sollte ein Institutstyp verwirklicht werden, der einem Vergleich mit ähnlichen Bauten aus preußischer Zeit, die sich durch Sparsamkeit und Einfachheit im Räumlichen und in der Materialwahl auszeichnen, standhält."
Boye, in: Bauwelt 40/1983

(WV, BDA, WN)
Bauwelt 40/1983, S. 1610–1615
Rolf Rave/Hans-Joachim Knöfel, Bauen der 70er Jahre in Berlin, Kiepert, Berlin 1981, Objekt Nr. 403

Seestraße 5–10
U-Bahn Amrumer Straße

HOTEL INTERCONTINENTAL
1978–1981

Berlin-Tiergarten
Beratung und neue Fassade
Hotel Intercontinental

(WV)

CULTURAL CENTER ABU DHABI
1978

Abu Dhabi, Vereinigte Arabische Emirate
Wettbewerb
Vereinigte Arabische Emirate

(BDA, WN)

DAMASCUS OPERA AND CULTURAL CENTRE
1979

Damaskus, Syrien
Wettbewerb, Ankauf
Syrien

(BDA, WN)

OPERA BASTILLE
1982–1983

Paris
Internationaler, offener Realisierungswettbewerb
République française, Ministère de la culture

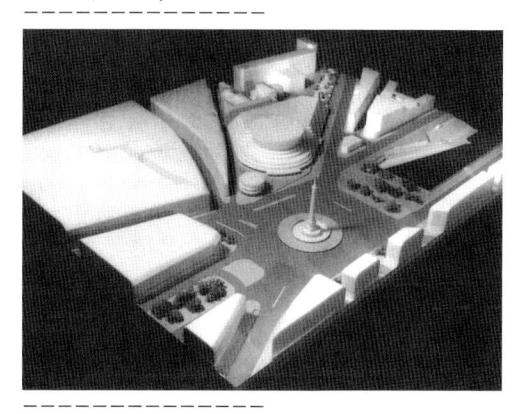

1700 Architekten eingeschrieben, 765 Projekte abgegeben, Carlos Otts Entwurf realisiert.

„Mein Rundbau war ähnlich wie damals für Madrid: hinter dem Proszenium die großen Ringe. Die gebaute Oper ist dagegen ein absoluter Reinfall. Der Bühnentechniker hat den Bau mit Seitenbühne, Hinterbühne, Dahinterbühne und nochmal sechs, acht Bühnen versehen: übertechnisiert und akustisch unmöglich. Wie ein großer Bühnencontainerhafen, in dem man fertige Bühnen hin- und herrangiert."
FB, 27.10.2002 (SS)

(RC)

REGIONALPLAN NAURU
1983–1984

Nauru, Polynesien
Gutachten
Private Bauherren

„8000 km von Japan weg, Polynesien, dort geht's los. Nauru ist eine Insel und deswegen interessant, weil sie sich durch den Mist von Tieren um 10 m erhöht hatte. Die Insel, ganz dünn bevölkert, ist eine riesige Wohlstandsfarm aus allerbestem versteinerten Düngemittel. Die Amerikaner, die schon auf Tahiti einen Stützpunkt hatten, hatten eine Art Schneise reingegraben, um das Material abzubauen. Sie wollten nun eine richtige Landebahn haben und ein paar Gebäude. Der König von Nauru ist auch mal hier gewesen, in der Völkerkunde."
FB, 31.10.2001 (NB/SS)

(WV, BDA)

AMERIKA-GEDENKBIBLIOTHEK
1986–1987

Berlin-Kreuzberg
Erweiterungsbau, mit Ganz und Rolfes
Senat Berlin

„Ein Vorschlag war, den Platz zum Halleschen Ufer hin auszuschachten und einen großen Innenhof hineinzulegen, ein anderer, die Bibliothek zur Kirche hin zu erweitern. Diese Idee hatte dann auch Tschumi in dem später unter US-amerikanischen Architekten veranstalteten Wettbewerb, bei dem ich als Berater tätig war. Tschumi hat man aber rausgeschmissen, obwohl er die einzig richtige Idee gehabt hatte: die erdgeschossigen Hallengebilde in Richtung Kirche weiterzustricken.
Gott sei Dank konnten wir mit der Wende die ganzen Erweiterungspläne vergessen. Der Palast der Republik stand zur Debatte, man wollte ihn schleifen, aber ich war dafür, die Struktur zu erhalten und ihm in Form einer Zentralbibliothek neues Leben einzuhauchen. Das hat alle fasziniert. Aber mehr ist daraus leider nicht geworden."
FB, 27.10.2002 (SS)

(WV, RC)
Kristin Feireiss (Hrsg.), 14x Amerika-Gedenkbibliothek. Architekten aus den Vereinigten Staaten planen für Berlin, Berlin 1989

PALAST DER REPUBLIK
1991

Berlin-Mitte
Gutachten zur Umnutzung als Zentralbibliothek
Auf eigene Initiative

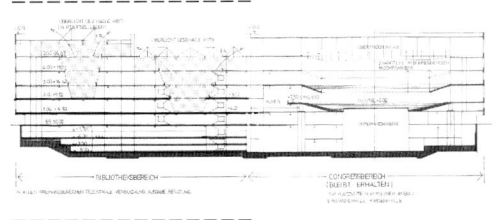

„Ob das so verkehrt wäre, wenn man den Palast der Republik umnutzen würde? Man könnte die Fassaden alle rausnehmen und die ganzen Tragsysteme drinlassen, damit die Buchtransporte horizontal und vertikal funktionieren könnten. So kriegst du 10 Millionen Bände unter. Und dann erst machst du einen Architektenwettbewerb für die Fassaden. Dabei sparst du mindestens 60 % der Baukosten. Ich hatte eine Zentralbibliothek vorgeschlagen und habe Lichthöfe reingegraben, wie bei Lafayette, aber großzügiger. Die Bücher, digital gesteuert, kommen von unten rauf auf die Tische, und – das ist das entscheidende – wenn du fertig bist, gehen sie wieder runter. Mitterrands Bibliothek ist dagegen aus Großvaters Zeiten: Dort sind immer noch die Büchertürme. Bücher funktionieren aber horizontal. Der Vorgang des Lesens ist das Wichtige, nicht die Architektur."
FB, 31.10.2001 (NB/SS)

(RC)

REICHSTAGSGEBÄUDE
1992

Berlin-Tiergarten
Wettbewerb Umbau zum Deutschen Bundestag
Bundesrepublik Deutschland

„Das Band des Bundes ist doch nur eine Gegenreaktion auf Speer und Hitler und ihre Riesenhalle, die Bezug nahm auf Augustus. Die Einzigen, die einigermaßen Sinn hatten, waren die Athener, war Perikles. Das waren die Väter der Demokratie. Deshalb war mein Gedanke, eine möglichst offene Halbkugel zu machen und die Leute darum herum gehen zu lassen, damit sie denen darunter, den Politikern, zurufen können. Die Plattform liegt genau 1,20 m höher als die Umgebung. Die Randbebauung ist niedrig. Darunter erstreckt sich das Riesenfoyer, eine Suppenschüssel, und unterirdische Gänge führen unter der Auffahrt hindurch zum Reichstag. Der Reichstag, die wunderbaren Räume von Baumgarten, werden instand gesetzt."
FB, 24.10.2001 (NB/SS)

(RC)

BUNDESPRÄSIDIALAMT
1994

Berlin-Tiergarten
EU-offener Realisierungswettbewerb
Bundesrepublik Deutschland

(RC)
Annegret Burg/Sebastian Redecke (Hrsg.), Kanzleramt und Präsidialamt der Bundesrepublik Deutschland. Internationaler Architekturwettbewerb für die Hauptstadt Berlin, Berlin/Basel/Boston 1995, S. 217

STADTMITTE SPREEINSEL
1994

Berlin-Mitte
Internationaler städtebaulicher Ideenwettbewerb
Senat Berlin

BUNDESKANZLERAMT
1994

Berlin-Tiergarten
EU-offener Realisierungswettbewerb, mit Brandt und Böttcher
Bundesrepublik Deutschland

„Das ist ein Entwurf, der mir daneben gegangen ist. Ich habe damals nicht geglaubt, dass man, so wie der Schultes es dann richtig gemacht hat, das Gebäude von der Straße, die zwischen Kanzleramt und dem Forum verläuft, her zugänglich machen kann. Ich dachte, man müsste die Zugänge südlich oder nördlich legen: mir schien das südliche Gegenüber von Bundestag und Bundesrat wichtiger. Ich trennte den Verwaltungsbau vom Repräsentationsbau, aber das Ganze ist mir nicht geglückt. Das einzig Gute war der Pressesaal im Obergeschoss, wo der Kanzler wie in einem Amphitheater der fragenden Menge gegenüberstehen sollte – wieder: in einer Kommunikation, von Bühne und Menschen."
FB, 27.10.2002 (SS)

(RC)
Annegret Burg/Sebastian Redecke (Hrsg.), Kanzleramt und Präsidialamt der Bundesrepublik Deutschland. Internationaler Architekturwettbewerb für die Hauptstadt Berlin, Berlin/Basel/Boston 1995, S. 115

KUGELAUDITORIUM OSAKA
2001–2003

Weiterentwicklung des Kugelauditoriums von Osaka anlässlich der Einladung zu einer Ausstellung über Architektur und Musik der Cité de la Musique, Paris

„Es ging darum, ein Element zu finden, das man auf verschiedene Weise aneinander setzen kann. Die quadratische Struktur bildet ein Mosaik aus einzelnen Elementen, die man beleben, verbinden kann. Das Historische an dem Ort habe ich nicht respektiert. Natürlich: Man hätte den Schlüterhof aussparen können, in dem man einige Mosaiksteine herausgenommen hätte. Den Palast der Republik dagegen hatte ich immer im Auge. Ich meinte ihn retten zu müssen, und zwar aus technischen Gründen: Wenn die Lasten bei einem Abriss von dieser Riesenfundamentplatte wegfallen – die Betonplatte mit 200 m Länge, 60 m Breite und 8 m Tiefe –, dann kommt das Ganze durch das Schichtenwasser hoch, ebenso die ganzen Eichenpfähle des Zeughauses. Die haben das Ganze ja auf den schlechtesten Grund, den es in Berlin gibt, gebaut."
FB, 27.10.2002 (SS)

(RC)
Claus Käpplinger u.a. (Hrsg.), Hauptstadt Berlin. Stadtmitte Spreeinsel. Internationaler Städtebaulicher Ideenwettbewerb 1994, Basel/Berlin/Boston 1996

BIOGRAFISCHES
FRITZ BORNEMANN

1912 Fritz Bornemann wird am 12.2.1912 in Charlottenburg bei Berlin geboren. Sein Vater ist Walter Bornemann (1886 Leipzig–1968 Berlin), Ausstattungschef an den Berliner Theatern, seine Mutter ist Elisabeth von Jarzebowska (1878–1968). Der ältere Bruder Hans ist bereits 1909 geboren.

1930 Bornemann macht Abitur am Humanistischen Gymnasium Berlin-Zehlendorf und beginnt mit dem Architekturstudium an der Technischen Hochschule Berlin-Charlottenburg.

1934 Aufgrund der Zugehörigkeit zu einem „roten Studentenbund" wird Bornemann das Studium erschwert. Er leistet für ein halbes Jahr Dienst in der Reichswehr und kann danach sein Studium fortsetzen.

1936 Bornemann macht sein Diplom und arbeitet fortan an den Ausstattungsprojekten seines Vaters in den großen Theatern Berlins mit.

1939 Bornemann wird zum Kriegsdienst einberufen, ist bis 1945 Soldat.

1943 Er nimmt während eines halbjährigen Arbeitsurlaubes, nach den ersten schweren Bombenangriffen auf Berlin, Berliner Theaterbauten auf.

1943 Bornemann heiratet Gisela Brecht.

1944 Der ältere Bruder Hans, Theologe in Breslau, wird in Ungarn von deutschen Soldaten wegen seines Widerstandes gegen das nationalsozialistische Regime erschossen.

1945 Bornemann gerät im März in sowjetische Gefangenschaft, ist bis Dezember in einem Lager bei Sorau (heute Zary, Polen) interniert.

1946 Nach der Flucht arbeitet Bornemann als Hilfsbauleiter und Bauleiter in einem von der sowjetischen Militäradministration eingesetzten, dem Berliner Magistrat nachgeordneten Büro, dem Planungsstab sowjetische Befehlsbauten.

1947/48 Bornemann kuriert während eines halben Jahres eine Geschossverletzung im Krankenhaus Berlin-Buch.

1948/49 Bornemann beginnt die Zusammenarbeit mit dem Regierungsbaurat Bruno Grimmek, die später zu Aufträgen für Ausstellungen und schließlich den Ausbauten der Museen in Berlin-Dahlem führt.

1949 Die Tochter Yvonne wird geboren. Die Ehe mit Gisela Bornemann wird geschieden.

1950 Bornemann eröffnet sein eigenes Büro, ist als freier Architekt tätig und erzielt erste eigenständige Wettbewerbserfolge.

1955 Er richtet das Büro an der Bozenerstraße 13/14 in Berlin-Wilmersdorf ein, das er bis 1995 benutzt.

1959 Bornemann heiratet Margarete Schöbel. Der Ehe entstammen keine Kinder.

1959 Bornemann wird zum Mitglied des Bundes Deutscher Architekten (BDA) gewählt.

1960 Bornemann wird Mitglied des Architekten- und Ingenieursvereins (AIV) von (West-)Berlin, aus dem er 1998 austritt.

1963 Bornemann wird zum Vorsitzenden des BDA (West-)Berlins gewählt. Bis 1979, mehrmals wiedergewählt, übt er dieses Amt aus.

1965 Bornemann wird zum Mitglied des Deutschen Werkbunds Berlin gewählt.

1966 Bornemann erhält einen Lehrauftrag für Innenausbau an der Universität Stuttgart, den er bis 1968 innehat.

1967 Seine Ehefrau Margarete Bornemann stirbt an Krebs.

1973 Bornemann besetzt im Zusammenhang mit der Planung einer Oper und eines Kulturzentrums in Kairo bis 1975 eine Gastprofessur an der Universität Kairo.

1976 Bornemann wird Mitglied des Präsidiums des Verbands der freien Berufe in West-Berlin, dem er bis 1984 angehört.

1979 Bornemann wird Mitglied der Internationalen Organisation der Szenografen, Bühnentechniker und Theaterarchitekten (OISTT), einer Unterorganisation der UNESCO.

1982 Bornemann wird zum Ehrenmitglied der Freien Volksbühne Berlin gewählt.

1983 Bornemann ist Gründungsmitglied der Architektenkammer West-Berlins.

1985 Er erhält für seine Verdienste als Architekt und als Verbandspolitiker das Bundesverdienstkreuz erster Ordnung.

1995 Er schließt sein Büro in der Bozener Straße und vernichtet dabei weitgehend das Büroarchiv.

2002 Anlässlich des 90. Geburtstages wird Bornemann vom Berliner Senat zum Ehrenmitglied der Deutschen Oper Berlin ernannt.

AUTOREN

NIKOLAUS BERNAU,
1964, aufgewachsen in West-Berlin, studierte Kunstgeschichte, Ethnologie und Klassische Archäologie, dann Architektur. Diplom an der Hochschule der Künste Berlin 1995. Arbeitet als freiberuflicher Journalist.

STEFANIE ENDLICH,
1948, Dr. rer. pol., ist Publizistin mit Schwerpunkt Kunst im öffentlichen Raum. Zahlreiche Bücher und Ausstellungen über bildende Kunst, Stadtgeschichte, Denkmal- und Gedenkstättenentwicklung.

EVA VON ENGELBERG-DOČKAL,
1967, studierte Kunstgeschichte, Neuere Deutsche Literatur und Klassische Archäologie in München und Bonn. Magisterarbeit über Bornemanns Universitätsbibliothek in Bonn (1994). Forschungsaufenthalt am Nederlands Architectuurinstituut in Rotterdam, Promotion über J.J.P. Oud (2001). Seit 2001 wissenschaftliche Volontärin am Landesamt für Denkmalpflege Schleswig-Holstein in Kiel.

RAINER HÖYNCK,
1927, ist Journalist. Von 1963–1988 war er Ressortleiter Kulturkritik und Kulturpolitik im RIAS Berlin. Er schreibt über Kunst, Architektur, Theater und Film für Bücher, Zeitschriften, Kataloge, Funk und Zeitungen.

MARKUS KILIAN,
1970, studierte Architektur in Karlsruhe, promovierte über die städtebaulichen Projekte Ludwig Hilberseimers und arbeitet seit 1998 als freier Architekt und Partner im Architekturbüro Hertel Kilian Reichle, Köln. Seit 2001 wissenschaftlicher Assistent am Institut für Architekturgeschichte und Theorie (AGT) der Universität Wuppertal.

ANNETTE KISLING,
1965, studierte Visuelle Kommunikation in Kassel, Offenbach und Hamburg, lebt in Berlin. Sie fotografiert, stellt aus und veröffentlicht, vertreten durch die Galerie Kamm, Berlin.

SUSANNE SCHINDLER,
1970, studierte Geschichte und Politikwissenschaften in New York und Paris und Architektur in Berlin. Arbeitet als freie Architektin in Berlin. Seit 2001 Redakteurin der Architekturzeitschrift ARCH+.

PAUL SIGEL,
1963, studierte Kunstgeschichte und Neuere Deutsche Literatur in Tübingen. Promotion über die deutschen Weltausstellungspavillons (1997). Seit 1996 Assistent am Institut für Kunst- und Musikwissenschaft der TU Dresden. Arbeiten zur Gegenwartsarchitektur und zur klassischen Moderne.

PETER STAUDER,
1951, Dr. phil., studierte Philosophie an der FU Berlin. Er ist Fachreferent für Kunst und Architektur an der Universitäts- und Landesbibliothek Bonn und betreut dort auch das Ausstellungsreferat.

BILDNACHWEIS

Architektur Wettbewerbe: 49, 52 (Grundrisse), 55, 143 rechts, 152, 153 rechts;
Archiv Akademie der Künste: 138 rechts;
Archiv Amerika-Gedenkbibliothek: 15 oben rechts, 26, 35, 141 oben, 142;
Archiv Nikolaus Bernau: 106, 115, 165 links;
Archiv Fritz Bornemann: 10 oben, 15 oben links, 20 oben, 20 unten links, 31 ganz unten rechts, 41, 43 (Grundrisse, Fotos), 44, 57 oben, 61, 65 oben und unten, 90, 94 (Afrika, Zagreb), 96, 122 links, 138 links, 139 oben links, 149 links, 150, 153 links, 166 rechts, 158, 162 links, 165 rechts, 168 oben links, 168 rechts, 169 rechts, 172 rechts;
Archiv Rolf Curt, Berlin: 98, 102 (außer Weininger), 157 links, 166 rechts, 170, 171, 172 links, 173, 174;
Archiv Jonas Geist: 15 unten rechts;
Archiv Susanne Schindler: 10 unten, 25 (Artikel), 31 unten rechts, 136 (Postkarten), 168 unten links;
Archiv Universitäts- und Landesbibliothek Bonn: 41, 123 rechts;
Archiv IDZ: 169 links;
Baessler-Archiv, Band XXI, 100 Jahre Völkerkunde Berlin, Berlin 1973: 111 mitte links;
Bankmuseum Commerzbank Berlin: 167;
bauhaus 3/1927 (Sonderheft Bühne): 103 (Weininger);
Bauten für Bildung und Forschung: Museen, Bibliotheken, Institute, Gütersloh 1971: 111 unten;
Die Bauverwaltung: 43 (Modelle), 94 (Modell), 146 rechts, 153 rechts, 161;
Bauwelt: 31 (Kreuer; Bornemann), 57 (Grundrisse), 63 (Grundrisse), 65 mitte, 139 (Grundrisse), 140, 141 unten, 143 rechts, 147 links, 157 rechts, 159, 160, 163, 164 links, 166 links;
Belser Kunstbibliothek, Die Meisterwerke aus dem Museum für Ostasiatische Kunst, Stuttgart/Zürich, 1980: 121 unten;
Berlinische Galerie, Architektursammlung: 149 oben rechts;
Deutsche Bauzeitung: 31 (Krafft, Grimmek);
Institut für Museumskunde, Berlin/Nachlass Claus-Peter Groß: 93, 145 links, 147 unten rechts;
Hermann Kiesling: 25;
Annette Kisling: 73–88;
Landesarchiv Berlin: 151 links;
Landesarchiv Berlin, Bildarchiv: 15 unten, 39, 53 unten, 57 unten, 63 unten, 94 ganz unten; 121 oben und mitte, 143, 144 rechts, 146 links, 147 oben, 148, 151 rechts, 154, 155 links, 156, 162 rechts, 164 rechts;
Museum für Ostasiatische Kunst Berlin. Museumsführer, München 2000: 111 oben;
F. Solis, Nationales Anthropologisches Museum, Bonechi 2002: 111 mitte rechts;
H. Schubert, Moderner Museumsbau, Stuttgart 1986: 113

Die Herausgeber haben sich bemüht, alle Rechteinhaber zu ermitteln. Bitte wenden Sie sich bei berechtigten Ansprüchen an die Herausgeber, damit Fehler oder Auslassungen korrigiert werden können.